古典文獻研究輯刊

三二編

潘美月・杜潔祥 主編

第5冊

《四庫提要》精選精注
（第五冊）

司馬朝軍 著

國家圖書館出版品預行編目資料

《四庫提要》精選精注（第五冊）／司馬朝軍 著 -- 初版 -- 新
北市：花木蘭文化事業有限公司，2021〔民 110〕
目 6+228 面；19×26 公分
（古典文獻研究輯刊 三二編；第 5 冊）
ISBN 978-986-518-386-8（精裝）
1. 四庫全書 2. 研究考訂
011.08   110000575

ISBN-978-986-518-386-8

古典文獻研究輯刊
三二編 第 五 冊   ISBN：978-986-518-386-8

《四庫提要》精選精注（第五冊）

作　　　者　司馬朝軍
主　　　編　潘美月、杜潔祥
總 編 輯　杜潔祥
副總編輯　楊嘉樂
編　　　輯　許郁翎、張雅淋　美術編輯　陳逸婷
出　　　版　花木蘭文化事業有限公司
發 行 人　高小娟
聯絡地址　235 新北市中和區中安街七二號十三樓
　　　　　　電話：02-2923-1455／傳真：02-2923-1452
網　　　址　http://www.huamulan.tw 信箱 service@huamulans.com
印　　　刷　普羅文化出版廣告事業
初　　　版　2021 年 3 月
全書字數　1388152 字
定　　　價　三二編 47 冊（精裝）台幣 120,000 元

《四庫提要》精選精注
（第五冊）

司馬朝軍　著

第五冊

140. 墨莊漫錄十卷

宋張邦基（約1095～？）撰。邦基字子賢，高郵〔一〕（今屬江蘇揚州市）人。仕履未詳。自稱宣和癸卯（1123）在吳中見朱勔所採太湖黿山石，又稱紹興十八年（1148）見趙不棄除侍郎，則南北宋間人也〔二〕。

前有自序稱：「性喜藏書，隨所寓榜曰『墨莊』，故以為名。」〔三〕其書多記雜事，亦頗及考證。如渭州潘源縣士怪，周昕父變羊，胡師文見吳伴姑，明州（今浙江寧波）士人遇裴休，葉世寧嚴清關注諸夢事，雖不免為小說家言。又如王安石之妹訛為安石之女，如《宋詩紀事》所糾者，亦時有疏舛。然如記韓愈詩「風棱露液」字之異同〔四〕，蘇軾《儋耳詩》「石」字「者」字之訛誤〔五〕，辨杜甫詩「王母晝下雲旗翻」句〔六〕、「〔詩興〕還如何，遂在揚州〔多〕」句〔七〕、「江湖多白鳥」句〔八〕、「星落黃姑渚」句〔九〕、「功曹非復漢蕭何」句〔十〕、解王圭詩「舞急錦腰迎十八，酒酣玉盞照東西」句〔十一〕，解黃庭堅詩「爭名朝市魚千里」句〔十二〕、「影落華亭千尺月，夢通岐下六州王」句〔十三〕，皆極典核。

他如辨《碧雲騢》為魏泰作〔十四〕，辨《龍城錄》《雲仙散錄》為王銍作〔十五〕，皆足資考證。以及鄭玄注漢宮香方〔十六〕、玫瑰油黏葉書〔十七〕、旋風葉書〔十八〕與穆護為木瓠〔十九〕、具理為瓶罌〔二十〕之類，亦頗資博識。而所載宋時戶口轉運諸數，尤足與史籍相參考。宋人說部之可觀者也。《文獻通考》不著於錄，殆當時猶未盛傳歟？〔二十一〕（《四庫全書總目》卷一百二十一）

【注釋】

〔一〕【考證】李裕民先生《四庫提要訂誤》：「邦基應為揚州江都人，《提要》作『高郵人』，誤。」（第245頁）

〔二〕【考證】參見李裕民先生《四庫提要訂誤》第245～246頁。

〔三〕【自序】僕以聞見，慮其忘也，書藏其篋，歸耕山間，遇力罷，釋耒之壟上，與老農懇談，非敢示諸好事也。其間是非毀譽，均無容心焉。僕性喜藏書，隨所寓榜曰墨莊，故題其首曰《墨莊漫錄》。

〔四〕【史源】《墨莊漫錄》卷一。

〔五〕【史源】《墨莊漫錄》卷一：「東坡作《儋耳山》詩云：『突兀隘空虛，他山總不如。君看道傍石，盡是補天餘。』叔黨云：『「石」當作「者」，傳寫之誤。一字不工，遂使全篇俱病。』」

〔六〕【史源】《墨莊漫錄》卷一：「杜子美《玄都壇歌》云：『子規夜啼山竹裂，王母晝下雲旗翻。』說者多不曉王母，或以為瑤池之金母也。中官陳彥和言，頃在宣和間掌禽苑，四方所貢珍禽不可殫舉，蜀中貢一種鳥，狀如燕，色紺翠，尾甚多而長，飛則尾開，嫋嫋如兩旗，名曰王母，則子美所言乃此禽也。蓋遐方異種人罕識者。子規夜啼山竹裂，言其聲清越如竹裂也。」

〔七〕【史源】《墨莊漫錄》卷一：「杜甫詩《東閣觀梅動》：『詩興還如何，遜在揚州多。』不詳遜在揚州之說。以本傳考之，但言遜天監中為尚書水部郎，南平王引為賓客，掌書記室，薦之武帝，與吳均俱進幸，後稍失意，帝曰：『吳均不均，何遜不遜。』遜卒於廬陵王記室，亦不言在揚州也。及觀遜有《梅花詩》，見於《藝文類聚》《初學記》，云：『兔園標節物，驚時最是梅。御霜當路發，映雪擬寒開。枝橫卻月觀，花遶凌風臺。朝灑長門泣，夕注臨卭杯。應知早凋落，故逐上春來。』余後見別本：『遜，東海剡人，舉本州秀才，射策為當時之冠，歷官奉朝請，時南平王殿下為中權將軍，揚州刺史，望高右戚，實曰賢主擁篲分庭，愛客接士，東閣一開，競收揚馬左席，皆啟爭趨，鄒枚君以詞藝早聞，故深親禮，引為水部行參軍事，仍掌文記室（云云）。』乃知遜嘗在揚州也。蓋本傳但言南平引為記室，略去揚州爾。然東晉、宋、齊、梁、陳皆以建業為揚州，則遜之所在揚州，乃建業耳，非今之廣陵也。隋以後始以廣陵名州。」

今按，何遜（？～518），字仲言，南朝梁東海人。明人編有《何記室集》，《四庫全書》收有《何水部集》。

〔八〕【史源】《墨莊漫錄》卷四：「（杜甫）《寄劉峽州伯華使君長篇》尾句云：『江湖多白鳥，天地亦青蠅。』人多指白鳥為鷺，非也。按：《月令·仲秋之月》群鳥養羞注引《夏小正》曰：『九月丹鳥，蓋白鳥，說者謂蚊蚋也。』」

〔九〕【史源】《墨莊漫錄》卷四：「杜甫有云『星落黃姑渚，秋辭白帝城』之句，說者但見古詩云：『東飛伯勞西飛燕，黃姑織女時相見。』意謂黃姑乃牽牛，然不見其所出，不曉黃姑之說。故楊億大年《荷花詩》云：『舒女清泉滿，黃姑別渚通。』劉筠子儀《七夕詩》云：『伯勞東翥燕西飛，又報黃姑織女期。』大年和云：『天孫已度黃姑渚，阿母還來漢帝家。』皆用此事。予後讀緯書，始見引張平子《天象賦》云：『河鼓集軍，以嘈雜噴。』張茂先、李淳風等注云：河鼓，三星，在牽牛星北，主軍鼓，蓋天子三軍之象。昔傳牽牛、織女見此星是也。故《爾雅》：『河鼓謂之牽牛。』又古詩云：『東飛伯勞西飛燕，

黃姑織女時相見。』黃姑即河鼓也，音訛而然，今之學者或謂是列舍牽牛而會織女，故於此析其疑。予因此始知黃姑乃河鼓，為牽牛之別名。」

〔十〕【史源】《墨莊漫錄》卷三：「劉貢父詩話云：『文士用事誤錯，雖為缺失，然不害其美。』杜甫詩云：『功曹無復漢蕭何。』按《光武紀帝》謂鄧禹曰：何以不掾功曹乂，曹參嘗為功曹云。鄭侯非也。貢父之意，直以少陵誤耳。然則少陵用此非誤也，第貢父偶思之未至耳。」

〔十一〕【史源】《墨莊漫錄》卷四：「王禹玉丞相寄程公闢詩云：『舞急錦腰迎十八，酒酣玉盞照東西。』樂府六么曲有花十八，古有玉東西杯，其對甚新也。」

〔十二〕【史源】《墨莊漫錄》卷三：「山谷詩云：『爭名朝市魚千里。』予問諸學士魚千里，多云此《齊民要術》載范蠡種魚事，法池中作九墩，然初無千里字，心頗疑之。後因讀《關尹子》云：『以盆為沼，以石為島，魚環遊之，不知其幾千萬里，不窮也。』乃知前輩用事如此該博，字皆有來處。」

〔十三〕【史源】《墨莊漫錄》卷四：「山谷作《釣亭詩》有云：『影落華亭千尺月，夢通岐下六州王。』上句蓋用華亭船子和尚詩云：『千尺絲綸直下垂，一波才動萬波隨。夜靜水寒魚不食，滿船空載月明歸。』下句蓋用文王夢呂望事，然六州王事見《毛詩·漢廣》，云：『文王之道，被於南國。』《疏》云：『言南國則一州也，於時三分天下有其二，故雍梁荊豫徐揚之人咸被其德而從之（云云）。』山谷用事深遠，其工如此，可為法也。」

〔十四〕【史源】《墨莊漫錄》卷二：「魏泰道輔，自號臨漢隱君，著《東軒雜錄》《續錄》《訂誤詩話》等書。又有一書譏評巨公偉人闕失，目曰《碧雲騢》，取莊獻明肅太后垂簾時，西域貢名馬頸有旋毛，文如碧雲，以是不得入御閑之意，嫁其名曰都官員外郎梅堯臣撰，實非聖俞所著，乃泰作也。」

葉夢得《避暑錄話》卷上：「士大夫作小說雜記，所聞見本以為遊戲，而或者暴人之短，私為喜怒，此何理哉？世傳《碧雲騢》一卷，為梅聖俞作，皆歷詆慶曆以來公卿隱過，雖范文正亦不免議者，遂謂聖俞遊諸公間，官竟不達，懟而為此以報之。君子成人之美，正使萬有一不至，猶當為賢者諱，況未必有實？聖俞賢者，豈至是哉？後聞之乃襄陽魏泰所為，嫁之聖俞也。此豈特累諸公，又將以誣聖俞。歐文忠《歸田錄》自言以唐李肇為法而少異者，不記人之過惡，君子之用心當如此也。」

〔十五〕【史源】《墨莊漫錄》卷二：「近時傳一書曰《龍城錄》，云柳子厚所作，非也，乃王銍性之偽為之。其梅花鬼事，蓋遷就東坡詩『月黑林間逢縞袂』及『月

落參橫』之句耳。又作《雲仙散錄》，尤為怪誕，殊誤後之學者。又有李歜注杜甫詩及注東坡詩事，皆王性之一手，殊可駭笑，有識者當自知之。」

〔十六〕【史源】《墨莊漫錄》卷二：「漢宮香方，鄭康成注沉水香二十四銖，著石蜜復湯鬻（銅鐵輩皆病香），以指嘗試能飲甲則已。」

〔十七〕【史源】《墨莊漫錄》卷三：「玫瑰油出北方，其色瑩白，其香芬馥，不可名狀，用為試香法，用眾香煎煉。北人貴重之，每報聘禮物中祇一合奉使者，例獲一小罌，其法秘不傳也。宣和間，周武仲憲之使敵過磁州時，葉著宣遠為守祝，周云：『回日願以此油分餉，既反命以油贈之。』葉云：『今不須矣。近禁中厚賂敵使，遂得其法，煎成賜近臣，色香勝北來者。婦翁蔡京新寄數合。』」

〔十八〕【史源】《墨莊漫錄》卷三：「裴鉶傳奇載，成都古仙人吳彩鸞善書小字，嘗書《唐韻》鬻之，今蜀中導江迎祥院經藏世稱藏中佛本行經六十卷，乃彩鸞所書，亦異物也。今世間所傳《唐韻》猶有（闕）旋風葉，字畫清勁，人家往往有之。」

〔十九〕【史源】《墨莊漫錄》卷四：「蘇陰和尚作《穆護歌》，又地理風水家亦有《穆護歌》，皆以六言為句，而用側韻。黃魯直云：『黔南巴樊間賽神者皆《歌穆護》，其略云：聽唱商人穆護四海五湖曾去。因問穆護之名，父老云：蓋木瓠耳。曲木狀如瓠，擊之以節歌耳。』予見淮西村人多作《炙手歌》，以大長竹數尺，刳去中節，獨留其底，築地逢逢若鼓聲，男女把臂成圍，撫髀而歌，亦以竹筒築地為節，四方風俗不同，吳人多作山歌，聲怨咽如悲，聞之使人酸辛。柳子厚云：『欸乃一聲山水綠。』此又嶺外之音，皆此類也。」

〔二十〕【史源】《墨莊漫錄》卷四：「東坡自儋耳北歸，臨行，以詩留別黎子雲秀才云：『我本儋州人，寄生西蜀州。忽然跨海上，譬如事遠遊。平生生死夢，三者無劣憂。知見不再見，欲去且少留。』後批云：『新釀甚佳，求一具理。臨行寫此，以折菜錢。』宣和中，予在京相藍見南州一士人攜此帖來，粗厚楮紙，行書，途抹一二字，類顏魯公祭姪文，甚奇偉也。具理，南荒人瓶。」

〔二十一〕【版本】此書有《四部叢刊》影明抄本。張元濟跋云：「是書為小說家言。《四庫總目》謂當時猶未盛傳，故至今只有一《稗海》刊本。是為明人舊抄原本，為俞守約所藏，先後經唐六如、文衡山勘定。」（《張元濟古籍書目序跋彙編》第 952～953 頁）

141. 寓簡十卷

宋沈作喆撰。作喆字明遠，號寓山，湖州（今屬浙江）人。紹興五年（1135）進士，以左奉議郎為江西漕司幹官。

據書中所敘，當和議初成之時，賜諸將田宅，作喆為岳飛作《謝表》，忤秦檜，則似嘗在飛幕中。又自稱嘗官維揚，亦不知為何官。惟《梅磵詩話》記其官江西時作《哀扇工》詩，忤漕帥魏道弼。招深文劾之，坐奪三官。後從人使金，韓元吉贈之以詩，有「但如王粲賦從軍，莫為班姬詠團扇」句，蓋指是事。此書自序題甲午歲〔一〕，以長曆推之，為孝宗淳熙元年（1174）。乃放廢以後所作。開卷一條，即以古詩諷諫為說，蓋由此也。

作喆與葉夢得相善，然夢得之學宗王安石，作喆之學則出於蘇軾。非惟才辨縱橫與軾相似，即菲薄安石，牴牾伊川程子，以及談養生，耽禪悅，亦一一皆軾之緒餘。又為丞相沈該之從子。該有《易小傳》六卷。作喆沿其家傳，是書亦頗言《易》理，然所言與該頗殊。其解「帝乙歸妹」，以為人君之德與帝者相甲乙，故能正人倫〔二〕，頗為好異。其解卦終於《未濟》，以為即道家所謂「神轉不回，回則不轉」，釋家所謂「不住無為，不斷有為」〔三〕，亦竟以二氏詁經。然其論《乾鑿度》太行九宮之法出於《黃帝素問》〔四〕，則能抉讖緯之本根。論五行者經世之用，紀歲時，行氣運，不可闕一，邵堯夫《皇極經世》用楊雄之四數，加以本無之一，而去其本有之二，為不合於古〔五〕，亦能判術數之牽合。至於謂劉敞解《春秋》新作南門為僭天子，其說本陸龜蒙《兩觀銘》〔六〕，謂子路結纓在獲麟之後二年，《公羊傳》所記孔子之言為妄〔七〕，謂蘇軾解《論語》患得之當作患不得之，證以韓愈《圬者王承福傳》，知古本原如是〔八〕，謂揚雄之姓從才不從木，楊脩箋不應稱修家子云〔九〕，謂《柳宗元集·柳州謝上表》稱於頔在襄陽相留，不知是時頔去襄陽已二年，又有《代劉禹錫同州謝上表》，不知禹錫遷同州時宗元沒已十七年，斷其出於偽託〔十〕，皆具有考據。而掊擊王安石之尊揚雄在朱子《綱目》之前〔十一〕，尤為偉論。

作喆所著別有一書，名《己意》。第三卷「論淮陰侯為治粟都尉」一條，注曰其詳見《己意》；又云司馬氏、許氏二夫人事，予於《己意》既言之。蓋二書本相輔，今已佚不傳。又有《寓林集》三十卷，亦久佚。惟《哀扇工歌》全篇見周煇《清波雜志》中，然詞殊不工。此十卷中亦無一論詩之語，知吟詠非其所長矣。（《四庫全書總目》卷一百二十一）

【注釋】

〔一〕【自序】予屏居山中，無與晤語，有所記憶，輒寓諸簡牘，紛綸叢脞，雖詼諧俚語，無所不有，而至言妙道間有存焉，已而誦言之，則欣然如見平生故人，抵掌劇談，一笑相樂也，因名之曰《寓簡》，聊以自娛，庶幾漆園之無心，抑有如惠子者，或知其為無用之用乎？甲午夏，寓山沈作喆序。

〔二〕【史源】《寓簡》卷一。

〔三〕【史源】《寓簡》卷一：「卦終於《未濟》，何也？天下之事無終窮也，而道亦無盡也。若以《既濟》而終，則萬法斷滅，天人之道泯矣。黃帝書所謂『神轉不回，回則不轉』，浮屠所謂『不住無為，不斷有為』者是也。」

〔四〕【史源】《寓簡》卷一：「太乙九宮之數，雖出緯書《乾鑿度》，而傳於陰陽家者流，然其間微隱玄妙之理，合於《易》與黃帝之書，不可廢也。太乙行九宮之法，以九、一、三、七為四方，以二、八、四、六為四隅，而五奠位乎中宮，經緯交絡，無不得十五者，而獨不見其所謂十者焉……其法本於自然，而發見於黃帝之書與九宮之說。漢儒欺世，竊以為自得之學，而學者不悟也。」

〔五〕【史源】《寓簡》卷一：「《易》之為書，雖不可為典要，然聖人大概示人以陰陽、柔剛、消息、盈虛之理，進退、存亡、吉凶、悔吝之義。雖窮萬物之變，要不失其正而已。若夫至數之要，神妙不測者，聖人蓋難言之也。後世之士，不務守經合道，而好論其變化，渺茫不見涯涘，廣著圖像，遠征億萬，不可名言，無所致詰之數，以為自得之學，致使俗儒妄譏，競為艱深之說，不知其常，而曰我知其變不知其體，而曰我知其用，既以自欺，又以欺世，為害滋多。且如五行之在天地間，自開闢以來，其相生相剋，以為天地萬物四時之用，其功與天地日月並矣。邵堯夫非不知數，然其說以謂天地有水火土石而已，木生於土，金生於石，勿論也，夫五物者，經世之用，紀歲時，行氣運，其來久矣，不可闕一也。今加以本無之一，而去其本有之二，可乎？又石豈不生於土乎？如用邵說，則黃帝、岐伯之書與洪範九疇之大法皆可廢也，又可乎？蓋自漢京房、焦贛之學流於駁雜，而揚雄又以四為數，其弊久矣。要之，守道篤志之士，不當務多岐以迷大道，尚奇說以叛正經。」

〔六〕【史源】《寓簡》卷二：「《春秋·僖二十年》新作南門，傳皆以謂書不時。劉原父曰：『非也。南門者，何天子之法門也。庫門，天子皋門。雉門，天子應門。魯不務公室，而僭天子之門，制春秋常事不書，今特書新作南門者，罪魯之僭天子也。』原父自以為得《春秋》之遺旨，先儒之所不及，可謂新意

矣。然予觀唐人陸龜蒙所著書有《兩觀銘》，曰：『兩觀雉門，實僭天子。』然則原父之說，龜蒙為先得之矣。龜蒙自以為留心此道，抉摘微旨，以南門之說觀之，亦信乎有所得也。」

〔七〕【史源】《寓簡》卷二：「國朝『六經』之學，蓋自賈文元倡之，而劉原父兄弟經為最高。王介甫之說立於學官，舉天下之學者惟己之從，而學者無所自發明。葉石林始復究其淵源，用心精確，而不為異論也。其為《春秋》之說，謂『三傳』猶獄詞，『三禮』猶律令，而《春秋》則一成而不可易者也。士師省其詞，審聽其曲直，而殺罰輕重歸之於法，吾無庸私焉。吾於《春秋》求為咎陶而已，故其所著書名之曰《春秋讞》，則其義也為《春秋》學者多異說，而《獲麟之解》尤誕。《公羊傳》稱顏淵死，子曰：『天喪予！』子路死，曰：『天祝予！』西狩獲麟，曰：『吾道窮矣！』此尤失契勘。按：周敬王之三十九年，魯哀公之十四年，西狩獲麟，是時子路未死也。至明年冬，衛蒯瞶入衛，子路死之，孔子為之覆醢，安預先兩年，孔子歎其死於獲麟之時乎？此尤可笑也。」

〔八〕【史源】《寓簡》卷二：「語曰：『鄙夫不可與事君也，其未得之，患得之；既得之，患失之。』東坡解云：『患得之，當作患不得之。』予觀退之《王承福傳》云：『其賢於世之患不得之，而患失之，以濟其生之欲者。』古本必如此。」

〔九〕【史源】《寓簡》卷三：「楊脩箋云：『修家子雲老不曉事，強作一書，悔其少作。』予按：楊震，弘農華陰人，震子秉，秉子賜，賜子彪，皆為漢三公，彪實生修。而揚子雲《自序》云：『五世傳一子。』雄無它揚於蜀，而雄又無子，蓋子雲鄉里姓氏為蜀之揚，非華陰之楊也。修乃謂其家子，云何哉？高祖曰：婁者劉也殆類是夫（雄之揚從才，脩之楊從木）。」

〔十〕【史源】《寓簡》卷四：「柳子厚文集多假妄，如《柳州謝上表》云：『去年蒙恩追召，今夏始就歸途，襄陽節度使於頓與臣有舊，見臣暑月在道，相會就館，尋假職名，意欲厚臣，非臣所願。』予按：於頓在鎮，跋扈日久，元和三年，聞憲宗英武，懼而入朝，九月拜司空，至八年二月，頓以罪貶為恩王傅。而子厚詔追赴都，乃是元和十年，頓之去襄陽久矣，豈得留子厚假職名哉？且謝上表不應言及此，文理不倫，定知其偽也。又有代劉禹錫同州謝上表。予按：子厚以元和十四年十月死柳州，而禹錫至文宗朝大和九年始遷同州，距子厚之死十七年矣，安得尚為夢得作表？其文卑弱，偽作顯然。而編摩者疏謬，不能刪去，讀其書者亦不復發摘，可歎也！賓客集中自有同州刺史兼長春宮使謝表，甚善。子厚集中又有上大理崔卿啟等，亦塵俗凡陋，非子厚文。」

〔十一〕【史源】《寓簡》卷八：「王介甫不以劉子政愛君憂國深切為忠，而以揚雄《劇秦美新》為善，是欲使劉氏以天下予莽，而雄之事叛逆為無罪也，可行乎哉？」

142. 澗泉日記三卷

宋韓淲（1159～1224）撰。淲字仲止，澗泉其號。世居開封，南渡後其父流寓信州，因隸籍於上饒。陶宗儀《說郛》載此書數條，題曰宋虎撰，蓋傳刻訛脫。《江西通志》作韓琥，厲鶚《宋詩紀事》又作韓淲。考淲兄名沆，弟名濟，皆連水旁，則其名從水不從玉，作「琥」為誤。又考《說文》，淲，水名，徐鉉注息移切，別無他義。又淲，水流貌，即《詩》淲池之淲，徐鉉音皮彪切。則名取「流」而字取「止」，於義為協，作「淲」亦誤也。淲，《宋史》無傳，仕履始末無考〔一〕。惟戴復古《石屏集》有《挽韓仲止詩》云：「雅志不同俗，休官二十年。隱居溪上宅，清酌澗中泉。慷慨（商）〔傷〕時事，淒涼絕筆篇。三篇遺稿在，當並史書傳。」〔二〕自注云：「時事驚心，得疾而卒。作《所以商山人》《所以桃源人》《所以鹿門人》三詩，蓋絕筆也。」〔三〕知淲乃遭亂世，坎坷退居，齎志以沒之士矣。

是書《宋史·藝文志》不著錄，無從知其卷帙之舊。今以散見《永樂大典》中者裒合排次，勒為三卷〔四〕。約略以次相從。其有關史事者居前，品評人物者次之，考證經史者又次之，品定詩文者又次之，雜記山川古蹟者又次之。雖未必盡復其舊，然亦粲然可觀矣。考《東南紀聞》載淲「清高絕俗，不妄見貴人，亦不妄受饋遺」。其人品學問，即具有根柢。又參政韓億之裔，吏部尚書韓元吉之子，其親串亦皆當代故家，如東萊呂氏之類。故多識舊聞，不同剿說。所記明道二年（1033）明肅太后親謁太廟事，可證《石林燕語》之誤。大觀四年（1110）四月，命禮部尚書鄭允中等修哲宗正史事，亦可補史傳之遺。其他議論，率皆精審。在宋人說部中固卓然傑出者也。〔五〕（《四庫全書總目》卷一百二十一）

【注釋】

〔一〕【考證】《東南紀聞》卷一：「韓淲字仲止，上饒人，南澗尚書之子，以候補京官，清苦自持。史相當國，羅致之，不少屈。一為京局，終身不出，人但以韓判院稱。南澗晚年有宅一區，伏臘粗給至，仲止貧益甚，客至不能具胡牀，只木杌子而已。」

〔二〕【史源】《石屏詩集》卷四。

〔三〕【史源】韓淲《澗泉集》卷四。

〔四〕【輯佚】李裕民先生云：「四庫輯本遺漏甚多，《四庫輯本別集拾遺》下冊四
四三至四四五自《永樂大典》輯得佚文五十八條。」（《四庫提要訂誤》第251
頁）

〔五〕【史料】《澗泉日記》卷中：「李燾字仁甫，蜀中史學之首號，議論有根據，亦
清放。嘗為禮部侍郎，修史再召至，作侍讀，復任修史之命而終。先公與之
同在從班，往來亦相善。」「本朝慶曆間諸公，韓魏公、富鄭公、歐陽公、尹
舍人、孫先生、石徂徠，雖有憤世疾邪之心，亦皆學道，有所見，有所守。
下至王介甫、王深甫、曾子固、王逢原，猶守道論學。至東坡諸人，便只有
憤世疾邪之心，議論利害是非而已。伊川諸儒復專以微言詔世，天下學者始
各有偏。渡江六十年，此意猶未復也。」「朱先生懲談高說妙之弊，只教人讀
書尋義理。為學其尋行數墨，又拘拘以論說為學，其弊反不足以成己，教人
豈非難事？」《澗泉日記》卷下：「史法須是識治體，不可只以成敗是非得失
立論。蓋上下千百載，見得古人底裏明白，然後可載後世所不可不載之事。
汎然欲備，則不勝其史矣。」「歐陽公自醉翁亭後，文字極老；蘇子瞻自雪堂
後，文字殊無制科氣象；介甫之罷相，歸半山也，筆力極高古矣；如曾子固
見歐陽公後，自是迥然出諸人之上；老蘇文字，篇篇無斧鑿痕，蓋少作皆已
焚之矣。其他吾不知也。本朝之文，至此極盛矣。若論其學術，醇疵淺深，
則付之學者評之，予非惟不敢，亦不暇。」

143. 老學庵筆記十卷續筆記二卷

宋陸游（1125～1210）撰。游有《入蜀記》，已著錄。

案：《宋史·藝文志》雜史類中載陸游《老學庵筆記》一卷，陳振孫《書
錄解題》作十卷，與此本合，《宋史》蓋傳刻之誤。《續筆記》二卷，陳氏不著
於錄，疑當時偶未見也。振孫書稱其「生識前輩，年（及）〔登〕耄期，所記
見聞，殊有可觀」〔一〕。《文獻通考》列之小說家中〔二〕。今檢所記，如楊戩為
蝦蟆精〔三〕，錢遜叔落水神救之類，近怪異者僅一兩條。鮮于廣題逸居集，曾
純甫對蕭鷓巴之類，雜諧戲者亦不過七八事。其餘則軼聞舊典，往往足備考
證。

惟以其祖陸佃為王安石客，所作《埤雅》多引《字說》，故於《字說》無
貶詞，於安石亦無譏語，而安石龍睛事並述《埤雅》之謬談，不免曲筆。杜甫

詩有「蔚藍天」字，本言天色，故韓駒承用其語，有「水色天光共蔚藍」句。游乃稱蔚藍為隱語天名〔四〕。今考「蔚藍天」名別無所出，惟杜田注引《度人經》。然《度人經》所載，三十二天有東方太黃皇曾天，其帝曰鬱襤玉明，則是帝名鬱襤，非天名蔚藍，游說反誤。又稱：「宋初人尚《文選》，草必稱王孫，梅必稱驛使，月必稱望舒，山水必稱清暉。」〔五〕今考《驛使寄梅》出陸凱詩，昭明所錄，實無此作，亦記憶偶疏，不止朱國楨《湧幢小品》所糾「遊岱之魂」一條〔六〕不知引駱賓王《請中宗封禪文》，王肯堂《鬱岡齋筆塵》所糾「記諸晃謂婿為借倩之倩」一條〔七〕不知出郭璞《方言注》也。然大致可據者多，不以微眚而掩。〔八〕

《宋史·藝文志》又載游《山陰詩話》一卷，今其書不傳。此編論詩諸條，頗足見游之宗旨，亦可以補《詩話》之闕矣。（《四庫全書總目》卷一百二十一）

【注釋】

〔一〕【史源】《直齋書錄解題》卷十一。

〔二〕【史源】《文獻通考》卷二百十七。

〔三〕【史源】《老學庵筆記》卷十。

〔四〕【史源】《老學庵筆記》卷六。

〔五〕【史源】《老學庵筆記》卷八。今按，《廣雅·釋天》云：「月御謂之望舒。」

〔六〕【史源】「遊岱之魂」條見《老學庵筆記》卷十。

〔七〕【史源】「記諸晃謂婿為借倩之倩」條見《老學庵筆記》卷十。

〔八〕【版本與研究】津逮本、學津本、湖北新刻叢書本、涵芬樓宋人小說本、《叢書集成初編》本。中華書局 1979 李劍雄、劉德權點校本。

144. 愧郯錄十五卷

宋岳珂（1183～1234 或 1240）撰。珂有《九經三傳沿革例》，已著錄。

是書多記宋代制度，參證舊典之異同。曰「愧郯」者，取《左傳》郯子來朝，仲尼問官之事。言通知掌故，有愧古人也。〔一〕其中記魚袋頒賜及章飾之始末〔二〕、公主之改稱帝姬〔三〕，辯論甚確。同二品之起於五代〔四〕、金帶之有六種、金塗帶之有九種，皆史志所未備。至敘尚書之名，引戰國時已有尚冠、尚衣之屬〔五〕，皆杜氏《通典·職官》所未及者。其徵引可云博洽，與《石林燕語》諸書亦如驂有靳矣。

其間偶而舛訛，如論金太祖建元始於天輔，而以收國為遼帝年號，及《通考》所摘誤以九品中正為官品之類〔六〕，亦間有之。然大致考據典贍，於史家禮家均為有裨，不可謂非中原文獻之遺也。〔七〕（《四庫全書總目》卷一百二十一）

【注釋】

〔一〕【史源】《愧郯錄序》。今按，郯，古國名。西周封置。相傳為少皞後裔。其地在今山東郯城縣北。

〔二〕【史源】《愧郯錄》卷四「魚袋」條。

〔三〕【史源】《愧郯錄》卷二「宗族之別」條。

〔四〕【史源】《愧郯錄》卷十「同二品」條。

〔五〕【史源】《愧郯錄》卷四「尚書之名」條。

〔六〕【史源】《愧郯錄》卷十「人品明證」條：「官品名意之訛，珂嘗書之，然以九品為人品之別，而非官品，則未有的據也。」今按，日人宮崎市定撰《九品官人法研究》，認為「所謂九品中正制度實際應稱為九品官人法」，「這是指按九品任人以官，設九品標準，據此以選用人材的制度」。（《宮崎市定全集》第6卷第478頁）

〔七〕【愧郯錄後序】郯猶國也，夫子之所辱問焉。取而名編，撮其意而已，不直一愧也。嘗試考之，士君子之為學，恥一物之不知，等千百載而上，倚相所未讀，序書所弗紀，歷歷如一日焉。顧於古乎何有，而迺立人之朝，當今之世，於其目擊而身履者，疑弗問，問弗辨，辨弗篤，曾猶可以愧贖，而謂郯云乎哉！郯云乎哉！李衛公，唐人第一流也，其立言以屬世，蓋不苟然矣。公之言曰：臺閣典章，本公卿子弟之責，亦惟以其所習聞者而謏之也，謏斯恕之矣。幸生文明化成之代，未能奮己所學策勳，瓠鉛碌碌，以為世祿，羞人以其習而謏之世，即其謏而取之，略於遠而問之以邇，捨夫古而責之以今，非恕何居？而且俛而受之，又從而文之以辭，蓋知夫逆求，其可承從容丈席間誼，國君臣跫然相顧，起不期之歡，失官之恥編中國，無能自追於聖人之譏，則郯固未易企，而亦未易以愧言也。愧其所不當愧，附其所不容附，吾名贅矣！然猶有願言者，謂志於愧，不若志於慕，愧於恕，不若愧於聏，請書衛語，並勉方來。是歲後三月望，珂後序。

145. 鶴林玉露十六卷

宋羅大經（約1195～約1252）撰。大經字景綸，廬陵（今江西吉安）人。事蹟無考〔一〕。惟所記「竹谷老人畏說」一條，有「同年歐陽景顏」語，知嘗登第。又「高登忤秦檜」一條，有為容州（今屬廣西玉林市）法曹掾語，知嘗官嶺南耳。

其書體例在詩話、語錄之間，詳於議論而略於考證。所引多朱子、張栻、真德秀、魏了翁、楊萬里語，而又兼推陸九淵〔二〕，極稱歐陽修、蘇軾之文〔三〕，而又謂司馬光《資治通鑒》且為虛費精力，何況呂祖謙《文鑒》？〔四〕既引張栻之說，謂詞科不可習，又引真德秀之說，謂詞科當習。大抵本文章之士〔五〕，而兼慕道學之名，故每持兩端，不能歸一。然要其大旨，固不謬於聖賢也。陳耀文《學林就正》譏其載馮京《偷狗賦》，乃捃摭滕元發事，偽託於京。今檢《侯鯖錄》所載滕賦，信然。蓋是其多因事抒論，不甚以記事為主。偶據傳聞，不復考核，其疏漏固不足異耳。〔六〕（《四庫全書總目》卷一百二十一）

【注釋】

〔一〕【考證】李裕民先三《四庫提要訂誤》：「大經，吉水人。大經自署『廬陵』，乃吉水所在之郡名。嘉定十四年（1221）嘗就學於太學，寶慶二年（1226）中進士。」（第253～254頁）

〔二〕【史源】《鶴林玉露》卷一：「陸象山少年時，常坐臨安市肆觀棋，如是者累日。棋工曰：『官人日日來看，必是高手，願求教一局。』象山曰：『未也，三日後卻來。』乃買棋局一副，歸而懸之室中，臥而仰視之者兩日，忽悟曰：『此河圖數也。』遂往與棋工對。棋工連負二局，乃起，謝曰：『某是臨安第一手棋，凡來著者皆饒一先。今官人之棋反饒得某一先，天下無敵手矣。』象山笑而去。其聰明過人如此。」

〔三〕【史源】《鶴林玉露》卷二：「楊東山嘗謂余曰：文章各有體，歐陽公所以為一代文章冠冕者，固以其溫純雅正，藹然為仁人之言，粹然為治世之音，然亦以其事事合體故也。如作詩，便幾及李杜；作碑銘記序，便不減韓退之；作《五代史記》，便與司馬子長並駕；作四六，便一洗崑體圓活有理致；作《詩本義》，便能發明毛、鄭之所未到；作奏議，便庶幾陸宣公；雖遊戲作小詞，亦無愧唐人《花間集》。蓋得文章之全者也。其次莫如東坡。然其詩如武庫矛戟，已不無利鈍，且未嘗作史。藉令作史，其淵然之光，蒼然之色，亦未必能及歐公也。曾子固之古雅，蘇老泉之雄健，固亦文章之傑，然皆不能作詩。山谷詩騷妙天下，而散文頗覺瑣碎局促。渡江以來，汪、孫、洪、周，四六

皆工，然皆不能作詩，其碑銘等文亦只是詞科程文手段，終乏古意。近時真
景元亦然，但長於作奏疏。魏華甫奏疏亦佳，至作碑記，雖雄麗典實，大概
似一篇好策耳。又云：歐公文非特事事合體，且是和平深厚，得文章正氣。
蓋讀他人好文章，如吃飯八珍，雖美而易厭，至於飯一日不可無，一生吃不
厭。蓋八珍乃奇味，飯乃正味也。」

　　《鶴林玉露》卷三：「江西自歐陽子以古文起於廬陵，遂為一代冠冕，後
來者莫能與之抗。其次莫如曾子固、王介甫，皆出歐門，亦皆江西人。老蘇
所謂執事之文，非孟子之文，而歐陽子之文也。朱文公謂江西文章如歐永叔、
王介甫、曾子固做得如此好，亦知其皛皛不可尚已，至於詩則山谷倡之，自
為一家，並不蹈古人町畦。象山云：『豫章之詩，包含欲無外搜抉，欲無祕體
制，通古今，思致極幽眇，貫穿馳騁，工夫精到，雖未極古之源委，而其植
立不凡，斯亦宇宙之奇詭也。開闢以來，能自表見於世若此者，如優缽曇華
時一現耳。』楊東山嘗謂余云：『丈夫自有衝天志，莫向如來行處行。豈惟制
行，作文亦然。如歐公之文、山谷之詩，皆所謂不向如來行處行者也。』」

〔四〕【史源】《鶴林玉露》卷四：「昔溫公作《資治通鑑》，可謂有補治道，識者尚
　　惜其枉費一生精力，況《文鑑》乎？」

〔五〕【史源】《鶴林玉露》卷一：「『文章一小技，於道未為尊。』此論後世之文也。
　　『文者，貫道之器。』此論古人之文也。天以雲漢，星斗為文。地以山川，
　　草木為文。要皆一元之氣所發露，古人之文似之。巧女之刺繡，雖精妙絢爛，
　　才可人目，初無補於實用，後世之文似之。」

〔六〕【整理與研究】中華書局出版王瑞來點校本（《歷代史料筆記叢刊》本）。

146. 齊東野語二十卷

　　宋周密（1234～1298）撰。密有《武林舊事》，已著錄。密本濟南人，其曾
祖扈從南渡，因家吳興之弁山，自號弁陽老人。然其志終不忘中原。故戴表
元序中述其父之言，謂身雖居吳，心未嘗一飯不在齊。而密亦自署歷山，書
中又自署華不注山人。此書以《齊東野語》名，本其父志也。

　　中頗考正古義，皆極典核，而所記南宋舊事為多。如張浚三戰本末、紹
熙內禪、誅韓本末、端平入洛、端平襄州本末、胡明仲本末、李全本末、朱漢
章本末、鄧友龍開邊、安丙矯詔、淳紹歲幣、岳飛逸事、巴陵本末、曲壯閔本
末、詩道否泰、景定公田、景定慧星、朱唐交奏、趙葵辭相、二張援襄、嘉定

寶璽、慶元開禧六士、張仲孚反間諸條，皆足以補史傳之闕。自序稱其父嘗出其曾祖及祖手澤數十大帙，又出其外祖日錄及諸老雜書示之曰：「世俗之言殊，傳訛也。國史之論異，私意也。定、哀多微詞，有所避也。牛、李有異議，有所黨也。愛憎一衰，議論乃公。國史凡幾修，是非凡幾易，是吾家書不可刪也（云云）。」今觀所記張浚、趙汝愚、胡寅、唐仲友諸事，與講學者之論頗殊。其父所言，殆指此數事歟？

明正德十年（1515），耒陽胡文璧重刻此書。其序稱或謂符離、富平等役，頗涉南軒之父。若唐、陳之際，生母之服，則晦庵、致堂有嫌焉。書似不必刻，刻則請去數事。殊失密著書之旨。文璧不從，可謂能除門戶之見矣。明商維濬嘗刻入《稗海》，刪去此書之半，而與《癸辛雜識》混合為一，殊為乖謬。後毛晉得舊本重刻，其書乃完。故今所著錄，一以毛本為據云。〔一〕（《四庫全書總目》卷一百二十一）

【注釋】

〔一〕【整理與研究】中華書局 2004 年出版張茂鵬點校本。

147. 隱居通議三十一卷

元劉壎（1240～？）撰。壎字起潛，南豐（今屬江西撫州市）人。書中自稱開慶元年（1259）年二十，則宋亡之時已年三十六，故於宋多內詞。然書中又稱至大辛亥（1311）為南劍州學官，計其年已七十二矣。日暮途窮，復食元祿，而是書乃以「隱居」為名，殊不可解。考其《水雲村稿》中《延祐己未重題梅氏海棠詩》，有「花甲重周人八十」之句，則壎入元四十四年尚存，最為老壽。

是書當其晚歲退休時所著也。凡分十一門：理學三卷，古賦二卷，詩歌七卷，文章八卷，駢儷三卷，經史三卷，禮樂、造化、地理、鬼神、雜錄各一卷。其論理學，以悟為宗，尊陸九淵為正傳，而援引朱子以合之〔一〕。至謂朱子後與道士白玉蟾遊，始知讀書為徒勞，蓋姚江《晚年定論》之說源出於此。皆鄉曲門戶之私，無庸深辨。其經史以下六門，考證亦未為精覈，且多餖飣。而鬼神一門尤近於稗官小說。惟評詩、論文之二十卷，則壎生於宋末，舊集多存。其所稱引之文，今多未見其篇帙。其所稱引之人，今亦多莫識其姓名。又多備錄全篇，首尾完具，足以補諸家總集之遺。如宋璟《梅花賦》，今惟據田藝衡《留青日札》傳鮮于樞所書一篇，又據李綱《忠定集》知原賦已亡，綱為補作。今觀壎所錄，知宋、元間行於世者乃有二本。又如陸游之從韓侂冑，

以牽於愛妾幼子之故，為他書之所未言。厲鶚《宋詩紀事》載李義山詩，不能舉其仕履。觀塤所記，乃知其嘗以江東提刑守池州（今屬安徽）。凡此之類，頗足以廣聞見。至於論詩、論文，尤多前輩緒餘，皆出於諸家說部之外。於徵文考獻，皆為有裨，固談藝者所必錄也。

　　塤所著《水雲村稿》，世有二本：其一本別題曰《泯稿》，卷帙頗少，不知何人刪取是書三分之一〔二〕，附諸稿末，殊為闕略。此為三十一卷之足本，固罕覯之秘笈矣。〔三〕書中間有案語，蓋其後人所附，自署其名曰凝。考國初有南豐劉凝字二至，嘗撰《稽禮辯論》《韻原表》《石鼓文定本》三書，或即其人歟？（《四庫全書總目》卷一百二十二）

【注釋】

〔一〕【史源】《隱居通議》卷一「朱陸」條：「乾道淳熙間，晦庵先生以義理之學闡於閩，象山先生以義理之學行於江西，嶽峻杓明，珠輝玉潤，一時學士大夫雷動風從，如在洙泗，天下並稱之曰朱陸。朱氏之學，則主於下學上達，必由灑掃應對而馴至於精義入神，以為如登山然，由山麓而後能造絕頂也。故晦庵多著書以開悟學者。然象山每不然之，議其為支離。其鵝湖之詩曰：『易簡工夫終久大，支離事業竟浮沉。』又曰：『「六經」，注我者也。』陸氏之學，則主於見性明心，不涉箋注訓詁，而直超於高明光大。然晦庵每不然之，以為江西之學近於禪。晦庵歿，其徒大盛，其學大明，士大夫皆宗其說，片言隻字，苟合時好，則可以掇科取士。而象山之學反鬱而不彰，然當是時雖好尚一致，而英偉魁特之士，未嘗不私相語曰：『時好雖若此，要之，陸學終非朱所及也。』蓋二先生之學不同，亦由其資稟之異。晦庵則宏毅篤實，象山則穎悟超卓。是以象山之文，亦皆勁健斬截，不為纏繞。至其遊戲翰墨，狀物寫景，信筆成文，往往亦光晶華麗，有文人才士所不能工者，誠一世之天才也。」

〔二〕【考證】《泯稿》為其裔孫凝所編。

〔三〕【評論】集中所載多反映元初江南社會狀況，記鍾明亮事較詳。

148. 湛淵靜語二卷

　　元白珽（1248～1328？）撰。珽字廷玉，錢塘（今浙江杭州）人。家於西湖，有泉自竺山匯於其門，珽名曰湛淵，因以為號。是書為其友海陵周暕所編，前有珽自序〔一〕。又有暕序題至大庚戌（1310），稱珽是年六十三歲。以長曆推之，當生於宋理宗淳祐八年戊申（1248）。元兵破臨安時，年二十七矣。故其書

於宋多內詞，與劉塤相類。然考珽入元之後，以李衎之薦，授太平路儒學正，未幾攝教授事，尋轉常州路教授，升浙江等處副提舉，遷淮東鹽倉大使，再遷蘭溪州判官乃致仕，則食元之祿久矣。而猶作宋遺民之詞，其進退無據，亦與塤相類也。

　　是書乃其雜記之文。據卷末有明人跋語〔二〕，稱嘉靖丙午（1546），抄自崑山沈玉麟家，而疑其不止此二卷。殆殘本歟？厲鶚作《宋詩紀事》，搜採極博，而此書開卷載《理宗賜林希逸詩》一篇，鶚不及收，則鶚未見其本矣。其中如謂皎然《銅盋為龍吟歌》詠房琯事，詩家未有引用者，不知李賀《昌穀集》中實有《假龍吟歌》〔三〕；謂《匡謬正俗》為顏真卿作，不知實出顏師古，不免稍有疏舛。「文中子李德林〔四〕」一條乃晁公武《讀書志》之語，「辨常儀占月」一條亦史繩祖《學齋占畢》之說，亦未免偶相剽襲。

　　其載「倪思論司馬光《疑孟》」一條，謂王安石援《孟子》大有為之說，欲神宗師尊之，故光著此書，明其未可盡信〔五〕。其說為從來所未及。案：晁公武《讀書志》稱王安石喜《孟子》，自為之解，其子雱與其門人許允成皆有注釋〔六〕。蓋唐以前《孟子》皆入儒家，至宋乃尊為經。元豐末遂追封鄒國公，建廟鄒縣，亦安石所為。則謂光《疑孟》實由安石異議相激而成，不為無見。必以為但因大有為二語，則似又出於牽合，非確論也。然其他辨析考證，可取者多。其記汴京故宮，尤為詳備。在元人說部之中，固不失為佳本矣。（《四庫全書總目》卷一百二十二）

【注釋】

〔一〕【自序】《湛淵靜語》者，湛淵子與客語於靜也。湛淵，姓名爵里不聞於時，家西湖西，有泉自竺山來，及門而瀦湛，然下見白石，若隔一膜，愛之，客至，呼坐榻就淵，四空無人，林影在水，掀髯劇談，大而天地之高厚，細而品匯之化育，至於聖賢之大訓，古今之明戒，日用之小物，下至滑稽詼諧，任情極口，談輒則笑，笑復談，兩不知其是非非是也。又病忘，客退，欲持以質諸人，忘之矣，於是具白堊寸，遇所得隨樹石牆壁識之，幸而不漫滅，則子弟輩更書於冊，積三十年，其不遂忘而獲識之者，蓋百分一，其識之而不遂漫滅，獲更識焉者，蓋十分一也。風漂塵轉，走南北，半天下，所聞日益廣，得說日益多，聚之一篋，然猶以湛淵名者，何居籲始，予之愛淵而居之，且以名吾愛也。今予與淵相忘，不知我之為淵，淵之為我，向所謂湛然者不在乎淵，而在予方寸間矣，豈區區一水云乎哉？

〔二〕【史源】四庫本未收此跋。

〔三〕【史源】《湛淵靜語》卷三。今按，《假龍吟歌》見《昌穀外集》。房琯（697～763），字次律，唐河南洛陽人。

〔四〕【李德林】（530～591），字公輔，隋博陵安平人。曾奉詔修北齊史，未成，其子李百藥續修而成，即今《北齊書》。

〔五〕【史源】《湛淵靜語》卷二：「或問文節倪公思曰：『司馬溫公乃著《疑孟》，何也？』答曰：『蓋有為也。當是時，王安石假孟子大有為之說，欲人主師尊之，變亂法度，是以溫公致疑於孟子，以為安石之言未可盡信也。』」

〔六〕【史源】《郡齋讀書志》卷十。

149. 敬齋古今黈八卷

元李冶（1192～1279）撰。冶有《測圓海鏡》，已著錄。

此書原目凡四十卷。其以「黈」名者，案《漢書·東方朔傳》：「黈纊充耳，所以塞聰。」顏師古注曰：「示不外聽。」〔一〕冶殆以專精覃思，穿穴古今，以成是書，故有取不外聽之義歟？《元史》本傳、邵經邦《弘簡錄》、黃虞稷《千頃堂書目》俱作《古今黈》。當因字形相似，傳寫致訛。《文淵閣書目》題作宋人，則並其時代亦誤矣。

其書皆訂正舊文，以考證佐其議論，詞鋒駿利，博辨不窮。其「說《毛詩》草蟲阜螽」一條云：「師說相承，『五經』大抵如此，學者止可以意求之。膠者不卓，不膠則卓矣。」是其著書之大旨也。〔二〕

其中如謂蚩尤之名，取義於蚩蚩之尤，謂《內則》一篇卑鄙煩猥，大類世所傳食纂，謂《中庸》素隱行怪乃素餐之素，謂《孟子》兄戴蓋為一句，祿萬鍾為一句，戴蓋即乘軒之義，或不免於好為僻論，橫生別解。又如淳化閣帖漢章帝書《千字文》，米芾《書史》、黃伯思《法帖刊誤》、秦觀《淮海集》俱以為偽帖，而冶據以駁《千字文》非周興嗣作。《太平廣記》載徐浦鹽官李伯禽戲侮廟神，其事在貞元中，具有年月，而冶即以為李白之子伯禽，亦偶或失考。然如辨《史記》微子面縛，左牽羊，右把茅，乃其從者牽之把之，司馬遷所記不謬，孔穎達《書正義》所駁為非；辨《鄭語》收經入行姣極，謂經即京，姣即垓，韋昭不當注經為常；辨《論語》五十以學《易》，謂「《論語》為未學《易》時語，《史記》所載，則作《十翼》後語，不必改五十字作卒」；辨《孟子》龍斷即《列子》所謂翼之南漢之北無隴斷焉。辨《史記·自敘》

甌、駱相攻，謂「當為閩、越相攻」；辨張耒《書鄒陽傳後》，謂「韓安中實兩見長公主，《漢書》不誤，而未誤」；辨《衛青傳》三千一十七級，謂「級字蒙上斬字，顏師古誤蒙上捕字，遂以生獲為級」；辨《魏志》穿方負土，謂「即算經之立方定率」；辨《吳志》孫權告天文，謂「不當呼上帝為爾」；辨《通鑒》握槊不輟，謂「胡三省誤以長行局為長矛」；以及辨古者私家及官衙皆可稱朝，引《後漢書》劉寵、成瑨及《左傳》伯有事為證；辨伣儽丈人承蜩所以供食，引《內則》鄭玄注、《荀子》楊倞注為證；辨《吳都賦》綖子長嘯當是常笑，引《山海經》為證，皆具有根據。要異乎虛騁浮詞，徒憑臆斷者矣。至於所引《戰國策》「蔡聖侯因是已君王之事，因是已」，二「已」字今本並作「以」，而證以李善注阮籍〔三〕《詠懷詩》所引，實作「已」字，足以考訂古本。又《大學》絜矩，今本《章句》作絜度也，冶所見本則作絜圍束也。蘇軾《赤壁賦》，今本作「而吾與子之所共適」，冶所見本則作「共食」，而駁一本作共樂之非，亦足以廣異聞。有元一代之說部，固未有過之者也。雖原本久佚，今採掇於《永樂大典》者不及十之四五，然菁華具在，猶可見其崖略。謹以經、史、子、集依類分輯，各為二卷，以備考證之資焉。〔四〕（《四庫全書總目》卷一百二十二）

【注釋】

〔一〕【黈】古代天子以黈纊（黃色綿球）塞耳，表示不旁聽讒言。因以「黈」借指帝王。

〔二〕【評論】李迪教授認為：「《敬齋古今黈》是一部與沈括《夢溪筆談》形式極相似的筆記，內容包括文學、史學、醫學、天文曆法、數學和哲學等記述。到目前為止，對《敬齋古今黈》的研究還很不充分。」（《中國數學通史·宋元卷》第 197 頁，遼寧教育出版社 1990 年）

〔三〕【阮籍】（210～263），三國魏人。為竹林七賢之一。有《阮步兵集》。

〔四〕【整理與研究】四庫本與武英殿聚珍本均只有八卷，不全。而繆荃孫《藕香零拾》本十二卷，且有詳細的校勘。

150. 玉堂嘉話八卷

元王惲〔一〕（1227～1304）撰。惲有《承華事略》，已著錄。

是編成於至元戊子（1288），紀其中統二年（1261）初為翰林修撰、知制誥〔二〕兼國史館編修官，及調官晉府秩滿，至元十四年（1277）復入為翰林待制

時，一切掌故及詞館中考核討論諸事。始於辛酉，終於甲午，凡三十四年之事。所記當時制誥特詳，足以見一朝之制。如船落致祭文，太常新樂祭文之類，皆他書所未見。他如記唐張九齡、李林甫告身之式，記平宋所得法書古畫名目，宋聘后六禮金，科舉之法，以及論宣諭、制誥之別；據柳公權〔三〕跋，知唐時已有《廣韻》，辨米芾之稱南宮，以贈官太常；記秦檜家廟之制，摘顏真卿書《出師一表》之偽；謂《金史·天文志》出於太史張中順，與夫張德輝述塞北之程，劉郁述西域之事，皆足以資考證。而《宋》《遼》《金》三史之議，尤侃侃中理。其中如論日月五星則不知推步之法；謂古婦人無諡，則不知聲子、文姜之例；論六帖，則剿襲《演繁露》〔四〕；論舜事，則誤信錢時；論野合，則附會《博物志》，皆為疵累。「《唐六典》女伯女叔」一條，二卷、五卷再見，亦失檢校。然大致該洽，不以瑕掩。全書已收入《秋澗集》中，此乃其別行之本也。（《四庫全書總目》卷一百二十二）

【注釋】

〔一〕【王惲】字仲謀，號秋澗，河南東平人。事蹟具《元史》本傳。著有《秋澗集》等。

〔二〕【知制誥】掌草擬詔敕之官。

〔三〕【柳公權】（778～865），字誠懸，唐京兆華原人。書法自成一家，號稱柳體。

〔四〕【演繁露】宋程大昌撰……所引諸書，用李匡乂《資暇集》引《通典》例，多注出某書某卷，倘有訛舛，易於尋檢，亦可為援據之法。其書正編不分類，續編分制度、文類、詩事、談助四門。然書中似此偶疏者不過一二條，其他實多精深明確，足為典據。（《四庫全書總目》卷一百一十八）

今按，彭元瑞《知聖道齋讀書跋》卷二：「宋末言博學者，以王伯厚、程泰之並稱。是書遜《困學紀聞》遠甚。大約其學博而寡要，其議論廣而不堅，於考證中時墮類書窠臼。分別觀之，亦責賢者備之意耳。」

151. 研北雜志二卷

元陸友〔一〕撰。友有《墨史》，已著錄。

友嘗取《漢上題襟集》所載段成式語，自號研北生，因以名其雜著。前有元統二年（1334）二月自序，稱元統元年冬，還自京師，索居吳下，追憶所欲言者，命其子錄藏〔二〕。蓋虞集、柯九思同薦友於朝，會二人去職，友亦罷歸時也。

所錄皆軼文瑣事。友頗精嘗鑒，亦工篆隸，故關於書畫古器者為多，中亦頗有考證。如解李商隱之「金蟾齧鎖」句，辨徐鍇《說文繫傳》之獬字、禰字互相矛盾，援《北史》證馬定國以石鼓出宇文周之非，引鄭康成之說證傳注稱錯簡之語，皆有可採。至謂仉姓出梁《四公子傳》，不知孟母先氏仉。以王明清字仲言，謂本張華答何劭詩「其言明且清」句，不知《禮記》先有此文，則偶然疏舛也。徐顯《稗傳》載友撰《研史》《墨史》《印史》，不載此書。

此本出自陳繼儒〔三〕家，末有舊跋〔四〕，已稱字多訛脫。繼儒刻入《晉秘笈》中，更失校讎。如「皇象天發神讖碑事」一條，上下卷其文復見，則顛倒錯亂可知矣。錢曾《讀書敏求記》稱有柯柘湖校本、項藥師刊本，今皆未見也。〔五〕(《四庫全書總目》卷一百二十二)

【注釋】

〔一〕【陸友】字友仁，亦字宅之，平原人。

〔二〕【自序】余生好遊，足跡所至，喜從長老問前言往行，必謹識之。元統元年冬，還自京師，索居吳下，終日無與晤語，因追記所欲言者，命小子錄藏焉。取段成式之語，名曰《研北雜志》，庶幾賢於博弈爾。明年春二月丁卯，平原陸友仁序。

〔三〕【陳繼儒】(1558～1639)，字仲醇，號眉公，華亭人。

〔四〕【史源】四庫本未收此跋。

〔五〕【史源】《研北雜志》卷二：「莊周曰：『《六經》，先王之陳跡也。』予亦曰：『周之所以痛詆而務去者，去《六經》之陳跡也。』」司馬按，陳跡者，歷史也。「先王之陳跡」者，先王之歷史也。「《六經》，先王之陳跡也」一語實為「六經皆史」之濫觴也。

152. 草木子四卷

明葉子奇〔一〕撰。子奇有《太玄本旨》，已著錄。

考子奇所著諸書，有《範通元理》二卷，詩十六卷、文二十卷，《本草》《醫書節要》各十卷，《齊東野語》三卷。又餘錄若干卷，紀元季明初事最詳。今惟《太玄本旨》及此書存。此書黃衷序云二十二篇，鄭善夫序又云二十八篇。正德丙子(1516)，其裔孫溥以南京御史出知福州，重刻之。約為八篇：曰管窺，曰觀物，曰原道，曰鉤玄，曰克謹，曰雜制，曰談藪，曰雜俎〔二〕。每二篇為一卷，即此本也。善夫序又云：「舊本今纂為四，《野語》今纂為二，並

曰《草木子》。」〔三〕則似此四卷已合《野語》為一書。然四卷二卷當為六卷，不當為八卷。《野語》今無別本，無由質其異同，莫之詳也。

　　子奇學有淵源，故其書自天文、地紀、人事、物理，一一分析，頗多微義。其論元代故事，亦頗詳覈。惟賈魯勸托克托開河北水田，造至正交抄，求禹河故道，功過各不相掩。子奇乃竟斥之為邪臣，則不若宋濂《元史》之論為平允也。書前有子奇自序，題戊午十一月，乃洪武十一年（1378），即子奇罷巴陵主簿，逮繫之歲。此書蓋其獄中所作云。〔四〕（《四庫全書總目》卷一百二十二）

【注釋】

〔一〕【葉子奇】字世傑，號靜齋，龍泉（今屬浙江）人。明初以薦官巴陵主簿。

〔二〕【雜俎】文體名。與雜錄、隨筆相似。通常將無類可歸之文，標目為雜俎。

〔三〕【序跋】四庫本未收黃衷、鄭善夫序。今按，鄭善夫（1485～1523），字繼之，號少谷。福建閩縣人。著有《鄭少谷集》。

〔四〕【整理與研究】中華書局出版點校本（《歷代史料筆記叢刊》本）。

153. 井觀瑣言三卷

　　舊本題宋閩南鄭瑗撰。鍾人傑《唐宋叢書》亦作宋人，而書中稱明為國朝，所評論者多明初人物，決非宋人所為。考弘治《八閩通志》載有莆田人鄭瑗，字仲璧，成化辛丑（1481）進士，官至南京禮部郎中。朱彝尊《明詩綜》亦載有其人，所著有《明省齋集》。則此編當即明莆田鄭瑗所作。題宋人者妄也。

　　其書大抵皆考辨故實，品騭古今，頗能有所發明。如論王柏改經之非〔二〕，斥《綱目》以發明書法考異之曲說〔三〕，辨李匡乂《資暇集》解律令之誤〔四〕，駁史伯璿《管窺外編》言天地之自相牴牾〔五〕，及摘胡三省《通鑒注》所未備〔六〕，皆中窾要。又引《宋書·柳元景傳》證魏崔浩因有異圖被誅，特假史事為名〔七〕，所論亦有根據。在明人說部中尚稱典核。惟不喜宋濂，謂其文多浮詞，於性命之學不甚理會〔八〕，未免失之過刻。其論諸史紀年之例，尤偏駁不足為據云。（《四庫全書總目》卷一百二十二）

【注釋】

〔一〕【自序】鄭子讀書，間有絲髮之見，輒索筆錄而藏之，自志其陋，因不復加纂次，取韓子《原道》之語，題曰《井觀瑣言》，將就有道而取裁焉。夫坐井

而觀天，謂非全天可也，謂非天不可也。然則余言雖淺，亦焉敢背道而妄肆其喙哉！

〔二〕【史源】《井觀瑣言》卷三：「凡經傳之文有錯簡者，須有顯證方可移易。如《大學》傳文有經文可證，乃可更定。《周書·武成》有月日事理可推，乃可更定。後之儒者率以己意所便，輒欲變移經文，如王魯齋只憑《漢·藝文志》《中庸說》二篇一辭，欲析《中庸》為二篇，移易其文，使各以類相從，且魯齋最不信《家語》，謂朱子不當據《家語》以正《中庸》，似矣。班氏《漢志》獨可據以正《中庸》乎……凡此皆進退無據，而輕改聖經之舊，治經者所當深戒也。」

〔三〕【史源】《井觀瑣言》卷二：「汪克寬《綱目考異》殊無補於書法，徒加支離耳。夫呂后止稱制，故猶書太后，武后已革命，故黜稱武氏。王莽，男子也，故書名；武后，婦人也，故書氏。《綱目》之權衡審矣，汪氏乃謂呂后當稱呂氏，武后當稱周曌，不達甚矣。」

〔四〕【史源】《井觀瑣言》卷二：「袁紹檄豫州，曹操檄江東，將校部曲其末皆云「如律令」。李善注言：當履繩墨，動不失律令也。呂延濟謂賞賜一如律令之法。二說小異，然大概皆近之。今道家符咒類言：『急急如律令。』蓋竊此語。李濟翁《資暇錄》乃謂令讀為零，律令雷邊，捷鬼善走，故云如此鬼之疾速。其說怪誕，不足信。」

〔五〕【史源】《井觀瑣言》卷二：「平陽史氏伯璿，亦近代博考精思之士，然揣摩太甚，反成傅會。所著《管窺外編》，其持論多無一定之見。如論天地，既謂天屬氣，地屬形，形實氣虛，氣能載形，虛能載實，而主邵子有限無涯之說矣。復謂天亦有非虛非實之體，以範圍之內為勁氣所充，上為三光所麗。既主朱子天外無水、地下是水載之言，而謂天包水，水載地，地浮於水上矣。復疑地不免有隨氣與水而動之患，必不能久浮而不沉，而謂南樞入地處必有所根著，與天體相貫通……大抵天地日月之理，雖亦格物窮理者所當理會，然既未可目擊，難以遙度，則不如姑以先儒所以言者為據，暫且放過，而於天理人事之切近者致詳焉可也。苟於此用心大過，則牴牾愈多，且終不能以豁然而無疑也。」

〔六〕【史源】《井觀瑣言》卷二：「史炤釋《通鑑》多謬，天台胡三省《辯誤》多所考正，遠勝諸家之注，然頗有引證欠明備者……此其欠明備處，其他所釋頗多騁浮辭，如解高澄父喪起舞，而曰秘喪不發，死肉未寒，忘雞斯徒跣之哀，縱躩躩偩偩之樂之類，殊非箋解之體。」

〔七〕【史源】《井觀瑣言》卷三:「《通鑒》載魏太武殺崔浩云:浩刊所撰國史,於
石立於郊壇東方,所書魏先世事皆詳實,北人忿恚,相與譖浩暴揚國惡,魏
主大怒,遂族誅浩。予謂浩修國史,直筆自是其職,但不當刊石衢路耳。縱
使以是獲罪,何至遽赤其族?太武雖暴,不應至此。《綱目》書:『魏殺其司
徒崔浩,夷其族,甚之也。』及考《宋書‧柳元景傳》云:『柳光世為索虜折
衝將軍、河北太守,其姊夫偽司徒崔浩,虜之相也。虜主拓跋燾南寇汝潁浩
密有異圖,光世要河北義士為浩應,浩謀泄,被誅,河北大姓坐連,謀夷滅
者甚眾。』然後知浩所以不蒙八議之宥者,自有其故,特因史事發耳。」

今按,呂思勉《呂思勉讀史札記‧崔浩論》認為心存漢族,而牟潤孫《詮
史齋叢稿‧崔浩及其政敵》以為崔浩力主漢化,為政敵所殺。曹道衡等認為:
「崔浩之死,實關係當時政治、經濟、文化、民族諸方面之衝突。」(《中古
文學史料叢考》第 708～711 頁)

〔八〕【史源】《井觀瑣言》卷一:「宋潛溪該博群書,才氣汪洋不竭,學者靡然尚
之,但於吾儒性命之學不甚理會,卻好去理會異教,然亦只得其言語皮膚之
末。雖平日著書立言,自任不為不重,終是泛博,其文亦多浮辭勝理,所著
《龍門子》尤鄙拙亂道。為蘇平仲作文集序,譏近世為文者合喙比聲,不能
稍自凌厲,以震盪人之耳目。此是其本趣發見處,故凡其所作,大抵只是欲
凌厲,以震盪人耳目而已。」

154. 南園漫錄十卷

明張志淳〔一〕撰。志淳有《永昌二芳記》,已著錄。

是書前有正德十年(1515)自序,稱因讀洪邁《容齋隨筆》、羅大經《鶴林
玉露》二書,仿而為之〔二〕。卷首數條,皆掎摭《容齋隨筆》之語,辨其是非,
蓋其書之所緣起也。其餘則述所見聞,各為考證。大抵似洪書者十之一,似
羅書者十之九。所論如「江神」一條,譏洪邁舍人事而諂鬼神〔三〕;「邱濬著
書」一條,譏其《大學衍義補》不敢論及宦官〔四〕,立意皆極正大。其「避諱」
一條謂蜀本書多闕唐諱乃相沿舊刻〔五〕;「桂辨」一條謂桂花桂樹兩種〔六〕;
「張籍詩意」一條謂瞿宗吉《歸田詩話》不知其作還珠吟時已先居幕下〔七〕,
駁正皆頗明核。其辨永昌非金齒地諸條考證致誤之由〔八〕,亦極詳覈。

他如「春草王孫」一條〔九〕,王維詩語自本《楚辭》,而昧其所出,橫生
訓詁之類,或失之陋。「元順帝」一條,誤據《庚申外史》《符臺外集》之說,

以順帝為瀛國公子之類〔十〕，或失之無稽。蓋瑕瑜不掩之書也。中頗紀載時事，臧否人物。故卷末又有嘉靖五年（1526）《題後》一篇，辨何喬新《撫夷錄》之失實，而以書中所載自比於孫盛書枋頭事〔十一〕。其所紀錄，亦可與《明史》相參考云。（《四庫全書總目》卷一百二十二）

【注釋】

〔一〕【張志淳】自號南園野人，雲南籍，江寧（今江蘇南京）人。其名見《明史·焦芳傳》中。

〔二〕【南園漫錄自序】予閒居四年，惟鉛槧是事。去年冬，病久……取雜說如《容齋隨筆》者數十家以消日……越翌日，取《鶴林玉露》觀之……遂為書容齋所未安者數十事，而並予所聞知有似二書者廣之，題之曰《南園漫錄》。要之，文雖不工，而揆事昭理，亦或有可觀者。

〔三〕【史源】《南園漫錄》卷一「江神」條。

〔四〕【史源】《南園漫錄》卷三「著書」條。

〔五〕【史源】《南園漫錄》卷一「避諱」條：「《隨筆》謂孟蜀書刻避唐諱，以為唐澤遠，此恐不然。孟蜀初定書多唐時所刻，後遂承之不改，何唐之澤乎？元滅宋後，元刻諸史如殷、敬、恒、桓、構之類皆諱，又如恒字省下一畫，至今亦不改，凡各布政司鄉試錄罔不然，豈宋之遺澤至今不忘乎？不知為沿襲不明之過，反以為唐之遺澤，其誤甚矣。」

〔六〕【史源】《南園漫錄》卷四「桂辨」條。

〔七〕【史源】《南園漫錄》卷七「詩意」條。

〔八〕【史源】《南園漫錄》卷六「金齒」條。

〔九〕【史源】《南園漫錄》卷五「王孫」條。

〔十〕【史源】《南園漫錄》卷十「元順帝」條。

〔十一〕【題南園漫錄後跋】往草此以付幼子合，合時方九齡，今合試京師五年，偶於其書笥中見之，殆不復記憶，悵然興懷，乃自錄出。然以是是非非、枉枉直直、斤斤明明視筆談，不及士夫毀譽者異矣。復欲藏之，適見廣昌何公喬新集所載《撫夷錄》謬甚，然後知姦邪矯誣足以欺一時矣，而其術又足以假名臣聞，人文其惡而惑後世，用是刻以久之，或以招尤速累為虞者，則曰孫盛紀枋頭之敗桓溫謂關門戶事，諸子請改盛大怒，更為定本，寄慕容雋。孔子曰：「斯民也，三代所以直道而行也。」吾不佞，敢自棄，不如春秋之民，不如東晉之士，而又敢以不如桓溫，待今世之賢哉！

155. 物理小識十二卷

明方以智（1611～1671）撰。以智有《通雅》，已著錄。

此書為其子中通〔一〕、中德〔二〕、中發〔三〕、中履〔四〕所編。又《通雅》之緒餘也。首為總論，中分天類、曆類、風雷雨暘類、地類、占候類、人身類、鬼神方術類、異事類、醫藥類、飲食類、衣服類、金石類、器用類、草木類、禽獸類凡十五門。大致本《博物志》《物類相感志》諸書而衍之。但張華、贊寧所撰但言克制生化之性，而此則推闡其所以然。雖所錄不免冗雜，未必一一盡確，所論亦不免時有附會，而細大兼收，固亦可資博識，而利民用。《鶡冠子》曰：「中流失船，一壺千金。」〔五〕韓愈曰：「牛溲馬勃，敗鼓之皮，兼收並蓄，待用無遺。」〔六〕則識小之言，亦未可盡廢矣。〔七〕（《四庫全書總目》卷一百二十二）

【注釋】

〔一〕【方中通】（1634～1698），字位伯，號陪翁，方以智子。精於數學，撰《數度衍》二十四卷、《陪翁集》十三卷、《續陪集》四卷。

〔二〕【方中德】方以智子。事蹟待考。

〔三〕【方中發】（1639～1731），字有懷，號鹿湖，方以智第四子。著有《白鹿山房詩集》十五卷。

〔四〕【方中履】（1638～1689），字素北，號合山，方以智第三子。撰《古今釋疑》十八卷、《汗青閣集》四卷。《古今釋疑》自序謂始著此書時，甫弱冠耳。蓋親承指授於其父，而家又富藏書，更從藏書家借觀，所見既博，且有家學淵源，得以大器早成。

〔五〕【史源】《鶡冠子》卷下。

〔六〕【史源】韓愈《進學解》云：「牛溲馬勃，敗鼓之皮，兼收並蓄，待用無遺者，醫師之良也。登明選公，雜進巧拙，紆餘為妍，卓犖為傑，校短量長，惟器是適者，宰相之方也。」

〔七〕【評論】《物理小識》完成的時間大約在 1631～1652 年間，前後歷時 22 年。原書附在《通雅》之後。後來，其子方中通、方中履和學生揭暄將其分出，單獨編排，並加以按語注釋，於 1664 年刊行於世。《物理小識》共 12 卷，所涉的內容極為豐富，分天文、曆法、氣象、地理、占候、人身、醫藥、飲食、衣服、金石、器用、草木、鳥獸、鬼神方術以及異事等 15 類，是一部被日本學者譽為「當奈端（牛頓）之前，中國誠可以自豪的」關於自然科學的百科全書式的著作。《物理小識》中涉及到的物理學知識包括光學、電學、磁學、

聲學和力學等諸多方面，不僅總結了我國古代許多偉大的科學成就，批判地吸收、融會了當時西方傳入的大量科學知識，而且對不少問題提出了自己獨到的見解。譬如，《物理小識》對管子「宙合」觀念的接受和新解「管子曰『宙合』，謂宙合宇也。灼然宙輪於宇，則宇中有宙、宙中有宇也」就深刻而形象地闡發了時空合一觀。《物理小識》是一部綜合性的科學巨著，其中的光學部分不僅提出了一種廣義的光的波動學說，而且還進一步試圖以此去演繹並系統化地解釋諸如發光、顏色、視覺、光肥影瘦、形象信息的彌散分布、海市蜃樓以及小孔成像等多種光學現象，是我國古代自《墨經》特別是《周髀算經》以來最偉大的一次公理化的成功嘗試。《物理小識》的光學其實多是聲學的類比，因而自成一定的體系，不能完全用現代的波動光學去硬性比照。（楊小明：《物理小識》的光學思想）

156. 遵生八箋十九卷

明高濂撰。濂字深父，錢塘（今浙江杭州）人。

其書凡為八目。卷一、卷二曰《清修妙論箋》，皆養身格言，其宗旨多出於二氏；卷三至卷六曰《四時調攝箋》，皆按時修養之訣；卷七、卷八曰《起居安樂箋》，皆寶物器用可資頤養者；卷九、卷十曰《延年卻病箋》，皆服氣〔一〕、導引〔二〕諸術；卷十一至十三曰《飲饌服食箋》，皆食品名目，附以服餌諸物；卷十四至十六曰《燕閒清賞箋》，皆論賞鑒清玩之事，附以種花卉法；卷十七、十八曰《靈秘丹藥箋》，皆經驗方藥；卷十九曰《塵外遐舉箋》，則歷代隱逸一百人事蹟也。

書中所載，專以供閒適消遣之用。標目編類，亦多涉纖仄，不出明季小品積習，遂為陳繼儒、李漁等濫觴。又如張即之宋書家，而以為元人。范式官廬江太守，而以為隱逸。其訛誤亦復不少。特抄撮既富，亦時有助於檢核。其詳論古器，彙集單方，亦時有可採。以視剽襲清言，強作雅態者，固較勝焉。（《四庫全書總目》卷一百二十三）

【注釋】

〔一〕【服氣】呼吸吐納之術。又稱「行氣」。《晉書·隱逸傳·張忠》：「恬靜寡欲，清虛服氣，餐芝餌石，修導養之法。」沈曾植云：「所謂煉精化氣者，止是守靜；所謂煉氣化神者，止是致虛。而吾儒所謂清明在躬，志氣如神者，主敬之神，乃更在致虛之上。」（《海日樓札叢》第244頁）

〔二〕【導引】導氣令和，引體令柔。實為呼吸和形體運動相結合的體育療法。長
沙馬王堆出土的西漢帛畫《導引圖》是現存最早的一幅導引姿勢的示意圖（詳
見《馬王堆漢墓帛書》之肆）。唐慧琳《一切經音義》卷十八：「凡人自摩自
捏，申縮手足，除勞去煩，名為導引。若使別人握搦身體，或摩或捏，即名
按摩也。」

157. 清秘藏二卷

　　明張應文撰，而其子謙德潤色之。應文字茂實，崑山監生。屢試不第，
乃一意以古器書畫自娛。謙德即作《清河書畫舫》及《真蹟日錄》之張丑，後
改名也。

　　是編雜論玩好賞鑒諸物。其曰《清秘藏》者，王稚登序〔一〕謂取倪瓚清
秘閣〔二〕意也。上卷分二十門，下卷分十門，其體例略如《洞天清錄》，其文
則多採前人舊論。如「銅劍」一條本江淹《銅劍贊》之類，不一而足，而皆不
著所出，蓋猶沿明人剽剟之習。其中所列香名多引佛經，所列奇寶多引小說，
頗參以子虛烏有之談，亦不為典據。然於一切器玩，皆辨別真偽，品第甲乙，
以及收藏裝褙之類，一一言之甚詳，亦頗有可採〔三〕。卷末記所蓄所見一條，
稱所蓄法書惟宋高宗行書一卷、蘇子瞻《詩草》、元趙子昂《歸田賦》，所蓄名
畫惟唐周昉〔四〕《戲嬰圖》、宋人羅漢八幅、《畫苑雜跡》一冊、元倪雲林小景
一幅而已。而其子丑作《清河書畫表》，列於應文名下者乃有三十一種。此書
成於應文臨沒之日，不得以續購為詞，然則丑表所列，殆亦誇飾其富，不足
盡信歟？

　　此本為鮑士恭家知不足齋所刊，原附丑《真蹟日錄》後，蓋《山谷集》末
載《伐檀集》之例。今以各自為書，仍析出別著錄焉。（《四庫全書總目》卷一百二
十三）

【注釋】

〔一〕【清秘藏序】《清秘藏》者，張先生茂實所著書也。先生名應文，茂實其字。
余與先生齒相埒，識先生最早。先生少任俠，好擊劍，務奇畫……而竟屢試
屢不售。先生怫然曰：「吾不可以此久淪。洒公也，人生亦安得俟河之清耶？
彼漆園吏，何人斯，顧吾且不得為郊祀之犧牲乎？」棄去，公車絕不為，然
不善牙籌，凡所為管鑰門牡呼雞飼犬之事，無論身不為耳，且未嘗食也，家
坐是益旁落。先生意弗屑，更罄囊出其餘貲，悉以付之米家船，於是圖書滿

床，鼎彝鐏缶，雜然並陳。余往入其室，政如波斯胡肆，奇琛異寶，莫可名狀，先生顧此意甚得，謂余曰：「吾不以頭上如箕易此也。」獨好飲，時進一伯雅，輒耳熱而後，乃今舉生平所睹記者一一題識，而總命之曰《清秘藏》，蓋亦希跡倪高士云。

〔二〕【倪瓚】（1301 或 1306～1374），字元鎮，號雲林子，江蘇無錫人。家有樓形似方塔，名清秘閣，藏書數千卷。

〔三〕【附錄】《清秘藏》卷上「論法書」條：欲觀古法書，當澄心定慮，勿以粗心浮氣乘之。先觀用筆、結體、精神、照應；次觀人為天巧、真率做作，真偽已得其六七矣。次考古今跋尾相傳來歷；次辨收藏印識紙色絹素，而真偽無能逃吾鑒中矣。或得其結構而不得其鋒芒者，模本也；得其筆意而不得其位置者，臨本也；筆勢不聯屬，字形如算子者，集書也；或雙鉤形跡猶存，或無精彩神氣，此又不難辨者也。又古人用墨，無論燥潤肥瘦，俱透入紙素，後人偽作，墨浮而易辨。

「論名畫」條：人物顧盼，語言花果，迎風帶露，飛禽走獸，精神逼真，山水林泉，清間幽曠，屋廬深邃，橋彴往來，石老而潤，水淡而明，山勢崔嵬，泉流灑落，雲煙出沒，野徑迂迴，松偃龍蛇，竹藏風雨，山腳入水，澄清水源，來歷分曉，有此數端，雖不知名，定是妙手。人物如屍似塑，花果類瓶中所插，飛鳥走獸但取皮毛，山水林泉布置迫塞，樓閣模糊錯雜，橋彴強作斷形，境無夷險，路無出入，石止一面，樹少四枝，或高大不稱，或遠近不分，或瀹淡失宜，點染無法，或山腳浮水面，水源無來歷，凡此數病，雖不知名，定是俗筆。舉此以觀畫，亦不大失眼矣。以上所云，止是細目。其大綱，一言以蔽之曰：「觀其神。」

「論宋刻書冊」條：藏書者貴宋刻，大都書寫肥瘦，有甚佳者，絕有歐柳筆法，紙質勻潔，墨色青純，為可愛耳。若夫格用單邊，間多諱字，雖辯證之一端，然非考據要訣也。余向見元美家班、范二書，乃真宗朝刻之，秘閣特賜兩府者，無論墨光煥發，紙質堅潤，每本用澄心堂紙為副，尤為清絕。前後所見《左傳》《國語》《老》《莊》《楚辭》《史記》《文選》、諸子、諸名家詩文集、雜記、道釋等書約千百冊，一一皆精好，較之元美所藏不及多矣（評書次第：紙白、板新綿紙為佳，活襯竹紙次之，糊褙批點者不蓄可也。）

〔四〕【周昉】字景玄，唐長安人。善畫釋道，所畫人物頗具風姿。

158. 類說六十卷

宋曾慥編。慥字端伯，晉江（今屬福建泉州市）人。官至尚書郎，直寶文閣，奉祠家居，撰述甚富。

此乃其僑寓銀峰時所作，成於紹興六年（1136）。取自漢以來百家小說〔一〕，採掇事實，編纂成書。其二十五卷以前為前集，二十六卷以後為後集。其或摘錄稍繁，卷帙太矩者，則又分析子卷，以便檢閱。書初出時，麻沙書坊嘗有刊本。後其版亡佚。寶慶丙戌（1226），葉時〔二〕為建安守，為重鋟置於郡齋，今亦不可復見。世所傳本，則又明人所重刻也。

其書體例略仿馬總《意林》，每一書各刪削原文，而取其奇麗之語，仍存原目於條首。但總所取者甚簡，此所取者差寬，為稍不同耳。南宋之初，古籍多存，慥又精於裁鑒，故所甄錄大都遺文僻典，可以裨助多聞。又每書雖經節錄，其存於今者以原本相校，未嘗改竄一詞。如李繁《鄴侯家傳》下有注云：「繁於泌皆稱先公，今改作泌（云云）。」即一字之際，猶詳慎不苟如此。可見宋時風俗近古，非明人逞臆妄改者所可同日語矣。（《四庫全書總目》卷一百二十三）

【注釋】

〔一〕【《類說》取自漢以來百家小說】卷一：《穆天子傳》《漢武帝內傳》《趙后外傳》《楊妃外傳》《列女傳》，卷二：《高士傳》《襄陽耆舊傳》《鄴侯家傳》，卷三：《列仙傳》《神仙傳》《續仙傳》《王氏神仙傳》《高道傳》，卷四：《西京雜記》《兩京雜記》《秦京雜記》《番禺雜記》《青箱雜記》，卷五：《燕北雜記》《洞冥記》《拾遺記》《冥祥記》《齊諧記》，卷六：《續齊諧記》《荊楚歲時記》《秦中歲時記》《洛陽伽藍記》《南部煙花記》《河洛記》《傳記》《景龍文館集》《御史臺記》《封氏見聞記》《開天傳信記》《廬陵官下記》《海物異名記》，卷七：《唐寶記》《水衡記》《名畫記》《教坊記》《廬山記》《諸山記》《海棠記》《仙傳拾遺》《獻替記》《東宮奏記》《金鑾密記》《原化記》《搜神記》，卷八：《述異記》《廣異記》《集異記》《錄異記》《乘異記》，卷九、十：《仇池筆記》，卷十一：《幽明錄》《幽怪錄》《芝田錄》，卷十二：《紀異錄》《定命錄》《唐餘錄》《稽神錄》《異人錄》，卷十三：《樹萱錄》《北戶錄》《瀟湘錄》《羯鼓錄》《琵琶錄》《歸田錄》《花木錄》《使遼錄》《茶錄》，卷十四：《啟顏錄》《因話錄》，卷十五：《談賓錄》《劇談錄》《賈氏談錄》《晉公談錄》《先公談錄》，卷十六：《松窗雜錄》《明皇雜錄》《樂府雜錄》《見聞雜錄》《倦遊雜錄》，卷十七：《東軒筆錄》《沂公筆錄》《集古錄目》，卷十八：《江南野錄》《湘山野錄》《雲齋廣錄》，

卷十九：《異聞錄》《駭聞錄》《見聞錄》《三朝聖政錄》《春明退朝錄》《幕府燕閒錄》《吉凶影響錄》，卷二十：《傳燈錄》，卷二十一：《漢武帝故事》《開元天寶遺事》《明皇十七事》《大中遺事柳玭續事附》《大唐遺事》《南唐近事》，卷二十二：《荊湖近事》《金坡遺事》《東齋記事》，卷二十三：《博物志》《續博物志》《物類相感志》《宣室志》，卷二十四：《博異志》《獨異志》《狙異志》《括異志》，卷二十五：《炙轂子》《玉泉子》《金華子》《淮南子》，卷二十六：《國史纂異》《國史補》《後史補》《五代史補》，卷二十七：《逸史》《唐宋遺史》《南唐野史》《外史檮杌》《史遺》，卷二十八：《異聞集》，卷二十九：《麗情集》《靈怪集》《雞跖集》《資暇集》，卷三十：《新序》《說苑》，卷三十一：《世說》《續世說》，卷三十二：《傳奇》《語林》，卷三十三：《真誥》，卷三十四：《摭言》《摭遺》，卷三十五：《爾雅》《集韻》《本草》《事始》《迂書》，卷三十六：《戰國策》《風俗通》《甘澤謠》《古今注》《蜀本記》《齊職制》，卷三十七：《內經》《難經》《黃庭經》《神異經》《山海經》《相馬經》《相鶴經》《相牛經》，卷三十八：《孔子家語》《韓詩外傳》，卷三十九：《七書孫子》《吳子》《尉繚子》《司馬法》《黃石公三略》《六韜》《李衛公問對》，卷四十：《稽神異苑》《朝野僉載》《三輔黃圖》，卷四十一：《南部新書》《雲溪友議》，卷四十二：《酉陽雜俎》，卷四十三：《北夢瑣言》《幽閒鼓吹》《法苑珠林》《醉鄉日月》《岳陽風土記》，卷四十四：《顏氏家訓》《蘇氏演義》《杜陽雜編》《齊民要術》，卷四十五：《尚書故實》《南楚新聞》《嶺表錄異》《三水小牘》《大唐傳載》《聖宋掇遺》，卷四十六：《青瑣高議》《續青瑣高議》，卷四十七：《遯齋閒覽》，卷四十八：《墨客揮犀》，卷四十九：《地理新書》《脩真秘訣》《漢上題襟》《籍川笑林》《殷芸小說》《盧氏雜說》，卷五十：《佛書雜說》《孔子雜說》《縉紳脞說》，卷五十一：《古樂府》《樂府解題》《本事記》《津陽門詩》《詩品》《詩苑類格》《續金針格》，卷五十二：《紀聞談》《桂苑叢談》《戎幕閒談》《秘閣閒談》《牧堅閒談》《翰府名談》《國老閒談》《燈下閒談》，卷五十三：《說藪》《談苑》，卷五十四：《隋唐嘉話》《劉禹錫佳話》《茅亭客話》《玉堂閒話》，卷五十五：《玉壺清話》《雜說》《冷齋夜話》《大酒清話》《漁樵閒話》，卷五十六：《古今詩話》《歐公詩話》《溫公詩話》《劉貢父詩話》，卷五十七：《王直方詩話》《陳輔之詩話》《西清詩話》，卷五十八：《墨藪》《書斷》《書法苑》《畫品》《續畫品》《畫後品》《畫斷》《法帖釋文》，卷五十九：《文房四譜》《硯譜》《香譜》《香後譜》《酒譜》，卷六十：《拾遺類總》。

〔二〕【禮經會元】宋葉時撰。是書名曰釋經，而實不隨文箋疏，但舉《周禮》中大指。為目凡一百篇，皆旁推交通，以暢其說。蓋取鎔經義，以自成一家言者。時與朱子友善，深詆王安石新法，謂程子所云有《關雎》《麟趾》之意，而後可行《周官》之法度，正為安石而發，是固然矣。至其言《冬官》不必補，而訾河間獻王取《考工記》附《周禮》適以啟武帝之忽略是經，甚且以為壞《周禮》自鄭康成始，皆過於非議古人，未免自立門戶之習。其他臆斷之處，雖時有之，然亦頗有深切著明，可以施於實用者。蓋時於經世之具嘗究心焉，未可概以經生常業例也。（《四庫全書總目》卷十九）

今按，《陸隴其年譜》云：「先生常語門人曰：『葉文莊《禮經會元》，將《周禮》分門別類，融會貫通，竟是一部《周禮》類書，最為有益。其指斥康成，有過當處。』」（第 316 頁）劉咸炘在比較了《禮經會元》與鄭伯謙《太平經國書》之後認為：「二書不特旨意相近，文句亦六七相同，必是相襲，但不審孰為盜，孰為主耳。葉書無自序，鄭書自序又無年月，故不可考，《提要》謂時為伯謙前輩則不確，時亦事寧宗、理宗，而《宋元學案》以伯謙為伯熊景望之從弟，雖無據，而同為永嘉人……伯熊年輩正與時同耳，則謂時竊伯謙亦無不合。然時之書始刻於元至正中，其六世孫廣居出稿，伯謙之書則始刻於明嘉靖，高叔嗣得之於姚維東，無宋、元刻本，殆是後人剽葉書為之耳。二書雖綜貫五官，而實因一職以及其餘，雖各為篇名，次序悉與經文相比，鄭書篇名下又明標論某官，僅完天官，蓋是殘闕之書……吾疑鄭書殘佚，明人妄剽葉書而編纂之，以冒為鄭書，又妄分卷第，故十一卷書較葉書之四卷乃僅三分之一，叔嗣不察而刻之，館臣又未細檢其篇第，考其著錄源流，後世目錄家遂無論及者，亦太疏矣。今本鄭書中亦有二三不同於葉書者，必其本書之殘存，葉書遍論五官而為百篇，今本鄭書僅天官而已，三十二篇，葉書後四官之說葉為廣而鄭為約乎？」（《劉咸炘學術論集·子學編》第 392 頁）

159. 說郛一百二十卷

明陶宗儀〔一〕（1316～？）編。宗儀有《國風尊經》，已著錄。

《因樹屋書影》稱，南曲老寇四家有宗儀《說郛》全部，凡四巨櫥，世所行者非完本。考楊惟楨作是書序，稱一百卷。孫作《滄螺集》中有《宗儀小傳》，亦稱所輯《說郛》一百卷。二人同時友善，目睹其書，必無虛說。知《書

影》所記妄也。蓋宗儀是書，實仿曾慥《類說》之例，每書略存大概，不必求全。亦有原本久亡，而從類書之中抄合其文，以備一種者。故其體例與左圭《百川學海》〔二〕迥殊。後人見其目錄所列數盈千百，遂妄意求其全帙，當必積案盈箱。不知按籍而求，多歷代史志所不載，宗儀又何自得之乎？都卭《三餘贅筆》又稱《說郛》本七十卷，後三十卷乃松江人取《百川學海》諸書足之。與孫作、楊維楨所說又異。豈卭時原書殘闕，僅存七十卷耶？考弘治丙辰（1496）上海郁文博序，稱與《百川學海》重出者三十六種，悉已刪除。而今考《百川學海》所有，此本仍載。又卷首引黃平倩語稱：「所錄子家數則，自有全書。經籍諸注，似無深味。宜刪此二卷，以鹽官王氏所載《學》《庸》古本數種冠之（云云）。」〔三〕今考此本已無子書、經注，而開卷即為《大學石經》《大學古本》《中庸古本》三書。目錄之下各注「補」字，是竟用其說，竄改舊本。蓋郁文博所編百卷，已非宗儀之舊。此本百二十卷，為國朝順治丁亥（1647）姚安陶珽所編，又非文博之舊矣。其中如《春秋緯》九種之後又別出一《春秋緯》，《青瑣高議》之外又別出一《青瑣詩話》，《孔氏雜說》之外又別出一《珩璜新論》，周密之《武林舊事》分題九部，段成式之《酉陽雜俎》別立三名，陳世崇之《隨隱筆記》詭標二目。宗儀之謬，決不至斯。又王逵《蠡海集》，其人雖在明初，而於宗儀為後輩，自商濬《稗海》始誤為宋之王逵。《漢雜事秘辛》出於楊慎偽撰。慎正德時人，又遠在其後。今其書並列集中，則不出宗儀又為顯證。然雖經竄亂，崖略終存。古書之不傳於今者，斷簡殘編，往往而在。佚文瑣事，時有徵焉，固亦考證之淵海也。所錄凡一千二百九十二種，自三十二卷劉餗《傳載》以下，有錄無書者七十六種，今仍其舊。原本卷字皆作丐〔四〕，卷首引包衡之說，謂丐音周，與軸同。《書影》則謂丐音縛，並云出佛書。今亦仍之。至珽所續四十六卷，皆明人餖飣之詞。全書尚不足觀，摘錄益無可取。別存其目，不復留溷簡牘焉。〔五〕（《四庫全書總目》卷一百二十三）

【注釋】

〔一〕【作者研究】昌彼得撰《陶宗儀生年考》《陶南村先生年譜初稿》，附於《說郛考》（臺灣文史哲出版社 1979 年版）。

〔二〕【百川學海】錢大昕《跋百川學海》：「薈粹古人書並為一部，而以己意名之，始於左禹錫《百川學海》……禹錫製序當是咸淳癸酉矣。」（《潛研堂文集》卷三十）按：咸淳癸酉，即公元 1273 年。

〔三〕【黃平倩語】余讀《說郛》，而知陶氏之纂不可廢也。其類廣，其採博，史則
　　見聞時事，掌不在官，注則山經水衡，志不列郡，其裨益於國史郡乘不小。
　　唯錄子家數則，自有全書。經籍諸注，俱無深味。宜刪此二卷，以鹽官王氏
　　所載《學》《庸》古本數種冠之，則經史燦然，而一函該舉矣。

〔四〕【弓】包衡曰：「道書以一卷為一弓，陶九成《說郛》用之。佛書以一條為一
　　則，洪景盧《容齋隨筆》用之（弓音周，一作弓與軸同）。」今按，張湧泉教
　　授認為「弓」即「卷」之省文，且對「弓」字作過探源，詳見氏著《漢語俗
　　字研究》第 328～332 頁。

〔五〕【版本】潘景鄭先生《影印說郛序》云：「《說郛》版本研究，五六十年來，作
　　者頻繁。始自一九二四年法人伯希和之《說郛考》，一九二七年張宗祥所輯
　　《說郛》，詳述所見明抄各本。一九三八年日人渡邊幸三亦撰《說郛考》，一
　　九四三年景培元撰《說郛板本考》，未幾，日人倉田淳之助撰《說郛板本諸說
　　之研究》，近年昌彼得撰有《說郛考》，饒宗頤又撰《說郛新考》，陳先行撰《說
　　郛再考證》等著，於是書之研究各抒己見。」（《著硯樓讀書記》第 410 頁）
　　　　今按，昌彼得先生的《說郛考》，全書分上下兩篇，上篇為源流考，下
　　篇為書目考。上篇證明了通行的重編本《說郛》出於偽託。下篇為百卷本
　　的七百二十五種書作了提要，其中有許多種是《四庫全書》未收或收而提
　　要考訂未詳的。（程毅中《古籍整理淺談》第 188～198 頁，北京燕山出版
　　社 2001 年版）

160. 少室山房筆叢正集三十二卷續集十六卷

　　明胡應麟〔一〕（1551～1602）撰。應麟字元瑞，蘭溪（今屬浙江金華市）人。萬
曆丙子（1576）舉人。以依附王世貞得名，故《明史・文苑傳》附載世貞傳中。

　　此其生平考據雜說也。分正、續二集，為書十六種：曰《經籍會通》四
卷，皆論古來藏書存亡聚散之跡；曰《史書占畢》六卷，皆論史事；曰《九流
緒論》三卷，皆論子部諸家得失；曰《四部正訛》三卷，皆考證古來偽書；曰
《三墳補遺》二卷，專論《竹書紀年》《逸周書》《穆天子傳》三種，以補《三
墳》之闕；曰《二酉綴遺》三卷，皆採摭小說家言；曰《華陽博議》二卷，皆
雜述古來博聞強記之事；曰《莊嶽委譚》二卷，皆正俗說之附會；曰《玉壺遐
覽》四卷，皆論道書；曰《雙樹幻抄》三卷，皆論內典〔二〕；曰《丹鉛新錄》
八卷，曰《藝林學山》八卷，則專駁楊慎而作。

其中徵引典籍，極為宏富，頗以辨駁自矜，而舛訛處多不能免。如沈德符《敝帚軒剩語》摘其以峨嵋為佛經金剛山之非，辨婦人弓足之前後兩岐。王士禎《香祖筆記》摘其誤以秦宜祿妻為呂布妻。唐人「長安女兒踏春陽」一絕，止據《博異志》，而不引沈亞之為疏漏〔三〕。近時張文虎《螺江日記》以為《竹書》實出於晉太康年，而應麟以為咸寧，反糾楊慎為非是。今覈其所說，如《經籍會通》謂《崇文總目》但經史有所論列，子集闕如，蓋據《六一集》所載。然《六一集》中亦尚存子部之半，非竟闕也。又謂《廣川書跋》惟以說經為主，自餘諸家僅存卷數，蓋據《書錄解題》。然《書錄解題》所言乃《廣川藏書志》，非《廣川書跋》也。又謂《孟子》七篇而《漢志》十一篇，蓋七字誤分為二也。然前已引《困學紀聞》稱《孟子》外篇四篇，以四合七，非十一而何，何隔兩頁而自矛盾也？又謂「先孔子而著書者黃帝史孔甲《盤盂》二十六篇」，然《漢志注》明云依託，何以謂書在孔子前也？又謂《漢志》兵家《兒子》一篇，書名奇怪。然兒古倪字，故倪寬史亦作兒寬。《倪子》名書，亦猶《孫子》《吳子》，何奇怪之有也？又云刊版當始於隋，引開皇十三年（593）敕廢像遺經悉令雜版為證。然史文乃「廢像遺經，悉令雕造」，非雕版也。《史書占畢》大抵掉弄筆端，無所考證。至云世知項橐八歲而師孔，不知蒲衣八歲而師舜。甘羅十二上卿少矣，而伯益五歲掌火尤少。以小說委談入之史論，殊為可怪。至以曹沫劫盟為葵邱之會，以《素問》之雷公為黃帝弟子，更不知出何典記也。《九流緒論》謂史佚為墨家之祖，不知《呂氏春秋》有史角之明文。謂《隋志》不載《孔叢》，不知《隋志》《孔叢》七卷在論語類中，不在儒家類中。謂孔傳《續六帖》、鄭樵《通志》所無，不知傳與樵俱建炎、紹興間人，同時之書，樵安能著錄？《四部正訛》為憚於自名者魏泰《筆錄》，然《東軒筆錄》實泰自署名，其託名梅堯臣者乃《碧雲騢》。謂衛元嵩《元命包》襲《春秋》《孝經緯》之名。然元嵩書名《元包》，不名「元命包」。且《春秋》有元命苞，苞字從草，《孝經》並無「元命包」也。至謂《子華子》之程本即偽撰者之姓名，益無稽矣。姑約舉其一二，尚不止沈德符等之所糾。蓋捃摭既博，又復不自檢點。牴牾橫生，勢固有所不免。然明自萬曆以後，心學橫流，儒風大壞，不復以稽古為事。應麟獨研索舊文，參校疑義，以成是編。雖利鈍互陳，而可資考證者亦不少。朱彝尊稱其「不失讀書種子」〔四〕，誠公論也。楊慎、陳耀文、焦竑諸家之後，錄此一書，猶所謂差強人意者矣。

（《四庫全書總目》卷一百二十三）

【注釋】

〔一〕【作者研究】王明輝撰《胡應麟詩學研究》（學苑出版社 2006 年版），王嘉川
撰《胡應麟與中國學術史研究》（商務印書館 2005 年版），呂斌撰《胡應麟文
獻學研究》（中國社會科學出版社 2006 年版）。

〔二〕【內典】佛教名詞。佛教徒稱佛典為內典，世俗文獻為外典。

〔三〕【史源】《香祖筆記》卷三。

〔四〕【史源】《明詩綜》卷五十二。

161. 鈍吟雜錄十卷

國朝馮班（1604～1671）撰。班字定遠，號鈍吟居士，常熟（今屬江蘇蘇州市）
人。卷首自署曰上黨（今屬山西），從郡望也。

是書凡《家誡》二卷，《正俗》一卷，《讀古淺說》一卷，《儼氏糾謬》一
卷，《日記》一卷，《誡子帖》一卷，《遺言》一卷，《通鑒綱目糾謬》一卷，《將
死之鳴》一卷。班著述頗多，沒後大半散佚。其猶子武搜求遺稿，僅得九種，
裒而成編。《家誡》多涉歷世故之言〔一〕。其論明末儒者之弊，頗為深切。《正
俗》皆論詩法。《讀古淺說》多評詩文。《日記》多說筆法、字學。皆間附雜
論。《嚴氏糾謬》辨嚴羽《滄浪詩話》之非。《誡子帖》多評古帖，論筆法。末
附以《社約》四則，皆論讀書之法。《遺言》《將死之鳴》皆與《家誡》相出
入。《通鑒目糾謬》尚未成書，僅標識五條，武錄而存之耳。

大抵明季諸儒，守正者多迂，鶩名者多詐。明季詩文，沿王、李、鍾、譚
之餘波，偽體競出。故班諸書之中，詆斥或傷之激。然班學有本源，論事多達
物情，論文皆究古法。雖間有遍駁，要所得者為多也。（《四庫全書總目》卷一百二
十三）

【注釋】

〔一〕【讀書方法】《家誡》云：「讀書有一法，覺有不合意處，且放過去，到他時或
有悟入，不可便說他不是。」「讀古人之書，不師其善言，好求詭異以勝古人
者，愚之首也。」「讀書須求古本，近時所刻多不可讀。」

162. 於陵子一卷

舊本題齊陳仲子撰。王士禛《居易錄》曰：「萬曆間學士多撰偽書以欺世。

如《天祿閣外史》之類，人多知之。今類書中所刻唐韓鄂《歲華紀麗》，乃海鹽胡震亨孝轅所造。《於陵子》，其友姚士粦叔祥作也。」〔一〕

凡十二篇：一曰畏人，二曰貧居，三曰辭祿，四曰遺蓋，五曰人問，六曰先人，七曰（辯）〔辨〕窮，八曰大盜，九曰夢葵，十曰巷之人，十一曰未信，十二曰灌園。

前有元鄧文原題詞〔二〕，稱前代《藝文志》《崇文總目》所無，惟石廷尉熙明家藏，又稱得之道流，其說自相矛盾。又有王鏊一引一跋〔三〕，鏊集均無其文，其偽可驗。惟沈士龍一跋〔四〕，引揚雄《方言》所載齊語及《竹書紀年》《戰國策》《列女傳》所載沃丁殺伊尹，齊、楚戰重邱，及楚王聘仲子為相事，證為古書，其說頗巧。然摭此四書以作偽，而又援此四書以證非偽，此正朱子所謂採《天問》作《淮南子》，又採《淮南子》注《天問》者也。士龍與士粦友善，是蓋同作偽者耳。末有徐元文跋〔五〕，詞尤弇鄙，則又近時書賈所增，以冒稱傳是樓舊本者矣。（《四庫全書總目》卷一百二十四）

【注釋】

〔一〕【史源】《居易錄》卷六。

〔二〕【鄧文原題詞】《四庫全書存目叢書》本（子部第 83 冊）未載。

〔三〕【王鏊一引一跋】《四庫全書存目叢書》本未載。

〔四〕【沈士龍跋】《四庫全書存目叢書》本未載。

〔五〕【徐元文跋】《四庫全書存目叢書》本未載。

163. 天祿閣外史八卷

舊本題漢黃憲撰。前有晉謝安、唐田宏、陸贄題詞〔一〕。每篇又有宋韓洎贊，而冠以王鏊之序〔二〕。詞旨凡鄙，顯出一手。

朱國楨《湧幢小品》載徐應雷《黃叔度二誣辨》曰：「黃叔度言論風旨，無所傳聞。入明嘉靖之季，崑山王舜華名逢年，有高才奇癖，著《天祿閣外史》，託於叔度以自鳴。舜華為吾友孟肅諸大父行，余猶及見其人，知其著《外史》甚確。自初出，有竄入東漢文者，時舜華尚在。而天下謂《外史》出秘閣，實黃徵君著，則後世曷從核真贗乎？」〔三〕

又李詡《戒庵漫筆》曰：「《天祿閣外史》乃近年崑山王逢年所詭託者。邇有餘姚人御史某案：即刻《兩京遺編》之胡維新。沾沾以文學自喜，雜此文於《左》《國》、司馬諸篇中刊行。頒於蘇常四郡學宮，令諸生誦習之，殆亦一奇事也。」

據其所記，則此書出王逢年，明人已早言之。考張孔教《雲谷臥餘》，所言亦合。而流傳之本仍題黃憲，殆不可解。

　　王銋《讀書蕞殘》〔四〕曰：「其《賓秦文》中有《黨錮》一篇，考《後漢書》本傳，陳蕃為三公，臨朝歎曰：『叔度若在，吾不敢先佩印綬。』是黨禍未起，憲已謝世矣。又《賓晉文》有《董卓篇》，益不相見。」辨其偽跡甚明。惟謂傳自謝安，或者即其門下士及子弟所為，則仍為偽序所欺，失考甚矣！

（《四庫全書總目》卷一百二十四）

【注釋】

〔一〕【題詞】晉謝安略曰：「今讀其文，誠古之良史也。竊又疑之……大抵此史之作，率多寓言憂國者，非徒玩其文，惟淑其志而已矣。」陸贄曰：「《外史》一書，世所罕有。其議論皆經濟之學，王佐之才。或以為晉初竹林諸賢所作，未可知也。」（《四庫全書存目叢書》子部第 83 冊第 16～17 頁）今按，唐田宏題詞未見。

〔二〕【王鑒序】載《四庫全書存目叢書》子部第 83 冊第 15～16 頁。

〔三〕【辨偽】徐應雷《黃叔度二誣辯》：「黃叔度（名逢年）言論風旨，無所傳聞。入明嘉靖之季，崑山王舜華有高才奇癖，著《天祿閣外史》，託於叔度以自鳴。舜華為吾友孟肅之諸大父，余猶及見其人，知其著《外史》甚確，自初出，有纂入東漢文。王舜華尚在，而天下謂《外史》出秘閣，寔黃徵君著，則後世曷從覈真贗乎？叔度故無弦琴，曷橫加五弦七絃誣之也。」（《明文海》卷一百十七）

　　《湧幢小品》：「嘉靖時，崑山王舜華有高才，著《天祿閣外史》，託於黃叔度以自鳴。自初出，即有纂入東漢文者，其誣已甚。」（姚之駰《元明事類抄》卷二十一）

　　四庫本《江南通志》卷一百九十二：「《天祿閣外史》，崑山王逢年。」

　　《千頃堂書目》卷十二：「王逢年《天祿閣外史》八卷，偽託黃憲作。別有不名氏所為《於陵子》《計然子》，皆不錄。」

　　浦起龍《史通通釋》卷十二：「明穆神之際，是已時則有若豐坊之《魯詩世學》，矯語傳經，王某之《天祿閣外史》偽稱蓄古，紛紛仿傚，偽種朋興，若屠氏者，其為冒出猶在陰陽形影間，視彼諸家差當未減耳。或云杭本《漢魏叢書》所收十六短錄故是彥鸞之舊，是說也，余猶疑之。」

《鈍吟雜錄》卷四：「又檢俗傳《王昌齡詩話》亦此解，此偽書也，出於朱子之後。檢《宋史・經籍志》無此書可知，文字鄙陋，非王作也。近代多偽書，初學誤信之，文字引用，為識者所笑，如《天祿閣外史》《湘煙錄》《於陵子》《晉之乘》《楚之檮杌》《子貢詩說》《石經大學》之類，日增月益，不可枚舉。又有古書宋人以為偽者，卻自可用，不必以宋儒之說為疑也。」

清朱鶴齡《愚庵小集》卷十三《書太平御覽後》：「《御覽》所引《三墳書》《汲冢書》《子華子》《鬻子》《孔叢子》《師曠》《禽經》之類都係偽書，朱元晦、方希直皆已辨之。然出自漢魏人之手，雖碔砆亦與璠璵等價。若宋人所撰《雲仙散錄》《唐史拾遺》《東坡杜詩釋事》等書，則皆庸妄人假託，最為鄙陋。後學不辨，往往輕信。類書中多引用之。至近時《天祿閣外史》本崑山人王某為之，駕名黃憲，眯目者遂編入《秦漢文選》。海虞人所刻《女郎小青傳》出文士一時戲筆，而流俗群然據為故實，至哀挽如林，尤可笑也。」

明余寅《同姓名錄》卷七「毛詩二」條、清吳玉搢《別雅》卷五「索郎桑郎桑落也」條及《御定淵鑒類函》均誤引《天祿閣外史》之文。

〔四〕【讀書蕞殘】國朝王鉞撰。是書舊題長洲顧嗣立、大興王兆符合編。前一卷皆跋《漢魏叢書》，後二卷皆跋《說郛》。別有刊本，在《任庵五書》中，以前一卷自為一書，題曰《墨餘筆記》。後二卷則仍名《讀書蕞殘》，而刪其每書之標目，頗憒憒不可辨別。(《四庫全書總目》卷八七)

164. 鳴道集說一卷

舊本題金李之純撰。案：元好問《中州集》、劉祁《歸潛志》並云李純甫字之純〔一〕，則此書當為李純甫作。《金史・文藝傳》及《大金國志》作純甫字之甫，殆傳寫誤也。純甫，弘州襄陵人。承安中登進士，前後三入翰林。正大末出倅坊州(今陝西黃陵)，未赴，改京兆府判官，卒於南京。

是書列周、程、張、邵、朱、呂、蔡諸儒之說而條辨之，末附自作文數篇。大旨出於釋氏，殊為偏駁。《歸潛志》曰：「之純自類其文，凡論性理及闢佛、老二家者號內稿。其餘碑誌詩賦號外稿。又解《楞嚴》《金剛經》《老子》《莊子》，又有《中庸集解》《鳴道集解》，案：「解」字當為「說」字之訛，今姑仍原本錄之。號為中國心學，西方文教，數十萬言。嘗曰：『自莊周後，惟王績、元結、鄭厚與吾，或談儒、釋異同，環而攻之，莫能屈。』」〔二〕又曰：「屏山案：屏山即純甫之號。平日喜佛學。嘗曰：『中國之書不及西方之書。』作《釋迦贊》

云：『竊吾糟粕，貸吾秕糠。粉澤邱、軻，刻畫老、莊。』嘗論伊川諸儒，雖號深明性理，發明『六經』聖人心學，實皆竊吾佛書者也。因此大為諸儒所攻（云云）。」〔三〕可謂之無忌憚矣。《中州集》但云：「於書無所不窺，而於《莊周》《列禦寇》《左氏》《戰國策》尤長。三十歲後，遍觀佛書，能悉其精微。既而取道學書讀之，著一書，合三家為一。」〔四〕猶諱而渾其詞也。（《四庫全書總目》卷一百二十四）

【注釋】

〔一〕【史源】《歸潛志》卷一：「李翰林純甫，字之純，弘州襄陰人。其《自贊》曰：『軀幹短小，而芥視九州。形容寢陋，而蟻虱公侯。言語蹇吃，而連環可解。筆札訛癡，而挽回萬牛。寧為時所棄，不為名所囚。是何人也耶？吾所學者，淨名莊周。』」

〔二〕【史源】《歸潛志》卷一：「晚自類其文，凡論性理及關佛、老二家者，號內稿，其餘應物文字如碑誌詩賦，號外稿，蓋擬《莊子》內、外篇。又解《楞嚴》《金剛經》《老子》《莊子》，又有《中庸集解》《鳴道集解》，號為中國心學，西方文教，數十萬言。嘗曰：『自莊周後，惟王績、元結、鄭厚與吾此其所學也。』每酒酣，歷歷論天下事，或談儒釋異同，雖環而攻之，莫能屈，世豈復有此俊傑人哉！」

〔三〕【史源】《歸潛志》卷九。

〔四〕【史源】《御訂全金詩增補中州集》卷十六。

165. 祝子罪知七卷

明祝允明（1460～1526）撰。允明有《蘇材小纂》，已著錄。

是編乃論古之言。其舉例有五：曰舉，曰刺，曰說，曰演，曰系。舉曰是是，刺曰非非，說曰原是非之故，演曰布反覆之情，系曰述古作以證斯文。一卷至三卷皆論人，四卷論詩文，五卷、六卷論佛老，七卷論神鬼妖怪。其說好為創解，如謂湯、武非聖人，伊尹為不臣，孟子非賢人，武庚為孝子，管、蔡為忠臣，莊周為亞孔子一人，嚴光為奸鄙，時苗、羊續為奸貪，謝安為大雅君子，終弈折屐非矯情，鄧攸為子不孝，為父不慈，人之獸也，王圭、魏徵為不臣，徐敬業為忠孝，李白百俊千英，萬夫（子）〔之〕望〔一〕，種放為鄙夫，韓愈、陸贄、王旦、歐陽修、趙鼎、趙汝愚為匿非。論文則謂韓、柳、歐、蘇

不得稱四大家，論詩則謂詩死於宋，論佛老為不可滅。皆剿襲前人之說，而變本加厲。〔二〕

王弘撰〔三〕《山志》曰：「祝枝山，狂士也。著《祝子罪知錄》，其舉刺予奪，言人之所不敢言。刻而戾，僻而肆，蓋學禪之弊。乃知屠隆、李贄之徒，其議論亦有所自非一日矣。聖人在上，火其書可也。」其說當矣。

《千頃堂書目》載《祝子罪知》十卷〔四〕。此本僅七卷，而佚去八、九、十三卷，卷為一冊。惟第五卷併入四卷之後。藏書者未經翻閱，以為闕第五卷，乃改七卷「七」字為「五」字，攙入六卷之前。不知五、六兩卷皆論佛、老，安得參以七卷之神鬼妖怪也？殆坊肆賈人無知者之所為歟？然如是之書，不完亦不足惜也。（《四庫全書總目》卷一百二十四）

【注釋】

〔一〕【史源】《祝子罪知》卷三。今據《四庫全書存目叢書》子部第83冊第663頁原文改正誤字。

〔二〕【史源】《香祖筆記》卷一：「明文士如桑悅、祝允明皆肆口橫議，略無忌憚。悅對邱文莊言：『舉天下文章惟悅，其次祝允明。』世但嗤其妄人耳。允明作《罪知錄》，歷詆韓、歐、蘇、曾六家之文，深文周內，不遺餘力，謂韓傷易而近偽，形粗而情霸，其氣輕，其口誇，其發疏躁；歐陽如人畢生持喪，終身不被衰繡；東坡更作偽浮，的為利口，嘩獷之氣，肆溢舌表，使人奔迸狂顛而不息；曾王既脫衣裳，並除爪髮，譬之獸齧臘骨；至於老泉、潁濱、秦、黃、晁、張，則謂不足盡。及惟柳如冕裳珮玉，猶先王之法服，乃其大旨，則在主六代之比偶故實。吁！亦鄙而倍矣！論唐詩人，則尊太白為冠，而力斥子美，謂其以村野為蒼古，椎魯為典雅，粗獷為豪雄，而總評之曰外道。李則《鳳凰臺》一篇亦推絕唱。狂悖至於如此，醉人罵坐，令人掩耳不欲聞。論詩餘，則專祖太白、飛卿，稍許歐、晏、周、柳，以為綴旒。謂東坡木強疏脫，少游、魯直特市廛小家之子。略舉大端如右，所謂無忌憚者，不足置辯也。」

今按，《四庫全書總目》持論與此近。

〔三〕【王弘撰】（1622～1702），字無異，號山史，華陰人。康熙己未（1679）嘗舉薦博學鴻詞。

〔四〕【版本】《四庫全書存目叢書》本十卷，卷六、卷七皆為「論釋」，卷八為「舉六經」，卷九「舉詩各有所至」，卷十「刺無神鬼怪妖並述異事異物」。（子部第83冊第615頁）卷首有王世貞序。

166. 雅述二卷

明王廷相〔一〕（1474～1544）撰。廷相有《慎言》〔二〕，已著錄。

《慎言》雖多偏執，猶不大悖於聖賢。此書則頗多乖戾。自序謂：「宋儒才情有限，沾帶泥苴，使人不得清澄宣朗，以睹孔門之景。余於讀書之暇，時置一論，求各道真，積久成卷，分為上下二篇，名曰《雅述》。」謂述其中正經常足以治世者云爾。

今觀其書，標舉《中庸》「修道之謂教」為本，而多斥枯禪寂坐之非，未為無見。而過於擺落前人，未免轉成臆斷。如謂：「人性有善有惡，儒者亦不計與孔子言性背馳與否，而曰孟子言性善，是棄仲尼而尊孟子矣。況孟子亦自有言不善之性者，何獨以性善為名（云云）。」是其所見與告子殆無以異。又謂人生而靜，天之性也，感於物而動，性之欲也，此非聖人語。然則聖人之動，亦皆欲而非天耶？是又不以情言欲，直以私言欲，無怪其並性善而疑之矣。至謂雷搏擊成聲乃物之所為，但非人間可得而見，尤涉於小說家神怪之言。廷相以詩名一時，而持論偏駁乃爾。蓋弘、正以前之學者惟以篤實為宗，至正、嘉之間乃始師心求異。然求異之初，其弊已至於如此，是不待隆、萬之後始知其決裂四出矣。（《四庫全書總目》卷一百二十四）

【注釋】

〔一〕【作者研究】葛榮晉撰《王廷相生平學術編年》（河南人民出版社 1987 年版）、《王廷相和明代氣學》（中華書局 1990 年版），高令印等撰《王廷相評傳》（南京大學出版社 1998 年版）。

〔二〕【慎言】明王廷相撰……持論大抵不詭於正。然以「擬議過貪」訕諸儒，故罕考群言，以「性靈弗神」訕諸儒，故多憑臆見，甚至並五行分屬四時，亦以為必無之理，則愈辨而愈偵矣。本篇稱：「廷相博學好議論，以經術稱。於星曆、輿圖、樂律、河圖、洛書及周、程、張、朱之書皆有所論駁，然其說多乖僻。」良得其實云。（《四庫全書總目》卷九五）

167. 辨學遺牘一卷

明利瑪竇〔一〕（1552～1610）撰。利瑪竇有《乾坤體義》〔二〕，已著錄。

是編乃其與虞淳熙〔三〕論釋氏書，及辨蓮池和尚《竹窗三筆》攻擊天主之說也。利瑪竇力排釋氏，故學佛者起而相爭，利瑪竇又反唇相詰。各持一悠謬荒唐之說，以較勝負於不可究詰之地。不知佛教可闢，非天主教所可闢；

天主教可闢，又非佛教所可闢，均所謂同浴而譏裸裎耳。(《四庫全書總目》卷一百二十五)

【注釋】

〔一〕【作者研究】〔法〕裴化行撰、管震湖譯《利瑪竇神父傳》(商務印書館 1998年版)。

〔二〕【乾坤體義】明利瑪竇撰。利瑪竇兼通中西之文，故凡所著書，皆華字華語，不煩譯釋。是書上卷，皆言天象……其多方罕譬，亦復委曲詳明。下卷皆言算術，以邊線、面積、平圓、橢圓，互相容較，亦足以補古方田少廣之所未及，雖篇帙無多，而其言皆驗諸實測，其法皆具得變通，可謂詞簡而義賅者。(《四庫全書總目》卷一〇六)

〔三〕【孝經集靈】明虞淳熙撰。此書專輯《孝經》靈異之事，如赤虹化玉之類，故曰《集靈》。夫釋氏好講福田，尚非上乘，況於闡揚經義，而純用神怪、因果之說乎？其言既不詁經，未可附於經解，退居小說，庶肖其真。(《四庫全書總目》卷一四四)

168. 西學凡一卷附錄唐大秦寺碑一篇

明西洋人艾儒略 (Aleni, jules, 1582~1649) 撰。儒略有《職方外紀》，已著錄。

是書成於天啟癸亥 (1623)，《天學初函》之第一種也。所述皆其國建學育才之法，凡分六科：所謂勒鐸理加者，文科也；斐錄所費亞者，理科也；默第濟納者，醫科也；勒義斯者，法科也；加諾撮斯者，教科也；陡祿日亞者，道科也。其教授各有次第，大抵從文入理，而理為之綱。文科如中國之小學，理科則如中國之大學，醫科、法科、教科者，皆其事業，道科則在彼法中所謂盡性致命之極也。其致力亦以格物窮理為本，以明體達用為功，與儒學次序略似。特所格之物皆器數之末，而所窮之理又支離神怪而不可詰，是所以為異學耳。

末附唐碑一篇，明其教之久入中國〔一〕。碑稱：「貞觀十二年 (638)，大秦國阿羅本遠將經像來獻上京，即於義寧坊敕造大秦寺一所，度僧二十一人 (云云)。」考《西溪叢語》〔二〕載，唐貞觀五年 (631)，有傳法穆護何祿將祆教詣闕聞奏。敕令長安崇化坊立祆寺，號大秦寺，又名波斯寺。至天寶四年 (745) 七月，敕波斯經教出自大秦傳習而來，久行中國，爰初建寺，因以為名，將以示人，必循其本，其兩京波斯寺並宜改為大秦寺。天下諸州郡有者準此。《冊府元龜》載：「開元七年 (719)，吐火羅〔三〕國王上表獻解天文人大慕闍，智

彗幽深，問無不知。伏乞天恩喚取，問諸教法。知其人有如此之藝能，請置一法堂，依本教供養。」段成式《酉陽雜俎》載：「孝億國界三千餘里，舉俗事祆，不識佛法，有祆祠三千餘所。」又載：「德建國烏滸河中有火祆祠，相傳其神本自波斯國乘神通來，因立祆祠。祠內無像，於大屋下置小廬舍，向西。人向東禮神，有一銅馬，國人言自天而下。」據此數說，則西洋人即所謂波斯，天主即所謂祆神。中國具有紀載，不但有此碑可證。又杜預注《左傳》「次睢之社」曰：「睢受汴，東經陳留、梁、譙、彭城入泗。此水次有神祆，皆社祠之。」顧野王《玉篇》亦有祆字，音呵鄰切，注為祆神。徐鉉據以增入《說文》。宋敏求《東京記》載寧遠坊有祆神廟。注曰：「《四夷朝貢圖》云：『康國〔四〕有神名祆，畢國有火祆祠，或曰石勒時立此。』」是祆教其來已久，亦不始於唐。岳珂《桯史》記番禺海獠：「其最豪者蒲姓，號白番人，本占城之貴人。留中國以通往來之貨，屋室侈靡逾制。性尚鬼而好潔，平居終日，相與膜拜祈福。有堂焉以祀，如中國之佛，而實無像設。稱謂聱牙，亦莫能曉，竟不知為何神。有碑高裒數丈，上皆刻異書如篆籀，是為像主，拜者皆向之。」是祆教至宋之末年，尚由賈舶達廣州。而利瑪竇之初來，乃詫為互古未睹。艾儒略作此書，既援唐碑以自證，則其為祆教更無疑義。乃無一人援古事以抉其源流，遂使蔓延於海內。蓋萬曆以來，士大夫大只講心學，刻語錄，即盡一生之能事，故不能征實考古，以遏邪說之流行也。〔五〕（《四庫全書總目》卷一百二十五）

【注釋】

〔一〕【大秦景教流行中國碑】建中二年（781）立，述景教從波斯傳入中國後的活動。天啟年間在陝西周至縣出土，今存西安碑林博物館。

〔二〕【西溪叢語】宋姚寬撰。其書多考證典籍之異同……皆極精審……然大致瑜多而瑕少，考證家之有根柢者也。（《四庫全書總目》卷一百一十八）今按，王欣夫先生云：「其書考證舊文頗多精確。下卷記宋朝立班官制數事，尤與史志相表裏。」（詳見《蛾術軒篋存善本書錄》第 186～187 頁）

〔三〕【吐火羅】古國名。故地在今阿富汗北部。俗信佛教，以盛產血汗馬著名。

〔四〕【康國】古國名。昭武九姓之一。北魏時稱悉萬斤，唐時始稱康國。終為大食制服。

〔五〕【評論】《大秦景教流行中國碑》是記載基督教早期入華的重要文物，為中外研究基督教史和中西關係史的學者所珍視。

169. 續古今考九卷

舊本題金元好問（1190～1257）撰。

考好問著述存者有《遺山集》《中州集》《續夷堅志》，佚者有《壬辰雜編》。此外諸家著錄，別無他書。此編莫省所自來。前有永樂四年（1406）解縉續序，詞意凡鄙，不類縉文。其論《晉書》以十六國為載記，不若《東都事略》以遼、金、夏為附錄，決非金人之言。中間屢引《困學紀聞》《文獻通考》。案：王應麟生於宋寧宗嘉定十四年辛巳（1223），其作《困學紀聞》據袁桷序，應麟時年五十餘歲，當在咸淳末年。好問卒於憲宗七年丁巳，即宋理宗寶祐五年（1257），是《困學紀聞》書成在其歿後二十年。《通考》雖成於宋末元初，其刊行於世則在元英宗至治二年（1322），在好問歿後又六十餘年，皆不應預為徵引。

至解《論語》「有婦人焉」引來集之《樵書》，又引顧炎武語，皆明末國初之人。解《中庸》「屋漏」引陳司業之說，今見陳祖范《經咫》中。祖范薦舉經學，賜國子監司業銜，事在乾隆十六年（1751），則此書直近時人所為。本可不著於錄，以其託名古人，故存而辨之，不使售欺焉。（《四庫全書總目》卷一百二十六）

【注釋】

〔一〕【考證】元方回撰《續古今考》，已著錄《四庫全書》。《古今考》卷首提要稱：「宋魏了翁創稿，《續古今考》三十七卷，元方回補輯。」今按，此九卷本《續古今考》與方回三十七卷本《續古今考》是一書，抑二書，俟詳考。

170. 常談考誤四卷

明周夢暘〔一〕撰。夢暘有《水部備考》，已著錄。

是書卷首諸序皆稱《常談考誤》，而其書題曰《青溪山人文集》，以《常談考誤》為子目。蓋其初別行，後又編入文集也。

其言皆辨世俗引用典故之訛，而援據頗為寒窘，亦多舛誤。又有不必辨而辨者。如辨青雲非聖賢元語，即仙隱蹤跡，今及謂登科入仕為青雲者誤，是不知《史記·范睢蔡澤傳》，須賈有「致身青雲之上」語也。謂程子表章《大學》《中庸》，朱子合以《論語》《孟子》謂子四子，宋時尚未以四書名」，是並真德秀《四書集義》未見也。又謂：「明太祖以《五經》《四書》取士，《四書》

之名自此起。」是並《元史・選舉志》未見也。至辨太學石鼓非落星所化，道
士所居不可稱方丈，尤嫌猥陋。如為讀書人辨，則讀書人無謬至此者。如為
不讀書人辨，里巷訛傳，觸耳皆是，如劉克莊所謂「滿村聽唱蔡中郎」者，可
勝與辨乎？（《四庫全書總目》卷一百二十六）

【注釋】

〔一〕【周夢暘】字啟明，南漳（今屬湖北）人。萬曆甲戌（1574）進士，官至工部
　　　都水司郎中。

171. 學林就正四卷

　　明陳耀文〔一〕撰。耀文有《經典稽疑》，已著錄。

　　耀文在明季諸人之中，頗能考證。所作《正楊集》，攻《丹鉛》諸錄之訛。
雖詞氣叫囂，有乖大雅，而疏通引據，尚不失精詳。此書則聚諸駁雜異說，詆
呵聖賢。如引慕容盛之論，比周公於曹操之流；據汲冢書之文，誣文王以商
臣之事。小言破道，莫甚於斯。

　　若夫南宋諸儒，力分門戶，或不免主持太過，不得其平。如抑蘇軾、詆
岳飛之類，誠不愜人心是非之公。隨事辨正，未為不可。耀文必以張栻晚得
異疾，指為偽學之證，則深文苛索，有意求瑕。將伯牛之歌《苳苢》，亦為內
行不謹乎？又若許衡隸籍河南，已非宋土，中閱金源一代，相距百有餘年，
而乃責以仕元，曲相指謫。是東晉之士當越三國而宗漢朝，北宋之人當隔五
代而心唐室。其吹索無理，益乖刺不足辨矣。〔二〕（《四庫全書總目》卷一百二十六）

【注釋】

〔一〕【陳耀文】字晦伯，號筆山，確山（今屬河南）人。生卒年不詳。約生活在嘉
　　　靖、隆慶、萬曆年間。

〔二〕【整理與研究】關於其人其學，詳參林慶彰教授《明代考據學研究》第五章。

172. 吹劍錄一卷

　　宋俞文豹〔一〕撰。文豹有《吹劍錄外集》，已著錄。

　　此編作於淳祐三年癸卯（1243）。前有自序，謂取《莊子》「吹劍首者吷而
已」〔二〕之語，以名其書，言無韻也。然議論實多紕繆，於古人多所詆訶。如
貶武王則拾蘇軾之緒論，詆孟子則循李覯之謬詞，斥諸葛亮為不明大義不忠

漢室，亦本其兄文龍之妄說。蓋文龍以此說取解於同文館，故文豹述之也。他若韓愈、程子並遭掊擊。又文彥博燈籠錦之事，則獨信魏泰之偽書，《通鑒綱目》帝蜀之辨，則力攻朱子之特筆，其妄誕無識，殊為悖理。**所謂小人好議論，不樂成人之美者歟？**（《四庫全書總目》卷一百二十七）

【注釋】

〔一〕【俞文豹】字文蔚，括蒼（今屬浙江）人。其始末未詳。

〔二〕【映】以口吹物發出的細小聲音。喻微不足道。《莊子・則陽》：「夫吹筦也，猶有嗃也：吹劍首者，映而已矣。」郭慶藩《集釋》：「映，小聲也。」清張尚瑗《謁韓文公祠》詩：「半世味公道，無能劍一映。」

173. 七修類稿五十一卷

明郎瑛（1487～1566）撰。瑛字仁寶，仁和（今浙江杭州）人。

是編乃其筆記，凡分天地、國事、義理、辯證、詩文、事物、奇謔七門。所載如「杭州宋官署考」，則《咸淳臨安志》及西湖各志所未詳。又紀「明初進茶」，「探春」「先春」「次春」「紫筍」諸名，及「漕河開鑿工程」，皆《明會典》及《明史》諸志所未及，亦間有足資考證者。然採掇龐雜，又往往不詳檢出處，故踳謬者不一而足。如以宋李建中為南唐人，謂謝無逸以《蝴蝶詩》得名，後李商隱竊其義，則以唐人而蹈襲宋人。引武林女子金麗卿詩「梅邊柳外識林蘇」句〔一〕，譏其不能守禮，出則擁蔽其面。皆極為王士禎所詆斥，見於《香祖筆記》中。此外如紀楊維楨為明太祖所召，託疾固辭，作詩縊死，則全無事實。桓溫妻「我見猶憐」之語，不知為李勢妹，而但云「溫娶妾甚都」，則失之耳目之前。至「周公恐懼流言日，王莽謙恭下士時」〔二〕一詩，以為不知姓名，必宋人所作，則並《白居易集》而亦忘之。**蓋明人著書，鹵莽往往如此。書中極詆《說郛》《輟耕錄》，然此編實出此二書下，所謂人苦不自知也。**（《四庫全書總目》卷一百二十七）

【注釋】

〔一〕【史源】金麗卿《題廣信道中》：「家住錢唐山水圖，梅邊柳外識林蘇。平生慣占清涼國，豈料人間有暑途。」（《宋詩紀事》卷八十七）

〔二〕【校勘】「下士時」，通常作「未篡時」。見《白居易詩集》卷十五。

174. 焦氏筆乘八卷

明焦竑（1540～1620）撰。竑有《易筌》，已著錄。

是書多考證舊聞，亦兼涉名理。然多剿襲說部，沒其所出。如「周易舉正」一條乃洪邁《容齋隨筆》語〔一〕，「禿節」一條乃宋祁《筆記》語，「開塞書」一條乃晁公武《讀書志》語〔二〕，「一錢」一條乃師古偽《蘇軾杜詩注》語，「花信風」一條乃王逵《蠡海集》語，「玉樹菁蔥」一條乃封演《聞見記》語，「何遜詩」一條乃黃伯思《東觀餘論》語，「鳥鬼」一條乃沈括《夢溪筆談》語，「倉頡」一條乃張華《博物志》語，「續史記」一條乃無名氏《尊俎餘功》語。如斯之類，不可縷數。

其中「周易舉正」條末稱此書世罕見，晁公武所進《易解》多引用之。蓋洪邁當南宋孝宗時，故其言云爾。至明代則郭京書有刊本，而晁公武書久佚，正與邁時相反。乃仍錄原文，斯非不去葛龔耶？竑在萬曆中以博洽稱，而剿竊成書，至於如是，亦足見明之無人矣。

其講學解經，尤喜雜引異說，參合附會，如以孔子所云「空空」，及顏子之「屢空」為「虛無寂滅」之類，皆乖迕正經，有傷聖教。蓋竑生平喜與李贄遊，故耳擩目染，流弊至於如此也。（《四庫全書總目》卷一百二十八）

【注釋】

〔一〕【史源】《容齋隨筆》卷五「易舉正」條。

〔二〕【史源】《郡齋讀書志》卷十一。

175. 讀書雜記二卷

明胡震亨〔一〕撰。震亨有《海鹽縣圖經》，已著錄。

是編乃其讀書筆記。如引元稹《白集序》證刊版始唐長慶中，引顏師古《匡謬正俗》證《柏梁詩》〔二〕傳寫之謬，引劉孝標《世說注》證《蜀都賦》有改本，引杜牧詩證木蘭為黃陂人，引孟元老《東京夢華錄》證爆仗字，引朱子、陸游詩證豆腐緣起，引曾慥《類說》證李賀容州（今屬廣西玉林市）槎語，引王象之《碑目》證顧況〔三〕《仙遊記》，皆語有根據。他如辨孔子防墓，辨周稱京師，亦俱明確。以及「元鄉試錄條格」、「贊寧譯經論」、「道藏源流」諸條，亦足以資考據。

惟其生於明末，漸染李贄、屠隆之習，掉弄筆舌，多傷佻薄。憤嫉世俗，每乖忠厚。如謂嫦娥、纖阿兩雌與吳剛共處月中，則調笑及於明神。謂生天，

生地，乃生盤古，應稱三郎，則嘲弄及於古帝。以至明末時事，動輒狂詈；牽及唐之進士，並詆為賊。其傎亦未免已甚也。（《四庫全書總目》卷一百二十八）

【注釋】

〔一〕【胡震亨】字孝轅，晚自稱遁叟，海鹽（今屬浙江）人。萬曆丁酉（1597）舉人，由固城縣教諭歷官兵部員外郎。

〔二〕【考證】游國恩撰《柏梁臺詩考證》（載《游國恩學術論文集》，中華書局 1989年版）。

〔三〕【顧況】字逋翁，號華陽真逸，又號華陽山人，唐蘇州海鹽人。有《華陽集》傳世。

176. 蒿庵閒話二卷〔一〕

國朝張爾岐（1612～1677）撰。爾岐有《周易說略》，已著錄。

是編乃其札記之文，凡二百九十六條。顧炎武《與汪琬書》，自稱精於「三禮」，卓然經師，不及爾岐。故原跋以是編為《日知錄》之亞。然《日知錄》元元本本，一事務窮其始末，一字務覈其異同。是編特偶有所得，隨文生義，本無意於著書，謂之零璣碎璧則可，至於網羅四部，鎔鑄群言，則實非《日知錄》之比。

如「曾子易簀」一條，稱：「嘗見一書，說楚國曾聘曾子為相，是當時亦曾作大夫〔來〕，故季孫得以此為遺（云云）。」〔二〕案《韓詩外傳》稱：「曾子仕於莒，得粟三秉。方是之時，曾子重其祿而輕其身，親沒之後，齊迎以相，楚迎以令尹，晉迎以上卿。方是之時，曾子重其身而輕其祿。」又稱：「曾子仕齊為吏，後南遊於楚，得尊官。」爾岐所謂嘗見一書，當即指此。然韓嬰採掇雜說，前後已自相違異，豈可引以詁經，顧炎武必無是語矣。其論吳澄《三禮考注》出於依託〔三〕，極為精覈。蓋爾岐本長於《禮》，故剖析鑿鑿，使盡如斯，則方駕《日知錄》可也。〔四〕（《四庫全書總目》卷一百二十九）

【注釋】

〔一〕【版本】《四庫全書存目叢書》子部第 114 冊卷首有王獻唐識語數條，言版本甚詳。

〔二〕【史源】《蒿庵閒話》卷二（《四庫全書存目叢書》子部第 114 冊第 299 頁）。

〔三〕【辨偽】《蒿庵閒話》卷二：及《儀禮鄭注句讀》成，乃取《考注》為之勘訂，其不用鄭、賈者四十餘事，唯《少牢篇》「尸入正祭」章補出「尸受肺祭」四

字為有功於經，餘皆支離之甚，不須掊擊，疵病立見，疑其書殆庸妄者託為之。不然，草廬名宿，豈應疏謬至此？後得《三禮考注序》讀之，又取其書覆較，遂確然信其非吳氏之舊也。（下略）（《四庫全書存目叢書》子部第114冊第285～286頁）

〔四〕【讀書方法】《蒿庵閒話》卷二：「邢懋循嘗言其師教之讀書，用連號法。初日誦一紙；次日又誦一紙，並初日所誦誦之；三日又並初日、次日所誦誦之。如是漸增，引至十一日乃除去初日所誦。每日皆連誦十號，誦至一周，遂成十周。人即中下，已無不爛熟矣。」（《四庫全書存目叢書》子部第114冊第304頁）

177. 庸言錄無卷數

國朝姚際恒（1647～？）撰。際恒字善夫〔一〕，徽州（今屬安徽黃山市）〔二〕人。

是編乃其隨筆札記，或立標題，或不立標題，蓋猶草創未竟之本。際恒生於國朝初，多從諸耆宿遊，故往往剽其緒論。

其說經也，如闢圖書之偽，則本之黃宗羲；闢《古文尚書》之偽，則本之閻若璩〔三〕；闢《周禮》之偽，則本之萬斯同；論小學之為書數，則本之毛奇齡。而持論彌加恣肆。至祖歐陽修、趙汝梅之說，以《周易·十翼》為偽書，則尤橫矣。

其論學也，謂「周張程朱皆出於禪」，亦本同時顏元之論；至謂「程朱之學不息，孔孟之道不著」，則益悖矣。他如詆楊漣、左光斗為深文居功，則《三朝要典》之說也；謂「曾銑為無故啟邊釁」，則嚴嵩之說也；謂「明世宗當考興獻」，則張、桂之說也。亦可謂好為異論者矣。〔四〕（《四庫全書總目》卷一百二十九）

【注釋】

〔一〕【考證】一字立方，號首源。

〔二〕【考證】或作安徽桐城，或作仁和。

〔三〕【考證】姚際恒與閻若璩同時闢《古文尚書》之偽，並非本之閻若璩。閻若璩《尚書古文疏證》卷八云：「癸酉冬，薄遊西泠，聞休寧姚際恒字立方，閉戶著書，攻偽《古文》。蕭山毛大可告余，此子之廖倩也，日望子來，不可不見之，介以交余，少余十一歲，出示其書，凡十卷，亦有失有得，失與上梅氏、郝氏同，得則多超人意見外，喜而手自繕寫，散各條下……又按：姚氏好以《左氏》駁《古文》，與余同。」

〔四〕【整理與研究】林慶彰教授主編《姚際恒著作集》（臺北「中央研究院」中國
文哲研究所籌備處 2004 年版）。

178. 藝圃搜奇十八卷補闕二卷

舊本題明徐一夔編。一夔字大章，天台（今屬浙江台州市）人，僑寓嘉興。
元末嘗官建寧教授。案：一夔官建寧教授，見其《始豐稿·與危素書》，《明史》本傳不載，
蓋偶未考其文集。洪武初征修《禮書》，王禕又薦修《元史》，辭不至。後起為杭
州教授。又召修《大明日曆》，特授以翰林官。以足病辭歸。事蹟具《明史·
文苑傳》。《翦勝野聞》〔一〕稱其官杭州教授時，以表文忤旨，收捕斬之，殊為
妄誕。《野聞》託名徐禎卿〔二〕，多齊東之語，此亦其一也。

是書前有至正戊申（1368）自序，稱：「錢塘陳子彥高避兵橋李，惠子之五
車，茂先之三十乘，攜以俱來。適余亦棲止是邦，嘗得借觀。茲編古今名人雜
著之小者，從無刊版。彥高檢有副本，悉以贈余，裝成若干冊，名之曰《藝圃
搜奇》（云云）。」彥高，陳世隆字也，故是書或亦題世隆所編。凡一百三種。
其中舛謬顛倒，不可縷舉。其最甚者，如褚少孫《補史記》自前代即附刊《史
記》中，並非秘笈，而取為壓卷，名曰《史記外編》，又佚其《平津侯列傳》
《建元以來侯年表》二篇。摯虞《文章流別論》乃抄《藝文類聚》《太平御覽》
之文，猶有所本也。至《谷神子》即《博異記》，《醴泉筆錄》即江休復《嘉祐
雜志》，蘇軾《格物粗談》即偽本《物類相感志》，俞琰《月下偶談》即《席上
腐談》；楊萬里《誠齋揮塵錄》即王明清《揮塵錄》；晁說之《墨經》即晁子一
《墨經》。大抵改易書名、人名以售其欺。至劉績，雖元、明間人，而《霏雪
錄》成於洪武中。此編既輯於至正戊申，猶順帝之末年，何以預載其書？且
所錄《灌畦暇語》與李東陽重編殘闕之本一字不易，豈元人所及見邪？其為
近時所贗託，不問可知矣。原本有錄無書者凡十三種，國朝曹寅為補錄之，
釐為二卷，蓋寅亦為奸黠書賈所紿也。〔三〕（《四庫全書總目》卷一百三十四）

【注釋】

〔一〕【翦勝野聞】不著撰人名氏。所記皆明太祖初年之事，亦多互見他書。陶珽
《續說郛》、黃虞稷《千頃堂書目》皆載此書，題吳郡徐禎卿著。然《明史》
禎卿本傳及《藝文志》俱不載。書中所紀，亦往往不經。如謂徐達追元順帝，
將及之而遽班師；常遇春訴懟於帝，達入自疑，拔劍斬閽而出。真齊東野人
之語，禎卿似未必至是也。（《四庫全書總目》卷一四三）

〔二〕【徐禎卿】（1479～1511），字昌穀，吳縣人。徐耀環撰《徐禎卿年譜》（原為
　　　1997年復旦大學碩士論文，章培恒先生指導）。

〔三〕【辨偽】錢大昕《跋藝圃搜奇》云：「右《藝圃搜奇》二十冊，元末錢塘陳世
　　　隆彥高、天台徐一夔大章避兵檇李，相善，彥高篋中攜秘書數十種，檢有副
　　　本，悉以贈大章，大章彙而編之。此書世無刊本，黃虞稷志《明史・藝文》，
　　　亦未著錄，故知之者鮮。曹子清巡鹽揚州時，嘗抄以進御，好事者始得購其
　　　副錄之。歲己丑，予如京師，道出吳門，從朱文遊假得。舟中無事，取讀之。
　　　其中如《文昌雜錄》《韻語陽秋》《默記》皆非足本。《談藪》所紀多宋南渡事，
　　　而誤以為龐元英著；元英撰《文昌雜錄》見《宋史・志》，而此編轉闕其名，
　　　皆不免千慮之失。書成於至正末，而所收劉績《霏雪錄》多言洪武間事，蓋
　　　大帳仕明之後別有增入矣。」（《潛研堂文集》卷三十）

179. 津逮秘書無卷數

　　明毛晉〔一〕（1599～1659）編。晉有《毛詩陸疏廣義》，已著錄。

　　此為所纂叢書，分十五集，凡一百三十九種，中《金石錄》《墨池篇》有
錄無書，實一百三十七種。卷首有胡震亨序。震亨初刻所藏古笈為《秘冊匯》
函，未成而毀於火，因以殘版歸晉，晉增為此編。凡版心書名在魚尾下用宋
本舊式者，皆震亨之舊。書名在魚尾上而下刻汲古閣字者，皆晉所增也。晉
家富藏書，又所與遊者多博雅之士，故較他家叢書去取頗有條理。而所收近
時偽本，如《詩傳》《詩說》《歲華紀麗》《媛嬛記》《漢雜事秘辛》之類，尚有
數種。又《經典釋文》割裂《周易》一卷，尤不可解。其題跋二十家，皆抄撮
於全集之中，亦屬無謂。今仍分著於錄，而存其總名於此，以不沒其搜輯刊
刻之功焉。（《四庫全書總目》卷一百三十四）

【注釋】

〔一〕【毛晉】原名鳳苞，字子晉，江蘇常熟人。家富圖籍，世所傳影宋精本，多所
　　　藏收。又喜傳刻古書，汲古閣版至今流佈天下。故在明季，以博雅好事名一
　　　時。嘗刻《津逮秘書》十五集，皆宋、元以前舊帙。

180. 學海類編無卷數

　　舊本題國朝曹溶〔一〕（1613～1685）編。溶有《崇禎五十宰相傳》，已著錄。

此編裒輯唐、宋以至國初諸書零篇散帙，統為正、續二集，各分經翼、史參、子類、集餘四類，而集餘之中又分行詣、事功、文詞、紀述、考據、藝能、保攝、遊覽八子目。為書四百二十二種，而真本僅十之一，偽本乃十之九，或改頭換面，別立書名，或移甲為乙，偽題作者。顛倒謬妄，不可殫述。以徐乾學《教習堂條約》〔二〕、項維貞《燕臺筆錄》〔三〕二書考之，一成於溶卒之年，一成於溶卒之後。溶安得採入斯集，或無賴書賈以溶家富圖籍，遂託名於溶歟？〔四〕（《四庫全書總目》卷一百三十四）

【注釋】

〔一〕【曹溶】字潔躬，號秋岳，浙江秀水人。明崇禎丁丑（1637）進士，官監察御史。入清，官至戶部侍郎，出為廣東布政使，左遷山西陽和道。

〔二〕【教習堂條約】國朝徐乾學撰。此書乃其教習庶吉士時所定學規，曹溶收之《學海類編》者也。考乾學教習庶吉士時，為康熙二十四年乙丑（1685）。其《條約》雖極早出，亦當在四五月間。溶即以是年病卒。且遠在嘉興，不應得見其《條約》，編入叢書。或溶歿之後，傳抄者又有所竄入也。《學海類編》真偽糅雜，有謬至不可理解者，頗為讀者所詬病。觀於此卷，則其真出溶手與否，固在疑似之間矣。（《四庫全書總目》卷九七）

〔三〕【燕臺筆錄】一卷，此本載曹溶《學海類編》中，題國朝項惟貞撰。惟貞字端伯，秀水人，朱彝尊之門人也。然檢覈其文，實即朱彝尊《日下舊聞》內《風俗》一門。疑彝尊嘗屬之裒輯，偶存殘稿，作偽者遂別標此名也且彝尊撰《日下舊聞》時，溶歿已久，又安得而錄之？《學海類編》多書賈所竄入，非溶源本，此亦一證矣。（《四庫全書總目》卷七七）

〔四〕【考證】李春光《學海類編初探》對此則提要多所訂正（詳見《圖書館學研究》1987 年第 5 期）。龍野《現存學海類編本〈詩問略〉非陳子龍撰考》認為，學海類編本《詩問略》可能是吳肅公所撰。（《文獻》2012 年第 2 期）

181. 藝文類聚一百卷

唐歐陽詢（約 557～約 641）撰。詢字信本，潭州臨湘（今屬湖南岳陽市）人。仕隋，為太常博士。入唐，官至太子率更令、弘文館學士。事蹟具《唐書》本傳。

是書據其自序〔一〕，蓋亦奉詔所作。《唐書·藝文志》注：令狐德棻、袁朗〔二〕、趙宏智同修。《唐書》詢本傳又稱，武德七年（624）詔與裴矩〔三〕、陳叔達同修。殆以詢董其成，故相傳但署詢名歟？

葉大慶《考古質疑》論其正月十五日有蘇味道（648～705）《夜遊詩》，洛水門有李嶠（約645～約714）《遊洛詩》，寒食〔四〕門有沈佺期（約656～714）、宋之問（約656～約712）詩，四子皆後人，歐陽安得預編之？則傳寫又有所竄亂，非盡詢等之舊也〔五〕。

序稱：「《流別》《文選》，專取其文；《皇覽》《遍略》，直書其事。文義既殊，尋檢難一。是書比類相從，事居於前，文列於後，俾覽者易為功，作者資其用。」於諸類書中體例最善。凡為類書四十有八。其中門目頗有繁簡失宜，分合未當。如山水部五嶽存三，四瀆闕一；帝王部三國不錄蜀漢，北朝惟載高齊；儲宮部公主附太子，而諸王別入職官；雜文部附紙筆硯，而武部外又別出刀、匕首等為軍器一門；道路宜入地部，壇宜入禮部，而列之居處；針宜入器物，錢宜入寶玉，而列之產業；案、几、杖、扇、麈尾、如意之類宜入器物，而列之服飾；疾病宜入人部，而列之方術；夢、魂魄亦宜入人部，而列之靈異；以及茱萸、黃連入木部，芙蓉、菱藤入草部，鴻之外又別出雁，蚌之外又別出蛤，鶴之外別出黃鶴，馬之外別出駒騄，如斯之類，皆不免叢脞少緒。

唐覲《延州筆記》嘗摘其所載徐陵《玉臺新詠序》，謂以「誄德」為「累德」，傳訛自此書始。考劉熙《釋名》：「誄者，累也，累其德行而述之也。」則詢書不誤，誤乃在覲。至王楙《野客叢書》摘其以《漢書》「長陵一抔土」事誤「抔」為「杯」，收入杯門。又摘其蒲柳門中收趙高束蒲為脯事，云出《史記》，《史記》無此文。彭叔夏《文苑英華辯證》亦摘其引梁君射白雁事，云出《莊子》，《莊子》無其語，則皆中其失。〔六〕

然隋以前遺文秘籍，迄今十九不存，得此一書，尚略資考證。〔七〕宋周必大校《文苑英華》，多引是集。而近代馮惟訥《詩紀》、梅鼎祚《文紀》、張溥《百三家集》，從此採出者尤多。亦所謂**殘膏剩馥，沾漑百代**者矣。（《四庫全書總目》卷一百三十五）

【注釋】

〔一〕【自序】夫九流百氏，為說不同。延閣石渠，架藏繁積，周流極源，頗難尋究，披條索實，日用弘多，卒欲摘其菁華，採其旨要，事同遊海，義等觀天。皇帝命代膺期，撫茲寶運，移流風於季俗，反淳化於區中。戡亂靖人，無思不服。偃武修文，興開庠序。欲使家富隋珠，人懷荊玉，以為前輩綴集，各抒其意，流別文選，專取其文。《皇覽》偏略，直書其事。文義既殊，尋檢難一。爰詔撰其事且文，棄其浮雜，刪其冗長，金箱玉印，比類相從，號曰《藝

文類聚》，凡一百卷。其有事出於文者，便不破之為事。故事居其前，列文於後。俾夫覽者易為功，作者資其用，可以折衷今古，憲章墳典云爾。

〔二〕【袁朗】隋唐之際長安人。世為江左冠族。以文學見長。貞觀中卒。有文集，今已佚。

〔三〕【裴矩】（547～627），字弘大，隋唐之際河東聞喜人。撰《西域圖記》三卷。

〔四〕【寒食】清明前二日。據《荊楚歲時記》，冬至後一百五日，謂之寒食，禁火三日。因此，有人以「一百五日」為寒食的代稱。

〔五〕【考證】胡玉縉《四庫全書總目提要補正》卷四十：瞿氏《目錄》有明刊本，云：「陳子準以馮己蒼校宋本訂正脫訛。馮云：『八十五至八十七三卷中，宋本亦雜亂無緒。』陳云：『似有後人增入處，非率更原書也。』」（第 1051 頁）

〔六〕【考證】胡玉縉《四庫全書總目提要補正》卷四十引李慈銘《桃華聖解庵日記》云：「《類聚》引《莊子》梁君射白雁事……是本不誤，而《提要》乃據《辯證》云『《莊子》無其語』，謂所摘中其失，以是知考據之難也。」（第 1052 頁）

〔七〕【整理與研究】此書所引古籍多達 1431 種，其中十之九今已失傳。故本書可供輯佚、校勘之用。1965 年中華書局出版校訂本。韓建立撰《藝文類聚研究》（吉林文史出版社 2014 年版），郭醒撰《藝文類聚研究》（遼海出版社 2017 年版）。

182. 北堂書鈔一百六十卷

唐虞世南（558～638）撰。世南字伯施，餘姚（今屬浙江寧波市）人。官至銀青光祿大夫、弘文館學士。諡文懿。事蹟具《唐書》本傳。

北堂者，秘書省之後堂。此書蓋世南在隋為秘書郎時所作。《劉禹錫嘉話錄》曰：「虞公之為秘書，於省後堂集群書中事可為文用者，號為《北堂書鈔》。今北堂猶存，而書抄盛行於世（云云）。」〔一〕是其事也。

分八十卷，八百一類。《唐志》作一百七十三卷，晁公武《讀書志》因之。《中興書目》作一百六十卷，《宋史·藝文志》因之。今本卷帙與《中興書目》同。其地部至泥沙石而畢，度非完帙，豈原書在宋已有亡佚耶？王應麟《玉海》云：「二館舊闕《書鈔》，惟趙安仁家有本，真宗命內侍取之，手詔褒美。」〔二〕蓋已甚珍其書矣。此本為明萬曆間常熟陳禹謨所校刻〔三〕。錢曾《讀書敏求記》云：「世行《北堂書鈔》攙亂增改，無從訂正。向聞嘉禾收藏家有原

本,尋訪十餘年而始得。翻閱之,令人心目朗然。」朱彝尊《曝書亭集》亦稱:「曾見《大唐類要》百六十卷,反覆觀之,即虞氏《北堂書鈔》。今世所行者出陳禹謨刪補,至以貞觀後事有五代十五國之書雜入其中,盡失其舊。《類要》大略出於書,世未易得(云云)。」〔四〕蓋明人好增刪古書,逞臆私改,其庸妄無識,誠有如錢、朱二氏所譏。然今嘉禾舊本及《大唐類要》均已不可得見,獨禹謨此本猶存。其增加各條,幸皆注明補字,猶有蹤跡可尋。存什一於千百,亦未始非唐人舊籍所藉以留貽者也。惟其所改所刪,遂竟不可考。是則刊刻之功不贖其竄亂之過矣。〔五〕(《四庫全書總目》卷一百三十五)

【注釋】

〔一〕【史源】唐韋絢述《劉賓客嘉話錄》曰:「虞公之為秘書,於省後堂集群書中事可為文用事,號為《北堂書鈔》。今北堂猶存,而《書鈔》盛傳於世。」今按,唐蘭有《劉賓客嘉話錄的校輯與辨偽》,載《文史》第四輯。

〔二〕【史源】《玉海》卷五十四:「二館舊闕虞世南《北堂書鈔》,惟趙安仁家有本,真宗命內侍取之,嘉其好古,手詔褒美。」

〔三〕【考證】羅振玉《續修四庫全書總目提要·北堂書鈔》:「此書,四庫著錄明陳禹謨刊本,《提要》謂原本已不可得見,並謂明人好增刪古書,逞臆私改,此本增加各條,幸皆注明補字,猶有蹤跡可尋,惟所改所刪,遂竟不可考,刊刻之功,不贖其竄亂之過。」(詳見《雪堂類稿》乙冊第420~424頁)

〔四〕【史源】《曝書亭集》卷五十二《大唐類要跋》。

〔五〕【整理與研究】《影宋北堂書鈔》一百六十卷刊於光緒十四年(1888)。

183. 初學記三十卷

唐徐堅(659~729)等奉敕撰。案:《唐書·藝文志》載《元宗事類》一百三十卷,又《初學記》三十卷。注曰:「張說類集要事,以教諸王,徐堅、韋述、余欽、敬本、張烜、李銳、孫季良等分撰。」似乎二書皆說總其事,而堅等分修。晁公武《讀書志》則曰:「《初學記》三十卷,唐徐堅等撰。初,張說類集事要以教諸王。開元中,詔堅與韋述等分門撰次。」〔一〕又似乎《事類》為說撰,而堅等又奉詔擇其精粹,編為此書。考《南部新書》載:「開元十三年(724)五月,集賢學士徐堅等纂經史文章之要,以類相從,上制曰《初學記》。」〔二〕則晁氏所言,當得其實。《唐志》所注,敘述未明,偶合兩書為一耳。

　　其書分二十三部，三百一十三子目，大致與諸類書相同。惟地部五嶽之外載終南山，四瀆之外載洛水、渭水、涇水，又驪山湯泉、昆明池別出二條，則唐代兩都之故也。其例前為敘事，次為事對，末為詩文。其敘事雖雜取群書，而次第若相連屬，與他類書獨殊。其詩文兼錄初唐，於諸臣附前代後，於太宗御製則升冠前代之首，較《玉臺新詠》以梁武帝詩雜置諸臣之中者，亦特有體例。其所採摭皆隋以前古書，而去取謹嚴，多可應用。在唐人類書中，博不及《藝文類聚》，而精則勝之。若《北堂書鈔》及《六帖》則出此書下遠矣。

　　《春明退朝錄》及《溫公詩話》〔三〕並稱，中山劉子儀愛其書，曰：「非止初學，可為終身記。」〔四〕李匡乂《資暇集》則曰：「《初學記·月門》以吳牛對魏鵲。魏鵲者，引曹公歌行『月明星稀，烏鵲南飛』為據，斯甚疏闊。漢武《秋風辭》云：『草木黃落兮雁南歸。』今《月門》既云『魏鵲』，則風事亦可用『漢雁』矣。若是採掇文字，何所不可。東海徐公，碩儒也，何乖之甚（云云）。」〔五〕其說頗是。後李商隱詩因鮑照《代白頭吟》有「清如玉壺冰」句，遂以「鮑壺」對「玉佩」，實沿堅之失。然不以一眚掩其全書也。〔六〕（《四庫全書總目》卷一百三十五）

【注釋】

〔一〕【史源】《郡齋讀書志》卷十四。

〔二〕【史源】《南部新書》卷九。

〔三〕【溫公詩話】宋司馬光撰。是編題曰《續詩話》者，據卷首光自作小引，蓋續歐陽修《六一詩話》而作也。光《傳家集》中具載雜著，乃不錄此書，惟左圭《百川學海》收之。然《傳家集》中亦不錄《切韻指掌圖》，或二書成於編集之後耶？光德行、功業冠絕一代，非斤斤於詞章之末者。而品第諸詩，乃極精密。如林逋之「疏影橫斜水清淺，暗香浮動月黃昏」，魏野之「數聲離岸櫓，幾點別州山」，韓琦之「花去曉叢蝴蝶亂，雨餘春圃桔槔閒」，耿仙芝之「草色引開盤馬地，簫聲吹暖賣餳天」，寇準之《江南春》詩，陳堯佐之《吳江》詩，暢當、王之渙之《鸛雀樓》詩，及其父《行色》詩，相沿傳誦，皆自光始表出之。其論魏野詩誤改「藥」字及說杜甫「國破山河在」一首，尤妙中理解，非他詩話所及。（《四庫全書總目》卷一九五）

　　　　今按，郭紹虞先生認為：「此論精審。」又按，魏野詩有「燒葉爐中無宿火，讀書窗下有殘燈」。集其詩者嫌「燒葉」貧寒太甚，故改「葉」為「藥」。先祖司馬文正公認為：「不惟壞此一字，乃並一句亦無氣味，所謂求益反損

也。」他對杜甫「國破山河在」一首作了獨到的解釋：「近世詩人，唯杜子美最得詩人之體，如『國破山河在，城春草木深。感時花濺淚，恨別鳥驚心。』『山河在』，明無餘物矣；草木深，明無人矣；花鳥平時可娛之物，見之而泣，聞之而悲，則時可知矣。」陳望道《修辭學發凡》將此例定為「婉轉」格。

〔四〕【史源】宋敏求《春明退朝錄》卷下：「唐明皇以諸王從學，召集賢院學士徐堅等討集故事，兼前世文辭，撰《初學紀》。劉中山公子儀愛其書，曰：『非止初學，可為終身紀。』」

〔五〕【史源】《資暇集》卷上「初學記對」條。

〔六〕【版本】潘景鄭《安刻初學記》云：「《初學記》宋本不可蹤跡。嘉靖十年（1531），錫山安國得宋本重刊。宋本原闕二十一、二十二兩卷，安氏以他本補足刊行，自來藏家咸推此本為最善。」（《著硯樓讀書記》第411頁）《日本藏漢籍珍本追蹤紀實》云：「宮內廳書陵部所藏宋刊本《初學記》三十卷，當為宋紹興十七年（1147）東陽崇川余四十三郎宅刊本，共十冊。」（詳見第51～54頁）

184. 白孔六帖一百卷

案：《文獻通考》載《六帖》三十卷，唐白居易（772～846）撰；《後六帖》三十卷，宋知撫州孔傳〔一〕撰。合兩書計之，總為六十卷。此本編兩書為一書，不知何人之所合。又作一百卷，亦不知何人之所分。考胡仔《苕溪漁隱叢話》稱：「《六帖》新書出於東魯兵燹之餘，南北隔絕，其本不傳於江左，使學者弗獲增益聞見。」〔二〕則南渡之初尚無傳本。王應麟《玉海》始稱孔傳亦有《六帖》，今合為一書，則並於南宋之末矣。黃朝英《靖康湘素雜記》載《白氏六帖》，有元祐五年（1090）博平王安世序〔三〕，此本佚之。卷首所冠韓駒序，則專為孔傳續書作也〔四〕。

楊億《談苑》曰：「白居易作《六帖》，以陶家瓶數十，各題門目，作七層架列齋中，命諸生採集其事類，投瓶中，倒取抄錄成書。故所記時代，多無次序。」《唐志》稱其書為《白氏經史事類六帖》，蓋其別名。程大昌《演繁露》稱：「唐開元中舉行科試之法，帖經者以所習經掩其兩端，中間惟開一行，裁紙為帖。凡帖三字，視時增損，可否不一。或得四、得五、得六者為通。六帖之名所由起，取中帖多者名其書也。」〔五〕然此書雜採成語故實，備詞藻之用，與進士帖經絕不相涉，莫詳其取義之所在。大昌所說，殆亦以意附會歟？

其體例與《北堂書鈔》同，而割裂餖飣，又出其下。《資暇集》摘其誤引朱博烏集事，《南都新書》摘其誤引陶潛五柳事，《東皋雜錄》摘其誤引鳥鳴嚶嚶事，《學林就正》摘其誤引毛寶放龜事。然所徵引究皆唐以前書，墜簡遺文往往而在，要未為無裨考證也。《容齋隨筆》又稱：「俗傳淺妄書如《雲仙散錄》之類，皆絕可笑，孔傳《續六帖》悉載其中事，自穢其書。」〔六〕然《復齋漫錄》案：《復齋漫錄》今已佚，此條見胡仔《苕溪漁隱叢話》所引。稱：「東魯孔傳字聖傳，先聖之裔，而中丞道輔之孫也。為人博學多聞，取唐以來至於吾宋詩頌銘贊，奇編奧錄，窮力討論，纖芥不遺，撮其樞要，區分匯聚有益於世者，續唐白居易《六帖》，謂之《六帖新書》。韓子蒼為篇引，以為孔侯之書如富家之儲材，榱棟枅栱，雲委山積，匠者得之，應手不窮，其用豈小（云云）。」〔七〕則宋人亦頗重其書矣。

《玉海》引《中興書目》，稱居易採經傳百家之語，摘其英華，以類分門，悉注所出卷帙名氏於其下。晁公武《讀書志》則稱居易原本，不載所出書，曾祖父秘閣公為今注，行於世。其說不同。然公武述其家事，當必不誤。且《玉海》又引《中興書目》，稱白居易以天地事分門類為聲偶，而不載所出。其說亦自相矛盾。蓋當代所行，原有已注出處之本，又有未注出處之本，應麟各隨所見書之耳。此本注頗簡略，亦不題注者姓名，其即晁公所注與否？不可復考。〔八〕今亦仍原本錄之，不更增題名氏焉。居易始末具《唐書》本傳。傳有《東家雜記》，已著錄。（《四庫全書總目》卷一百三十五）

【注釋】

〔一〕【孔傳】孔子第四十七代孫。

〔二〕【史源】苕溪漁隱曰：「《六帖》新書出於東魯兵火之餘，南北隔絕，其本不傳於江左，使學者弗獲增益聞見，惜哉！近時有《緗素雜記》《學林新編》《藝苑雌黃》，此三書皆相類，辨正古今訛舛，校定史傳得失，誠有補於學者，吾於《叢話》固嘗採摭云」。（《漁隱叢話後集》卷三十六）

今按，《藝苑雌黃》，宋嚴有翼撰。原本二十卷，已佚。今有十卷本，偽。郭紹虞有輯佚本，載《宋詩話輯佚》。

〔三〕【史源】黃朝英《靖康緗素雜記》卷四。

〔四〕【韓駒序】唐白居易攟摭諸書，事提其要，區分匯聚，有益於世。或謂白公文采、道德自足以託不朽，顧為此，何歟？古之君子，學則與人共之，未有獨善其身者也。且其大者，尚將發明以示後世，況其細乎？使學者不執業，

不佔畢,而有博聞之益,此仁人之心也。由唐至吾宋,幾四百年,故事畔散,不屬東魯,孔侯宣聖之裔中丞公之孫也,數試藝於有司,輒不售,退為新書,以仿白公之意,方侯著書時,士皆挾一經,不治他技,而侯獨奮不顧,自詩頌銘贊奇編秘錄窮探歷討,纖芥不遺,斯亦勤矣。書成而當建炎、紹興之際,主上復古救弊,士知博學,孔侯之書,如富家之儲材,棟梁枅栱,雲委山積,匠者得之,應手不窮,功用豈小哉?若夫貪多務得,晦而不出,幸人之不知以成己之名者,此侯之所恥也。余見侯臨川閱其書而善之。

〔五〕【六帖】白樂天作類書,名《六帖》,《通典·選舉門》載唐制曰:開元中舉行課試之法,帖經者以所習經掩其兩端,中間惟開一行,裁紙為帖,凡帖三字,隨時增損,可否不一,或得四得五得六者為通。此六帖之名,所從起也。六帖云者,取中得之數以名其書,期於必遂中選也。(《演繁露》卷二)

今按,帖經,古代科舉考試方法之一。唐制,明經科主要以帖經取士。其科有五經、三經、二經、學究一經、三禮、三傳、史科之別。其方法為掩蓋經書前後兩邊,只露出中間一行,又剪紙貼其中的三個字,並隨時增減,要求默寫被貼的字。

〔六〕【淺妄書】俗間所傳淺妄之書,如所謂《雲仙散錄》《老杜事實》《開元天寶遺事》之屬,皆絕可笑。然士大夫或信之,至以《老杜事實》為東坡所作者,今蜀本刻杜集,遂以入注,孔傳《續六帖》採摭唐事殊有功,而悉載《雲仙錄》中事,自穢其書。《開天遺事》託云王仁裕所著,仁裕五代時人,雖文章乏氣骨,恐不至此。姑析其數端以為笑。其一云:「姚元崇開元初作翰林學士,有步輦之召。」按,元崇自武后時已為宰相,及開元初三入輔矣。其二云:「郭元振少時美風姿,宰相張嘉貞欲納為婿,遂牽紅絲線,得第三女,果隨夫貴達。」按,元振為睿宗宰相,明皇初年即貶死,後十年,嘉貞方作相。其三云:「楊國忠盛時,朝之文武,爭附之以求富貴,惟張九齡未嘗及門。」按,九齡去相位十年,國忠方得官耳。其四云:「張九齡覽蘇頲文卷,謂為文陣之雄師。」按,頲為相時,九齡元未達也。此皆顯顯可言者,固鄙淺不足攻,然頗能疑誤後生也。惟張鷟指楊國忠為冰山事,《資治通鑑》亦取之,不知別有何據近歲,興化軍學刊《遺事》,南劍州學刊《散錄》,皆可毀。(《容齋隨筆》卷一)

〔七〕【史源】《漁隱叢話後集》卷三十六。

〔八〕【考證】《四庫全書總目提要補正》云:「是唐本無注,而注乃公武曾祖秘閣所為矣。」(第 1056 頁)

185. 太平御覽一千卷

宋李昉（925～996）等奉敕撰。

以太平興國二年（977）受詔，至八年（983）書成。初名《太平編類》，後改為《太平御覽》。宋敏求《春明退朝錄》謂書成之後，太宗日覽三卷，一歲而讀周，故賜是名也。〔一〕

凡分五十五門，徵引至為浩博。故洪邁《容齋隨筆》稱：「太平興國中編次《御覽》，引用書一千六百九十種。其綱目並載於首卷，案：此則今本前列舊目，乃宋時官本之舊。而雜書、古詩賦又不能具錄。以今考之，不傳者十之七八。」〔二〕胡應麟《經籍會通》則以為是編所引大抵採自類書，非其書宋初尚存〔三〕，力駁邁說之誤，所言良是。然考陳振孫《書錄解題》曰：「或言國初古書多未亡，以《御覽》所引用書名故也。其實不然，特因諸家類書之舊耳。以三朝國史考之，館閣及禁中書總三萬六千餘，而《御覽》所引書多不著錄，蓋可見矣。」是邁所云云，振孫已先駁之矣，應麟特剿襲其說耳。應麟又曰：「《御覽》向行抄本，十年來始有刻，而訛謬特甚。非老師宿儒，即一篇半簡莫能句讀。至姓名顛舛，世代魯魚，初學之士讀之，或取為詩文用，誤人不鮮。」案：此本前有萬曆元年（1573）黃正色序曰：「太平興國迄今幾六百載，宋世刻本俱已湮滅。近世雲間朱氏僅存者，亦殘闕過半。海內抄本雖多，輾轉傳寫，訛舛益甚。吾錫士大夫有好文者，因閩省梓人用活字校刊，始事於隆慶二年，至五年才印其十之一二，閩人散去。於是浙興倪炳伯文謀於郡邑二三大夫，協力鳩工，鋟諸梨棗。孫國子虞允一元力任校讎，忽於隆慶六年捐館，弗克終事。今復苦於舛訛，薛憲副應登有校得善本，藏諸家塾。其仲子名逢者，俾倪氏繕寫付梓（云云）。」〔四〕所言刊本訛謬之故，大概與應麟合。〔五〕

然此書行世，實有二本：一為活字印本，其版心稱共印五百部，則正色所云印十之一二散去者，其說不確；一即倪氏此本。二本同出一稿，脫誤相類。而校手各別，字句亦小有異同。今以二本參校，並證以他書，正其所可知，而仍其所不可知。古書義奧，文句與後世多殊，闕擬猶愈於妄改也。宋初去古未遠，即所採類書，亦皆具有淵源，與後來餖飣者迥別。故雖蠹蝕斷爛之餘，尚可據為出典。〔六〕

世所傳宋以前書可考見古籍佚文者，僅六七種：曰裴松之《三國志注》，曰酈道元《水經注》，曰劉孝標《世說新語注》，曰李善《文選注》，曰歐陽詢

《藝文類聚》，曰徐堅《初學記》，其一即此書也。殘碑斷碣，剝蝕不完，歐陽、趙、洪諸家尚藉之以訂史傳，況四庫菁華，匯於鉅帙，獵山漁海，採擷靡窮，又烏可以難讀廢哉？〔七〕（《四庫全書總目》卷一百三十五）

【注釋】

〔一〕【史源】《春明退朝錄》卷下：「太宗詔諸儒編故事一千卷，曰《太平總類》；文章一千卷，曰《文苑英華》；小說五百卷，曰《太平廣記》；醫方一千卷，曰《神醫普救總類》。成帝日覽三卷，一年而讀周，賜名曰《太平御覽》。又詔翰林承旨蘇公易簡、道士韓德純、僧贊寧集三教聖賢事蹟各五十卷，書成，命贊寧為首，坐其書不傳。真宗詔諸儒編君臣事蹟一千卷，曰《冊府元龜》。」

〔二〕【史源】《容齋五筆》卷七「國初文籍」條：「國初承五季亂離之後，所在書籍印板至少，宜其焚燼蕩析，了無孑遺。然太平興國中編次《御覽》，引用一千六百九十種，其綱目並載於首卷，而雜書古詩賦又不及具錄。以今考之，無傳者十之七八矣，則是承平百七十年翻不若極亂之世。姚鉉以大中祥符四年集《唐文粹》，其序有云：『況今歷代文籍，略無亡逸。』觀鉉所類文集，蓋亦多不存，誠為可歎。」

〔三〕【史源】《少室山房集》卷一百四《讀太平御覽三書》：「宋初輯三大類書，《御覽》之龐贅，《英華》之蕪冗，《廣記》之怪誕，皆藝林所厭薄，而不知其功於載籍者不眇也。非《御覽》，西京以迄六代諸史乘煨燼矣；非《英華》，典午以迄三唐諸文賦煙埃矣；非《廣記》，汲冢以迄五朝諸小說烏有矣。余每薄太宗之涼德，至讀三書，則斧聲燭影之疑，輒姑舉而置之，迺《廣記》之臚列詳明，紀例精密，灼然必傳。」

〔四〕【黃序】見四庫本卷首，但有闕文。

〔五〕【考證】羅振玉《修文殿御覽殘卷序》云：「此卷前後殘缺，尚存二百五十九行。其體例與《太平御覽》相似。此卷出初唐人手寫，字跡精善，中亦略有訛誤，然可勘正今本《太平御覽》數百字，可謂校勘家及採輯古書者之無上寶笈矣。」（《雪堂類稿》乙冊第 330 頁）

〔六〕【評論】錢大昕《跋太平御覽》云：「《太平御覽》一千卷……自古類事之書，未有富贍如此者也。其皇王、篇霸二部，進曹魏而退蜀、吳，尊拓拔而黜江左，正宇文而閏高齊，未免偏私而不得其平。五代十國並不預偏霸之列，職官則翰林學士、節度、觀察諸使並闕焉，詳於遠而略於近，皆體例之可議者也。」（《潛研堂文集》卷三十）

〔七〕【版本】日本東福寺藏宋刊本《太平御覽》一千卷，被確認為「日本國寶」。
（《日本藏漢籍珍本追蹤紀實》第456～460頁）此書有《四部叢刊三編》本，
據宋本及日本聚珍本影印。（《張元濟古籍書目序跋彙編》第953～956頁）

186. 冊府元龜一千卷

宋王欽若楊億（962～1025）等奉敕撰。

真宗景德二年（1005），詔編修歷代君臣事蹟，以欽若提總，同修者十五
人。至祥符六年（1013）書成，賜名製序。周必大《文苑英華跋》、王明清《揮
塵錄》並稱太宗太平興國中修者，誤也。

其書分三十一部，部有總序，又子目一千一百四門，門有小序，皆撰自
李維等六人，而竄定於楊億，又命孫奭為之音釋。其間義例，多出真宗親定。
惟取《六經》、子、史，不錄小說。於悖逆非禮之事，亦多所刊削，裁斷極為
精審。考洪邁《容齋隨筆》，謂其時編修官上言，凡臣僚自述及孫追敘家世，
如《鄶侯傳》之類，並不採取。遺棄既多，故亦不能賅備。袁氏《楓窗小牘》
亦謂開卷皆目所常見，無罕覯異聞，不為藝林所重。

夫典籍至繁，勢不能遍為掇拾；去誣存實，未可概以掛漏。相繩況纂輯
諸臣皆一時淹貫之士，雖卷帙繁富，難免牴牾，而考訂明晰，亦多可資覽古
之助。張耒《明道雜志》稱：「楊億修《冊府元龜》數卷成，輒奏之。每進本
到，真宗即降付陳彭年。彭年博洽，不可欺毫髮，故謬誤處皆籤帖。有小差誤
必見，至有數十籤。億心頗自愧，乃盛薦彭年文字，請與同修。」其言雖不可
盡信，然亦足見當時校核討論，務臻詳慎。故能甄綜貫串，使數千年事無不
條理秩然也。

據《玉海》所載，此書凡《目錄》十卷，《音義》十卷。今有目錄而無音
義，蓋傳寫者久佚之矣。〔二〕（《四庫全書總目》卷一百三十五）

【注釋】

〔一〕【李嗣京序】臣嗣京聞宣尼得帝魁之書，迄秦繆，凡三千二百四十篇，乃斷
遠取近，止留百二十篇，以為萬世君臣之法。又因端門之命，使子夏等求周
史記，得百二十國之書，乃芟辭取義，止因魯史以申天王予奪之權，是非大
定，得失燦然，凜乎其不可易。故後世司馬光作《通鑒》，朱子作《綱目》，
皆始於周威烈之二十三年，而不敢上越，以避《尚書》《春秋》，然其立旨，

君規臣儆，則根本託焉……《冊府元龜》當與《尚書》《春秋》《史鑑》並置座右，何也？其該以君臣之道同也。

〔二〕【版本】北宋刊本《冊府元龜》殘本四百七十八卷，現藏於靜嘉堂文庫。（《日本藏漢籍珍本追蹤紀實》第304～310頁）

187. 山堂考索前集六十六卷後集六十五卷續集五十六卷別集二十五卷〔一〕

宋章如愚撰。如愚字俊卿，婺州金華（今浙江金華）人。慶元中登進士第。初授國子博士，改知貴州。開禧初被召，疏陳時政，忤韓侂冑，罷歸。事蹟具《宋史·儒林傳》。

史稱所著有文集行世。今已散佚，惟此書猶存。凡分四集：《前集》六十六卷，分六經、諸子百家、諸經、諸史、聖翰、書目、文章、禮樂、律呂、曆數、天文、地理十三門；《後集》六十五卷，分官制、學制、貢舉、兵制、食貨、財用、刑法七門；《續集》五十六卷，分經籍、諸史、文章、翰墨、律曆、五行、禮樂、封建、官制、兵制、財用、諸路、君道、臣道、聖賢十五門；《別集》二十五卷，分圖書、經籍、諸史、文章、律曆、人臣、經藝、財用、兵制、四裔、邊防十一門。

宋自南渡以後，通儒尊性命而薄事功，文士尚議論而鮮考證。如愚是編，獨以「考索」為名。言必有徵，事必有據，博採諸家，而折衷以己意。不但淹通掌故，亦頗以經世為心。在講學之家，尚有實際。

惟其書卷帙浩繁，又四集不作於一時，不免有重複牴牾之處。如《前集》六門外，又立諸經一門，其文互相出入；諸子百家門中，以晏子、荀子、揚子、文中子之類為諸子，以管子、商子、韓非子、淮南子之類為百家，亦不知何以分別。又如《前集》第三十五卷詳列六宗之說，無所專從，《續集》第十卷則主鄭康成說；《前集》第三十卷既主三年一祫、五年一禘，以為宋制合古，《別集》第十四卷又專主顏達龍三年一禘、五年一祫之說；《前集》第三十三卷專主鄭康成說，祫大禘小，《別集》第十四卷又專主顏達龍說，禘大祫小，《前集》第三十八卷既主天子五門、諸侯三門，《別集》第八卷則又謂天子六門、諸侯二門；皆前後牴牾，疏於抉擇。

然大致網羅繁富，考據亦多所心得。在宋人著述之中，較《通考》雖體例稍雜，而優於釋經；較《玉海》雖博贍不及，而詳於時政；較《黃氏日抄》

則條目獨明；較《呂氏制度詳說》則源流為備。前人稱蘇軾詩如「武庫之兵，利鈍互陳」，如愚是編，亦可以當斯目矣。〔二〕（《四庫全書總目》卷一百三十五）

【注釋】

〔一〕【書名】庫書題作《群書考索》。

〔二〕【評論】錢泰吉《曝書雜記》卷上：「山堂之學，當與王伯厚抗衡。《考索》四集，共二百十二卷，參處於《通典》《通考》之間，足以鼎立，鄭氏《通志》所不及也。余嘗欲摘其中論漢事者，合之《玉海》《通典》《通考》《五禮通考》所錄漢事，以補徐氏《會要》之未備。」

188. 玉海二百卷附辭學指南四卷

宋王應麟（1223～1296）撰。應麟有《鄭氏周易注》，已著錄。

是書分天文、律憲、地理、帝學、聖製、藝文、詔令、禮儀、車服、器用、郊祀、音樂、學校、選舉、官制、兵制、朝貢、宮室、食貨、兵捷、祥瑞二十一門。每門各分子目，凡二百四十餘類。宋自紹聖置宏詞科，大觀改詞學兼茂科，至紹興而定為博學宏詞之名，重立試格。於是南宋一代通儒碩學多由是出，最號得人，而應麟尤為博洽。其作此書，即為詞科應用而設。故臚列條目，率巨典鴻章，其採錄故實，亦皆吉祥善事，與他類書體例迥殊。然所引自經史子集、百家傳記，無不賅具。而宋一代之掌故，率本諸實錄、國史、日曆，尤多後來史志所未詳。其貫串奧博，唐、宋諸大類書未有能過之者。何焯評點《困學紀聞》，動以詞科詆應麟，特故為大言，不足信也。〔一〕

其書元時嘗刊於慶元路，版已久佚〔二〕。今江寧有南京國子監刊本。以應麟所著《詩考》《詩地理考》《漢藝文志考》《通鑑地理通釋》《王會篇解》《漢制考》《踐阼篇解》《急就篇解》《小學紺珠》《姓氏急就篇》《周易鄭注》《六經天文編》《通鑑答問》等書附梓於後。案：明貝瓊《清江集》有所作應麟孫王厚墓誌，稱應麟著《玉海》，未脫稿而失，後復得之，中多闕誤，厚考究編次，請於閫帥鋟梓，並他書十二種以傳。據此則諸書附梓實始於元代，惟瓊稱慶元初刻之時附書十二種，而今為十三種。慶元刊書原序亦言公書鋟於郡學者凡十有四，《玉海》其一，則十三種為不誤，或《清江集》寫之訛歟？又卷首載浙東道宣慰司刊書牒文，稱《玉海》實二百卷，而今本乃合《辭學指南》為二百四卷。婺郡文學李桓序，所列卷目已與今同，疑即當時校刊者所附入，相沿已久，今亦仍之。至他書之附刻者，則各從其類，別著於錄焉。

其曰《玉海》者，本於張融集名，實則仿梁武所集《金海》之例，而變其稱也。（《總目》卷一百三十五）

【注釋】

〔一〕【作者研究】陳仕華撰《王伯厚及其玉海藝文部研究》（臺灣商務印書館 1993 年版）。

〔二〕【版本】此書元版清中葉未佚，錢大昕嘗見之。《竹汀先生日記鈔》卷一云：「宋生仁果，以元版《玉海》出示。」

189. 喻林一百二十卷

明徐元太撰。元太字汝賢，宣城（今屬安徽）人。嘉靖乙丑（1565）進士，官至刑部尚書。

是書採摭古人設譬之詞，匯為一編，分十門，每門又各分子目，凡五百八十餘類。歷二十餘年而後成，用心頗為勤至。其引書用程大昌《演繁露》之例，皆於條下注明出處，並篇目卷第，一一臚載，亦迥異明人剽竊扯撏之習。其自序稱閱書四百餘種，而檢其所列書名，實不逾半，殆約舉其數，未及詳覈歟？

其中隨手摭拾，亦往往不得本始。如「兒說宋人善辨者」一條本出《韓非子》，「周人有仕不遇者」一條本出王充《論衡》，皆引《藝文類聚》；「懷金玉者至不生歸」一條本出《後漢書·耿弇傳》，而引《文選》李善注；「頭白可期，汗青無日」一條本出劉知幾《史通》，而引《事文類聚》；「天寒即飛鳥走獸尚知相依」一條本出沈約所作《阮籍詠懷詩注》，而亦以為李善，此類頗多。又如以杜預、何休、范甯為漢人，以陳壽為魏人，以李善為隋人，皆時代舛迕。《申培詩說》《天祿閣外史》《武侯心書》之類，皆明代偽書，不能辨別。《廣成子》本蘇軾從《莊子》摘出，偶題此名，乃別為一書；《無能子》云不知何代人〔一〕，皆未免失於疏略。

然自「六經」以來即多以況譬達意，而自古未有匯為一書者，元太是編實為創例。其搜羅繁富，零璣斷璧，均足為綴文者沾句之資，是亦不可無一之書矣。〔二〕（《四庫全書總目》卷一百三十六）

【注釋】

〔一〕《無能子》撰於唐光啟三年（887）。作者自稱無能子。是書為唐末重要哲學著作。現存以明正統《道藏》本為最古，1981 年中華書局出版校注本。

〔二〕潘景鄭《影印喻林序》：「此書自明以來流傳至少，《四庫全書》重經抄寫，
　　　已非盧山真面，卷首失去郭子章一序，偶一比勘⋯⋯可證刻本之善。」（《著
　　　硯樓讀書記》第 415～416 頁）

　　　　今按，上海辭書出版社以原刻初印本影印出版。又按，所謂「此書自明
　　以來流傳至少」，似與歷史真實不符，因為它一度頗為暢銷。錢泰吉《曝書雜
　　記》卷上：「明宣城徐尚書元太《喻林》一百二十卷，採摭古人設譬之辭，匯
　　為一編，為自來類書所未有。族子恬齋方伯語予，嘉慶初年，欽命詩賦題，
　　往往取此書。一日，琉璃廠書肆搜索殆盡，蓋翰苑諸公爭購讀也。」

190. 御定駢字類編二百四十卷

　　康熙五十八年（1719）聖祖仁皇帝敕撰。雍正四年（1726）告成，世宗憲皇
帝製序頒行。

　　謹案：唐以來隸事之書，韻為綱者，自顏真卿《韻海鏡源》〔一〕而下，所
採諸書，皆齊句尾之一字，而不齊句首之一字。惟林寶《元和姓纂》〔二〕、鄧
椿《古今姓氏書辯證》〔三〕、元人《排韻事類氏族大全》〔四〕以四聲二百六部分
隸諸姓，於複姓齊其首一字，使以類從。然皆書中之變例，非書中之通例也。
凌迪知《萬姓統譜》〔五〕隨姓列名，體例略如《韻府》，然亦以首一字排比其
人，非《記事纂言》之比也。

　　我聖祖仁皇帝天裁獨運，始創造是編，俾與《佩文韻府》一齊尾字，一
齊首字，互為經緯，相輔而行。凡分十有二門：曰天地，曰時令，曰山水，曰
居處，曰珍寶，曰數目，曰方隅，曰彩色，曰器物，曰草木，曰鳥獸，曰蟲
魚。又補遺一門，曰人事。所隸標首之字，凡一千六百有四，每條所引以經史
子集為次，與《佩文韻府》同。而引書必著其篇名，引詩文必著其原題，或一
題而數首者，必著其為第幾首，體例更為精密。學者據是兩編以考索舊文，
隨舉一字，應手可檢，較他類書門目紛繁，每考一事往往可彼可此，猝不得
其部分者，其披尋之難易，因迥不侔矣。（《四庫全書總目》卷一百三十六）

【注釋】

〔一〕【韻海鏡源】唐顏真卿撰。為以韻隸事之祖，今已失傳。

〔二〕【元和姓纂】唐林寶撰。序稱元和壬辰（812）歲，蓋憲宗七年也。此本在《永
　　　樂大典》中，皆割裂其文，分載於太祖《御製千家姓》下，又非其舊第。幸
　　　原序猶存，可以考見其體例。今仍依《唐韻》，以四聲二百六部次其後先。又

以宋鄧名世《古今姓氏辯證》所引各條補其闕佚，仍釐為一十八卷。其字句之訛謬，則參校諸書，詳加訂正，各附案語於下方……然殘編斷簡，究為文獻之所徵也。(《四庫全書總目》卷一三五)

今按，羅振玉撰《元和姓纂校刊記》，岑仲勉撰《元和姓纂四校記》。孫星衍認為《廣韻》襲《元和姓纂》，沈曾植認為《元和姓纂》襲《廣韻》。

〔三〕【古今姓氏書辯證】宋鄧名世撰，而其子椿裒次之。其書長於辯論，大抵以《左傳》《國語》為主。自《風俗通》以下，各採其是者從之，而於《元和姓纂》抉摘獨詳。又以《熙寧姓纂》《宋百官公卿家譜》二書互為參校，亦往往足補史傳之闕……《朱子語類》謂名世學甚博，姓氏一部考證甚詳。蓋不虛也。(《四庫全書總目》卷一三五)

〔四〕【排韻增廣事類氏族大全】不著撰人名氏。書中所引事蹟，迄於南宋季年，蓋元人所編次。其例俱引十干分集，每一集為二卷，依《廣韻》次第，以四聲分隸各姓。大抵在擷取新穎，以供綴文之用。(《總目》卷一三六)

〔五〕【萬姓統譜】明凌迪知撰。其書以古今姓氏分韻編次，略仿林寶《元和姓纂》，以歷代名人履貫事蹟，案次時代，分隸各姓下，又仿章定《名賢氏族言行類稿》，名為姓譜，實則合譜牒、傳記而共成一類事之書也。(《四庫全書總目》卷一三六)

191. 御定子史精華一百六十卷

康熙末聖祖仁皇帝敕修。雍正五年(1727)世宗憲皇帝御定頒行。

四庫之中，惟子、史最為浩博，亦最為蕪雜。蓋紀傳、編年以外，凡稗官野記，皆得自託於史；儒家以外，凡異學方技，皆得自命為子。學者雖病其冗濫，而資考證廣學問者又錯出其中，不能竟廢，卷帙所以日繁也。或寒門細族艱於購求，或僻壤窮鄉限於耳目，則涉覽有所不能遍，或貪多務得，不別瑕瑜，或嗜異喜新，偏矜荒誕，則持擇有所不能精，於是刪纂之學興焉。

然摘錄之本，如庾仲容之《子抄》〔一〕、案：《子抄》世無傳本，其文散見《永樂大典》中。馬總之《意林》〔二〕，簡略不詳；錢端禮之《諸史提要》〔三〕，疏陋寡緒；楊侃之《兩漢博聞》、林鉞之《漢雋》，偏舉不全；即洪邁之《經子法語》《諸史精語》，呂祖謙之《十七史詳節》，亦未為善本。明人所輯，叢脞彌甚，益自鄶無譏。

　　聖祖仁皇帝嘉惠藝林，特命纂輯此編，俾共知津逮。分三十類，子目二百八十，凡名言雋句，採掇靡遺，大書以標其精要，分注以詳其首尾，元元本本，條理秩然，繁簡得中，翦裁有法。守茲一帙，可以富擬百城，於子史兩家，誠所謂披沙而簡金，集腋而為裘矣。(《四庫全書總目》卷一百三十六)

【注釋】

〔一〕【史源】《直齋書錄解題》卷十。

〔二〕【意林】唐馬總編。梁庾仲容取周、秦以來諸家雜記凡一百七家，摘其要語為三十卷，名曰《子抄》。總以其繁略失中，復增損以成此書。宋高似孫《子略》稱：「仲容《子抄》，每家或取數句，或一二百言。馬總《意林》一遵庾目，多者十餘句，少者一二言，比《子抄》更為取之嚴，錄之精。」今觀所採諸子，今多不傳者，惟賴此僅存其概。其傳於今者，如老、莊、管、列諸家，亦多與今本不同。

〔三〕【諸史提要】宋錢端禮撰。是書乃取諸史之文可資詞藻者，按部採摘，彙集成編。各以一二語標題，而分注其首尾於下。(《四庫全書總目》卷六五)

192. 御定佩文韻府四百四十四卷

　　康熙五十年（1711）聖祖仁皇帝御定〔一〕。

　　考《唐書‧藝文志》，載顏真卿《韻海鏡源》二百卷，釋皎然陪顏使君修《韻海》畢，東溪泛舟，餞諸文士詩有「引史刊新韻，中郎定古文。菁華兼百氏，縑雅備三墳」句，其注又有「魯公著書，依《切韻》起東字腳」語。然則分韻隸事，始自真卿。今其書不傳。宋、元間作者頗夥，謂之《詩韻》。語詳《韻府群玉》條下。其傳於今者，惟《韻府群玉》為最古。至明又有《五車韻瑞》〔二〕，然皆疏漏不完，舛訛相踵。楊慎作《均藻》〔三〕，朱彝尊作《韻粹》，其子昆田又作《三體摭韻》〔四〕，皆欲補陰氏、凌氏之闕，而仍未賅備。

　　是以我聖祖仁皇帝特詔儒臣搜羅典籍，輯為是編。每字皆先標音訓。所隸之事，凡陰氏、凌氏書所已採者，謂之《韻藻》，列於前；兩家所未採者，別標「增字」，列於後。皆以兩字、三字、四字相從，而又各以經、史、子、集為次。其一語而諸書互見者，則先引最初之書，而其餘以次注於下。又別以事對摘句附於其末。原本不標卷第，但依韻釐為一百六卷，而中分子卷二十有四。今以篇頁繁重，編為四百四十四卷。自有韻府以來，無更浩博於是者。俯視陰氏、凌氏之書，如滄海之於蠡勺矣。

考康熙五十九年（1720），大學士王掞等恭製《韻府拾遺序》〔五〕有曰：「《佩文韻府》書成，卷帙一百有六，聞諸臣分纂之時，每繕初稿，先呈御覽。我皇上十行並下，點摘闕遺。舉凡『六經』奧義，詁訓之所難通，四部僻書，棗梨之所未鋟，莫不親加批乙，宣付諸臣再三稽考。雖諸臣眾手合作之書，實我皇上一心裁定之書也〔云云〕。」蓋由聖學高深，為千古帝王所未有。故是書博贍，亦千古著述所未有也。〔六〕（《四庫全書總目》卷一百三十六）

【注釋】

〔一〕【撰人】張玉書、陳廷敬、李光地等奉敕撰。

〔二〕【五車韻瑞】明凌稚隆撰。是編因《韻府群玉》而稍變其體例，每韻之下，先列小篆一字。然後隨韻隸事。（《總目》卷一三八五車韻瑞提要）

〔三〕【均藻】明楊慎撰。其書乃《韻府群玉》之流。（《四庫全書總目》卷一三七）

〔四〕【三體摭韻】國朝朱昆田（1652～1699）撰。昆田字〔文盎，號〕西（峻）〔畯〕，秀水人。彝尊子也。承其家學，亦以博為功。是編仿陰氏《韻府》之例，採前人新豔字句，排纂成編。所錄至元而止。惟取騷、賦、詩三體，故以為名。捃拾頗為繁富。然詞人琢語荈甲新意者十之一，鎔鑄舊文者十之九，未可一字一句據為根柢。（《四庫全書總目》卷一三九）

〔五〕【御定韻府拾遺】康熙五十五年聖祖仁皇帝御定。以拾《佩文韻府》之遺。（《四庫全書總目》卷一三六）

〔六〕【性質】是書主要記載文學詞語，匯輯辭藻典故，以類相從，供作文修辭之用。

193. 聖賢群輔錄二卷

一名《四八目》，舊附載《陶潛集》中，唐、宋以來相沿引用〔一〕，承訛踵謬，莫悟其非。迺以編錄遺書，始蒙睿鑒高深，斷為偽託〔二〕。

臣等仰承聖訓，詳悉推求，乃知今本《潛集》為北齊僕射陽休之編。休之序錄稱其集先有兩本，一本六卷，排比顛亂，兼復闕少；蕭統所撰八卷，又少《五孝傳》及《四八目》，今錄統所闕並序目等合為十卷。是《五孝傳》及《四八目》實休之所增，蕭統舊本無是也。統序稱深愛其文，故加搜校，則八卷以外，不應更有佚篇。其為晚出偽書，已無疑義。

且集中與子儼等疏稱子夏為孔子四友，而此錄四友乃為顏回、子貢、子路、子張。又《五孝傳》引「孝乎惟孝，友于兄弟」之文，句讀尚從包咸注，

知未見《古文尚書》。而此錄「四嶽」一條，乃引《孔安國傳》。其出兩手，尤自顯然。

至書以「聖賢群輔」為名，而魯三桓、鄭七穆、晉六卿、魏四友，以及信仕莽之唐林、唐遵，叛晉之王敦，並列簡編，名實相迕，理乖風教，亦決非潛之所為。

昔宋庠校正斯集，僅知「八儒」、「三墨」二條為後人所竄入，而全書之贗竟不能明。潛之受誣，已逾千載。今右文聖世，得以辨別而表章之，使白璧無瑕，流光奕叶，是亦潛之至幸矣。（《四庫全書總目》卷一百三十七）

【注釋】

〔一〕【引用】宋王應麟《玉海》卷五十七、元白珽《湛淵靜語》卷二、明張志淳《南園漫錄》卷四、明楊慎《丹鉛餘錄》卷十五、明方以智《通雅》卷二十、明周嬰《卮林》卷五、閻若璩《潛丘札記》卷六均以為真，且加以引用。

〔二〕【辨偽】《郡齋讀書志》卷十七：「《陶潛集》十卷，右晉陶潛淵明元亮也。一名潛，潯陽人。蕭統云：『淵明字元亮。』《晉書》云：『潛字元亮。』《宋書》云：『潛字淵明。』或云字深明，名元亮。按集《孟嘉傳》與《祭妹文》皆自稱淵明，當從之。晉安帝末，起為州祭酒。桓玄篡位，淵明自解而歸。州召主簿，不就，躬耕自資。劉裕舉兵討玄，誅之，為鎮軍將軍。淵明參其軍事，未幾，改為建威將軍。淵明見裕有異志，乃求為彭澤令，去職。潛少有高趣，好讀書，不求甚解，著《五柳先生傳》以自況，世號靖節先生（此為私諡——引者）。今集有數本：七卷者，梁蕭統編，以序、傳、顏延之誄載卷首。十卷首，北齊陽休之編，以《五孝傳》《聖賢群輔錄》、序、傳、誄分三卷，益之詩，篇次差異。按《隋經籍志》潛集九卷，又云梁有五卷，錄一卷。《唐藝文志》潛集五卷。今本皆不與二《志》同。獨吳氏《西齊書目》有潛集十卷，疑即休之本也。休之本出宋庠家云。江左名家舊書，其次第最有倫貫，獨《四八目》後《八儒》《三墨》二條，似後人妄加。」

194. 永樂大典二萬二千八百七十七卷目錄六十卷

明永樂元年（1403）七月奉敕撰。二年（1404）十一月奏進，賜名《文獻大成》。總其事者為翰林院學士兼右春坊大學士解縉（1369～1415），與其事者凡一百四十七人。既而以所纂尚多未備，覆命太子少保姚廣孝（1335～1419）、刑部侍郎劉季箎與縉同監修，而以翰林學士王景、侍讀學士王達、國子祭酒胡儼

〔一〕、司經局洗馬楊博、儒士陳濟為總裁，以翰林侍讀鄒輯、修撰王褒、梁潛
〔二〕、吳溥、李貫、楊觀、曾棨、編修朱紘、檢討王洪、蔣驥、潘畿、王偁〔三〕、
蘇伯厚、張伯穎、典籍梁用行、庶吉士楊相、左春坊左中允尹昌隆、宗人府經
歷高得暘、吏部郎中葉砥、山東按察使僉事晏璧為副總裁，與其事者凡二千
一百六十九人。於永樂五年（1405）十一月奏進，改賜名曰《永樂大典》。案：
以上俱見《明實錄》。並命複寫一部，鋟諸梓，以永樂七年（1407）十月迄工。案：
事見明趙友同《存軒集·禮部員外郎劉公覆命序》。後以工費浩繁而罷。案：事見《舊
京詞林誌》。定都北京以後，移貯文樓。案：文樓即今之宏義閣。嘉靖四十一年
（1562），選禮部儒士陳道南等一百人重錄正副二本，命高拱、張居正〔四〕校
理。案：事見《明實錄》。至隆慶初告成，仍歸原本於南京。案：事見《舊京詞林誌》。
其正本貯文淵閣，副本別貯皇史宬。案：事見《春明夢餘錄》。晚祚既傾，南京原
本與皇史宬副本並毀。今貯翰林院庫者即文淵閣正本，僅殘闕二千四百二十
二卷。顧炎武《日知錄》以為全部皆佚，蓋傳聞不確之說。

書及目錄共二萬二千九百三十七卷，與原序原表併合。《明實錄》作二萬
二千二百一十一卷，《明史·藝文志》作二萬二千九百卷，亦字畫之誤也。考《明
實錄》，載成祖諭解縉等稱：「嘗觀《韻府》《回溪》二書，案：《回溪》謂《回溪史
韻》也。事雖有統，而採摘不廣，紀載太略，爾等其如朕意，凡書契以來，經史
子集百家之書，至於天文、地志、陰陽、醫卜、僧道、技藝之言，備輯為一書，
無厭浩繁（云云）。」故此書以《洪武正韻》為綱，全如《韻府》之體。其每字
之下詳列各種書體，亦用顏真卿《韻海鏡源》之例。惟其書割裂龐雜，漫無條
理。或以一字一句分韻；或析取一篇，以篇名分韻；或全錄一書，以書名分韻。
與卷首凡例多不相應，殊乖編纂之體。疑其始亦如《韻府》之體，但每條備具
始末，比《韻府》加詳。今每韻前所載事韻，其初稿也。繼以急於成書，遂不
暇逐條採掇，而分隸以篇名。既而求竣益迫，更不暇逐篇分析，而分隸以書名。
故參差無緒，至於如此。然元以前佚文秘典世所不傳者，轉賴其全部全篇收入，
得以排纂校訂，復見於世。是殆天祐斯文，姑假手於解縉、姚廣孝等，俾匯存
古籍，以待聖朝之表章，有莫知其然而然者，正不必以潦草追咎矣。

今仰蒙指授，裒輯成編者，凡經部六十六種、史部四十一種、子部一百
三種、集部一百七十五種〔五〕，共四千九百四十六卷。菁華已採，糟粕可捐，
原可置不復道。然搜羅編輯，亦不可沒其創始之功，故附存其目，並具載成
書之始末，俾來者有考焉。〔六〕（《四庫全書總目》卷一百三十七）

【注釋】

〔一〕【胡儼】（1361～1443），字若思，號頤庵。江西南昌人。有《頤庵集》傳世。

〔二〕【梁潛】（1366～1418），字用之，學者稱為泊庵先生。江西泰和人。有《泊庵集》傳世。

〔三〕【王偁】（1370～1415），字孟揚，號虛舟。為「閩中十才子」之一。著有《虛舟集》。

〔四〕【張居正】（1525～1582），字叔大，號太嶽。湖北江陵人。著有《太嶽集》四十七卷。今人整理有《張居正全集》。

〔五〕【考證】有關《永樂大典》的輯佚數量，詳見拙著《四庫全書總目研究》第377～391頁。

〔六〕【研究資料與研究現狀】自清末以來，《永樂大典》的殘存本被分散割裂在世界各國的圖書館和私人手裏，成為他們的陳列品或是高價待估的商品，多年來北京圖書館盡力收購，至解放前夕，僅有一百餘冊。解放後，國內許多私人藏書家在愛國主義精神的感召下，紛紛把自己多年珍藏的《永樂大典》捐獻給國家。前蘇聯和民主德國也將過去沙俄等侵略者劫走的六十七冊歸還了中國。1960年中華書局把當時收集到的國內外所有藏本及複製本共七百三十卷影印出版。中華書局1986年再次推出《永樂大典》影印本。1983年，在山東掖縣（今改稱萊州）程郭公社高郭大隊農民孫洪林家中意外地發現了一冊久已散佚、被譽為人類文明瑰寶的《永樂大典》。發現時，書的天頭地腳部分已被剪下來做了鞋樣和繡花線樣。但令人興奮的是，這冊書的內容被完整地保存下來。經北京圖書館專家鑒定，這冊書即為屬於《永樂大典》「門」字韻的第三五一八卷～三五一九卷。據嚴紹璗教授追蹤調查，日本國立京都大學人文科學研究所東洋文獻學中心有《永樂大典》明嘉靖寫本卷六百六十五、卷六百六十六兩卷；杏雨書屋藏嘉靖寫本卷二千六百八與卷二千六百九兩卷；日本東洋文庫有大宗收藏，共計六十三卷，凡一千四百零二葉；天理圖書館藏十六卷，共三百七十四葉；靜嘉堂文庫藏十五卷，共三百五十七葉；京都大學附屬圖書館藏五卷，共九十九葉；京都大學人文科學研究所藏二卷，共四十二葉，具體卷目詳見《日本藏漢籍珍本追蹤紀實》第197～203頁，第377～379頁。

有關《永樂大典》的研究，目前已經開始成為一門世界性的「永樂大典學」。余嘉錫有《永樂大典殘目》（見王欣夫《蛾術軒篋存善本書錄》第522頁）。郭伯恭著《永樂大典考》（商務印書館1938年版）。張忱石著《永樂大

典史話》（中華書局 1986 年版），顧力仁著《永樂大典及其輯佚書研究》（臺北中國文化大學史學研究所碩士論文 1985 年）。張昇教授編有《永樂大典研究資料輯刊》（北京圖書館出版社 2005 年版）。

195. 續文獻通考二百五十四卷

明王圻撰。圻有《東吳水利考》，已著錄。

是編續馬端臨之書而稍更其門目。大旨欲《通考》之外，兼擅《通志》之長，遂致牽於多岐，轉成踳駁。蓋《通考》踵《通典》而作，數典之書也。《通志》具列朝為紀傳，其略即志，其譜即表，通史之屬也。其體裁本不相同。圻既兼用鄭例，遂收及人物，已為泛濫。而分條標目，又復治絲而棼。如各史有不臣二姓之人，不過統以忠義，圻則別立忠隱一門；各史於忠孝節烈之婦女，不過統以列女，圻則別立忠婦、節婦、孝婦、烈婦諸門；各史於篤行畸節，不過統以孝義，圻則別立順孫、義夫、義女、義徒、義母、義妾、義僕諸門，均乖史法。至於義物一門、孝釋一門，尤為創見罕聞。各史但有儒林，《宋史》別出道學傳，已為門戶之私。圻更立《道統考》，而所收如楚元王之類，不過性喜聚書，范平、王接之類，不過隱居高尚，去取更為不倫。此皆牽於《通志》紀傳之故也。他如《田賦考》內所載免租，當列於賑恤門，貴州鹽引課，宜列於鹽鐵門，打青草、餵養馬匹事例，宜列於《兵考》，而皆誤載於《田賦》《國用考》內。漕運門載金天興元年運餉汝州（今河南汝州）兵，此乃用兵轉餉，非漕運也。又海運已自列一門，而雜出於漕運之內。所載海道遠近，尤為不詳。運官選補屬選舉考績之事，更不當列於漕運門。《土貢考》內所載明制，其時雖已歸折於一條鞭之法，然尚有解赴內府之項，載於《明會典》者甚詳，乃皆脫略。《選舉考》內所載邵元節、李孜省，乃一時恩倖，不當別立方伎選舉一門。《學校考》內所載州縣書院，元制官置山長，猶屬學校之支流，明則處處私置，志書尚不能悉登，此書乃泛載之，殊為冗濫。《職官考》內載元職官僅本《元史》，其上京分署載於《析津志》諸書甚詳，見元人集者尤夥，乃皆漏略。《諡法考》只引《史記》，餘多掛漏。即朱謀㙔所輯諸篇，萬曆初尚存，不容嘉靖末不見，亦為掛漏。《經籍考》內所載南宋諸人文集，尚不及《文淵閣書目》之半。金人文集載於《中州集》小傳者，百有餘家，所載僅十之一二。而《琵琶記》《水滸傳》乃俱著錄。宜為後來論者之所譏。《六書考》全抄鄭樵《六書略》，又錄《唐韻》及宋《禮

部韻略》各序，毫無斷制。所載法帖，僅明代所刻《寶賢堂帖》十數則。又立《經籍考》一門，復於《六書考》內覆載字學、書法各書，更為舛雜。至於釋家一門，本可不立。既已立之，而宗、律二門，未能分晰。列釋家法嗣一門，而二祖六祖以下旁出法嗣。又未能詳敘。殆進退無據矣。自明以來，以馬氏書止於宋嘉定中，嘉定後事蹟典故未有彙為一編者。故多存坿書以備檢閱。今蒙睿鑒高懸，洞知是編之舛陋。特詔儒臣重為纂輯，業已勒有成書。坿之舊笈，竟以覆瓿可也。

案：此書雖續《文獻通考》，而體例迥殊。故《文獻通考》入故事，此則改隸類書。（《四庫全書總目》卷一百三十八）

【注釋】

〔一〕【王圻】字元翰，上海人。《明史·文苑傳》附見《陸深傳》中。

196. 三才圖會一百六卷

明王圻撰。〔一〕

是書匯輯諸書圖譜，共為一編。凡天文四卷，地理十六卷，人物十四卷，時令四卷，宮室四卷，器用十二卷，身體七卷，衣服三卷，人事十卷，儀制八卷，珍寶二卷，文史四卷，鳥獸六卷，草木十二卷。採摭浩博，亦有足資考核者，而務廣貪多，冗雜特甚。其人物一門，繪畫古來名人形象，某甲某乙，宛如目睹，殊非徵信之道。如據蒼頡四目之說，即畫一面有四目之人，尤近兒戲也。〔二〕（《四庫全書總目》卷一百三十八）

【注釋】

〔一〕【編纂】潘景鄭《影印三才圖會序》云：「《三才圖會》一百零六卷，明王圻、王思義編集。圻字元翰，號洪洲，上海人。明嘉靖四十四年進士……圻子思義字允明，以著述世其家……發凡起例，皆出圻手，而思義助纂之功，亦不可沒。」（《著硯樓讀書記》第417～418頁）

今按，1988年上海古籍出版社據上海圖書館藏明萬曆王思義校正本影印出版《三才圖會》。

〔二〕【評論】《陸隴其年譜》認為，此書「考核不精，且強半無益，非可傳之書也」。（第303頁）

今按，沈從文主張根據文物實物編纂《新三才圖會》，極有見地。

197. 西京雜記六卷

舊本題晉葛洪（約281～341）撰。洪有《肘後備急方》，已著錄。

黃伯思《東觀餘論》稱：「此書中事，皆劉歆所說，葛稚川採之。其稱餘者，皆歆本文（云云）。」〔一〕今檢書後有洪跋稱：「其家有劉歆《漢書》一百卷，考校班固所作，殆是全取劉氏。有小異同，固所不取，不過二萬記言，今抄出為二卷，名曰《西京雜記》，以補《漢書》之闕（云云）。」〔二〕。伯思所說，蓋據其文。案《隋書·經籍志》載：「此書二卷，不著撰人名氏。」《漢書·匡衡傳》顏師古注稱：「今有《西京雜記》者，出於里巷。」亦不言作者為何人。至段成式《酉陽雜俎·廣動植篇》始載葛稚川就上林令，魚泉問草木名，今在此書第一卷中。張彥遠《歷代名畫記》載毛延壽畫王昭君事，亦引為葛洪《西京雜記》，則指為葛洪者實起於唐。故《舊唐書·經籍志》載此書遂注曰：「晉葛洪撰。」然《酉陽雜俎·語資篇》別載庾信作詩用《西京雜記》事，旋自追改曰：「此吳均語，恐不足用。」晁公武《讀書志》亦稱江左人，或以為吳均依託〔三〕。蓋即據成式所載庾信語也。今考《晉書·葛洪傳》載洪所著有《抱朴子》《神仙》《良吏》《集異》等傳，《金匱要方》《肘後備急方》，並諸雜文共五百餘卷，並無《西京雜記》之名，則作洪撰者自屬舛誤，特是向、歆父子作《漢書》，史無明文，而以此書所紀與班書參校，又往往錯互不合。如《漢書》載：「文帝以代王即位。」而此書乃云：「文帝為太子。」《漢書》載：「廣陵王胥、淮南王安並謀逆自殺。」而此書乃云：「胥格猛獸陷胆死。安與方士俱去。」《漢書·楊王孫傳》即以王孫為名，而此書乃云名貴。似是故謬其事以就洪跋中「小有異同」之文。又歆始終臣莽，而此書載吳章被誅事，乃云章後為王莽所殺，尤不類歆語。又《漢書·匡衡傳》「匡鼎來」句，服虔訓「鼎為當」，就劭訓「鼎為方」。此書亦載是語，而以鼎為匡衡小名。使歆先有此說，服虔、應劭皆後漢人，不容不見，至葛洪乃傳，是以陳振孫等皆深以為異。然庾信指為吳均，別無他證。段成式所述信語亦未見於他書。流傳既久，未可遽更。今姑從原跋，兼題劉歆，葛洪姓名，以存其舊〔四〕。

其書諸志皆作二卷，今作六卷〔五〕，據《書錄解題》。蓋宋人所分，今亦仍之。其中所述，雖多為小說家言，而摭採繁富，取材不竭。李善注《文選》，徐堅作《初學記》，已引其文，杜甫詩用事謹嚴，亦多採其語。詞人沿用數百年，久成故實，固有不可遽廢者焉。〔六〕（《總目》卷一百四十）

【注釋】

〔一〕【跋西京雜記後】此書中事，皆劉歆所記，葛稚川採之，以補班史之缺耳。其稱餘者皆歆本語，中有歆所記草木名，而段柯古作酉陽書乃云稚川，就上林令虞淵得朝臣所上草木名，非也。蓋段誤以歆自稱，余為稚川耳。又按：《晉史》葛未嘗至長安，而晉官但有華林令，而無上林令，其非稚川，決也。柯古博洽，時罕儔，猶舛謬如此。（《東觀餘論》卷下）

〔二〕【洪跋】洪家世有劉子駿《漢書》一百卷，無首尾題目，但以甲乙丙丁紀其卷數。先公傳之歆，欲撰《漢書》，編錄漢事，未得締構而亡，故書無完本，止雜記而已。失前後之次，無事類之辨，後好事者以意次第之，始甲終癸，為十帙，帙十卷，合為百卷，洪家具有其書記，以此記考校班固所作，殆是全取劉氏，有小異同耳。並固所不取，不過二萬許言。今抄出為二卷，名曰《西京雜記》，以裨《漢書》之闕爾。後洪家遭火，書籍都盡，此兩卷在洪巾箱中，常以自隨，故得猶在。劉歆所記，世人希有，縱復有者多不備，足見其首尾參錯，前後倒亂，亦不知何書，罕能全錄，恐年代稍久，歆所撰遂沒，並洪家此書二卷不知出所，故序之云爾。

〔三〕【辨偽】《郡齋讀書志》卷六：「《西京雜記》二卷，右晉葛洪撰。初序言洪家有劉子駿《漢書》百卷，乃當時欲撰史錄事，而未得締思，無前後之次，雜記而已，後學者始甲乙壬癸為十卷，以其書校班史，殆全取劉書耳。所餘二萬許言，乃抄撮之，析二篇，以裨《漢書》之闕，猶存甲乙哀次。江左人或以為吳均依託為之。」

〔四〕【辨偽】四庫本卷首題「漢劉歆撰，晉葛洪輯」。盧文弨《抱經堂文集》卷七《新雕西京雜記緣起》：「今此書或以為晉葛洪著，或以為梁吳均偽撰，而何梓為？餘則以此漢人所記無疑也，即當以葛洪之言為據。洪非不能自著書者，何必假名於歆……凡虛文可以偽為，實事難以空造。」（中華書局 1990 年版 90 頁）

〔五〕【版本】潘景鄭先生《明萬曆本西京雜記》云：「《西京雜記》以錢遵王《讀書敏求記》所稱二卷者為最善，每事標題，又分自甲至癸；後來妄分六卷，已失舊次。今通行六卷本，則以嘉靖元年吾吳沈氏野竹齋刊本為最先，惜流傳不廣。其次則嘉靖壬子孔天胤刊本，即今涵芬樓影印者是也。其他《漢魏》《津逮》以下各本，等之自鄶；惟抱經堂最精審，然亦非原本面目矣。」（《著硯樓讀書記》第 423 頁）

〔六〕【整理與研究】程毅中先生點校《西京雜記》（中華書局 1985 年版），向新陽
　　教授等《西京雜記校注》（上海古籍出版社 1991 年版）。

198. 世說新語三卷

　　宋臨川王劉義慶（403～444）撰，梁劉孝標（462～521）注。義慶事蹟具《宋
書》；孝標（462～521）名峻，以字行，事蹟具《梁書》。

　　黃伯思《東觀餘論》謂：「世說之名，肇於劉向。其書已亡。故義慶所集，
名《世說新書》。段成式《酉陽雜俎》引王敦澡豆事，尚作《世說新書》可證，
不知何人改為《新語》，蓋近世所傳。」〔一〕然相沿已久，不能復正矣。所記
分三十八門，上起後漢，下迄東晉，皆軼事瑣語，足為談助。《唐藝文志》稱：
「劉義慶《世說》八卷，劉孝標續十卷。」《崇文總目》惟載十卷。晁公武謂：
「當是孝標續義慶元本八卷，通成十卷。」又謂：「家有詳略二本，迥不相同。」
〔二〕今其本皆不傳，惟陳振孫《書錄解題》作三卷，與今本合。其每卷析為
上下，則世傳陸游所刊本已然，蓋即舊本。至振孫載汪藻所云敘錄二卷，首
為考異，繼列人物世譜，姓字異同，末記所引書目者，則佚之久矣。〔三〕

　　自明以來，世俗行凡書二本：一為王世貞所刊，注文多所刪節，殊乖其
舊。一為袁裦所刊〔四〕，蓋即從陸本翻雕者。雖版已刓敝，然猶屬完書。義慶
所述，劉知幾《史通》深以為譏〔五〕，然義慶本小說家言，而知幾繩之以史法，
擬於不倫，未為通論。

　　孝標所注，特為典贍。高似孫《緯略》亟推之〔六〕。其糾正義慶之紕繆，
尤為精覈。所引諸書，今已佚其十之九，惟賴是注以傳。故與裴松之《三國志
注》、酈道元《水經注》、李善《文選注》同為考證家所引據焉。〔七〕（《四庫全
書總目》卷一百四十）

【注釋】

〔一〕【書名】《東觀餘論》卷下：「世說之名，肇〔於〕劉向……本題為《世說新
　　　書》，段成式引王敦說澡豆事，以證陸暘事為虛，亦云近覽《世說新書》，而
　　　此本謂之《新語》，不知孰更名之，蓋近世所傳。」

　　　　今按，日本保存了唐人寫本殘葉三種，其書名皆題為《世說新書》，並皆
　　　已經被確定為「日本國寶」。又有宋刊本兩種，書名皆題為《世說新語》，今
　　　一存宮內廳書陵部，一存尊經閣文庫。（《日本藏漢籍珍本追蹤紀實》第 391
　　　～393 頁）

〔二〕【史源】《郡齋讀書志》卷十三。

〔三〕【輯佚】葉德輝輯《世說新語》佚文 83 條。王利器續之，詳見《當代學者自選文庫·王利器卷》第 202～215 頁。

〔四〕【劉應登序】晉人樂曠多奇情，故其言語文章別是一色，《世說》可睹已。說為晉作，及於漢、魏者，其餘耳。雖典雅不如《左氏》《國語》，馳騖不如諸《國策》，而清微簡遠，居然玄勝。概舉如衛虎渡江，安石教兒，機鋒似沈滑稽，又冷類入人夢思，有味有情，咽之愈多，嚼之不見。蓋於時諸公專以一言半句為終身之目，未若後來人士俛焉下筆，始定名價。臨川善述，更自高簡有法。反正之評，戾實之載，豈不或有？亦當頌之，使與諸書並行也。晚後淺俗，奈解人正不可得。

【袁褧序】嘗考載記所述晉人話言，簡約玄澹，爾雅有韻。世言江左善清談，今閱《新語》，信乎其言之也。臨川撰為此書，採掇綜敘，明暢不繁；孝標所注，能收錄諸家小史分釋其義。詁訓之賞，見於高似孫《緯略》。

〔五〕【評論】《史通》卷一《六家第一》：「昔之所忽，而今之所要，如君懋《隋書》，雖欲祖述商周，憲章虞夏，觀其體制，乃似孔氏《家語》、臨川《世說》，可謂畫虎不成反類犬也。」

《史通》卷五《採撰第十五》：「晉世雜書，諒非一族。若《語林》《世說》《幽明錄》《搜神記》之徒，其所載或恢諧小辨，或神鬼怪物，其事非聖，揚雄所不觀，其言亂神，宣尼所不語。唐朝所撰晉史，多採以為書。夫以干鄧之所糞除，王虞之所糠粃，持為逸史，用補前傳，此何異魏朝之撰《皇覽》，梁世之修遍略，務多為美，聚博為功。雖取悅小人，終見嗤於君子矣。」

《史通》卷五《補注第十七》：「次有好事之子，思廣異聞，而才短力微，不能自達，庶憑驥尾，千里絕群，遂乃掇眾史之異詞，補前書之所闕，若裴松之《三國志》，陸澄、劉昭兩《漢書》，劉彤《晉紀》，劉孝標《世說》之類是也。」

《史通》卷八《書事第二十九》：「自魏晉已降，著述多門，語林、笑林、世說、俗說，皆喜載喁謔小辨，嗤鄙異聞。雖為有識所譏，頗為無知所悅。而斯風一扇，國史多同。」

《史通》卷十四《申左第五》：「《語林》《世說》，競造異端，強書他事。夫以傳自委巷，而將班、馬抗衡，訪諸古老，而與子孫並列，斯則難矣。」

《史通》卷十六：「夫編年敘事，混雜難辨，紀傳成體，區別易觀。昔讀太史公書，每怪其所採多是《周書》《國語》《世本》《戰國策》之流。近見皇

家所撰晉史，其所採亦多是短部小書，省功易閱者若《語林》《世說》《搜神記》《幽明錄》之類是也。」

《史通》卷十七：「近者宋臨川王義慶著《世說新書》，上敘兩漢、三國及晉中朝。江左事劉峻注釋，摘其瑕疵，偽跡昭然，理難文飾。而皇家撰晉史多取此書，遂採康王之妄言，違孝標之正說，以此書事，奚其厚顏？」

〔六〕【史源】高氏《緯略》：「宋臨川王義慶採擷漢、晉以來佳事佳話，為《世說新語》，極為精絕，而猶未為奇也。梁劉孝標注此書，引援詳確，有不言之妙。如引漢、魏、吳諸史及子傳、地理之書皆不必言，只如晉氏一朝史及晉諸公列傳譜錄文章，凡一百六十六家，皆出於正史之外。記載特詳，聞見未接，寔為注書之法。」

〔七〕【整理與研究】余嘉錫撰《世說新語校箋》（中華書局 1983 年版），吳金華教授撰《世說新語考釋》（安徽教育出版社 1994 年版），范子燁教授撰《世說新語研究》（黑龍江教育出版社 1998 年版）。日人川勝義雄《關於世說新語的編纂》認為成於何長瑜的可能性很大（《東方學報》1969 年第 41 期）。

199. 朝野僉載六卷

舊本題唐張鷟撰。鷟有《龍筋鳳髓判》，已著錄。

此書《新唐書·藝文志》作三十卷〔一〕，《宋史·藝文志》作《僉載》二十卷，又〈僉載補遺〉三卷，《文獻通考》則但有《僉載補遺》三卷。此本六卷，參考諸書，皆不合。晁公武《讀書志》：又謂其分三十五門，而今本乃逐條聯綴，不分門目，亦與晁氏所記不同。考莫休符《桂林風土記》，載鷟在開元中姚崇誣其奉使江南，受遺賜死，其子上表請代減死，流嶺南數年，起為長史而卒〔二〕。計其時，尚在天寶之前，而書中有寶曆元年資陽石走事，寶曆乃敬宗年號，又有孟宏微對宣宗事，時代皆不相及。按尤袤《遂初堂書目》亦分《朝野僉載》及《僉載補遺》為二書，疑《僉載》乃鷟所作，《補遺》則為後人附益，凡漏人中唐後事者皆應為《補遺》之文，而陳振孫所謂書本三十卷，此其節略者當即此本，蓋嘗經宋人摘錄，合《僉載補遺》為一，刪並門類，已非原書，又不知何時析三卷為六卷也。

其書皆紀唐代故事，而於諧噱荒怪，纖悉臚載，未免失於纖碎，故洪邁《容齋隨筆》譏其記事瑣屑捷裂，且多媟語，然耳目所接，可據者多，故司馬

光作《通鑑》亦引用之，兼收博採，固未嘗無裨於見聞也。〔三〕（《四庫全書總目》卷一百四十）

【注釋】

〔一〕余嘉錫：「此書著錄（新唐志）雜傳記類，實作二十卷，非三十卷也。」（《四庫提要辯證》第 1019～1021 頁）

〔二〕余嘉錫云：「是鷟卒子開元中，史有明文，不知《提要》何以捨正史不引，而必旁徵《桂林風土記》也。」（（四庫提要辯證）第 1021～1025 頁）

〔三〕余嘉錫云：「其中如……張說讒事主毛仲一條，皆見於《考異》中，為《通鑑》所不取。合而視之，其書之疏密，均可見矣。」（（四庫提要辯證）第 1025～1026 頁）

200. 大唐新語十三卷〔一〕

　　唐劉肅撰。《唐書・藝文志》載此書三卷，注曰元和中江都（今江蘇揚州）主簿，此本結銜乃題登仕郎守江州（今江西九江）潯陽縣主簿，未詳孰是也。

　　所記起武德之初，迄大曆之末，凡分三十門。皆取軼文舊事，有裨勸誡者。前有自序〔二〕，後有《總論》一篇稱：「昔荀爽紀漢事可為鑒戒者，以為《漢語》。今之所記，庶嗣前修（云云）。」〔三〕故《唐志》列之雜史類中。然其中諧謔一門，繁蕪猥瑣，未免自穢其書，有乖史家之體例。今退置小說家類，庶協其實。〔四〕

　　是書本名《新語》，《唐志》以下諸家著錄並同。明馮夢禎、俞安期等因與李垕《續世說》偽本合刻，遂改題曰《唐世說》，殊為臆撰。商濬刻入《稗海》，並於肅自序中增入「世說」二字，益偽妄矣。《稗海》又佚其卷末《總論》一篇及「政能第八」之標題，亦較馮氏、姚氏之本更為疏舛。今合諸本參校，定為書三十篇，《總論》一篇，而復名為《大唐新語》，以復其舊焉。〔五〕（《四庫全書總目》卷一百四十）

【注釋】

〔一〕【書名】庫書及卷首提要均作《唐新語》。或稱《大唐世說新語》。

〔二〕【自序】自庖犧畫卦，文字聿興，立記注之司，以存警誡之法。《傳》稱左史記言，《尚書》是也；右史記事，《春秋》是也。洎唐虞氏作，木火遞興，雖戢干戈，質文或異。而九邱、八索，祖述莫殊。宣父刪落其繁蕪，邱明掇拾

其疑闕，馬遷創變古體，班氏遂業前書。編集既多，省覽為殆。則擬虞卿、陸賈之作，袁宏、荀氏之錄，雖為小學，抑亦可觀。爾來記注，不乏於代矣。聖唐御寓，載幾二百，聲明文物，至化玄風，卓爾於百王，輝映於前古。肅不揆庸淺，輒為纂述，備書微婉，恐貽牀屋之尤；全采風謠，懼招流俗之說。今起自國初，迄於大曆，事關政教，言涉文詞。道可師模，志將存古，勒成十三卷，題曰《大唐新語》。

〔三〕【總論】史冊之興，其來久矣。蒼頡代結繩之政，伯陽主藏室之書。晉之董狐，楚之猗相，皆簡牘椎輪也。仲尼因魯史成文，著為《春秋》。尊君卑臣，去邪歸正。用夷禮者無貴賤，名不達於王者無賢愚，不由君命諸無大小。人邪行正棄其人，人正國邪棄其國。此《春秋》大旨也。故志曰：「仲尼成《春秋》而亂臣賊子懼。」又曰：「撥亂世反諸正，莫近於《春秋》。」《春秋》憑義以制法，垂文以行教，非徒皆以日繫月編年敘事而已。後之作者無力，病諸司馬遷意在博文，綜覈疏略，後「六經」而先黃、老，賤處士而寵奸雄。班固序廢興，則襃時而蔑祖德；述政教，則左理本而右典刑。此遷、固之所蔽也。然遷辭直而事備，固文贍而事詳。若用其所長，蓋其所短，則升堂而入室矣。范煜紲公才而採私論，捨典實而飾浮言。陳壽意不逮文，容身遠害，既乖直筆，空紊舊章。自茲已降，漸已陵替也。國家革隋之弊，文筆聿修。貞觀、開元述作為盛，蓋光於前代矣。自微言既絕，異端斯起，莊、列以仁義為芻狗，申、韓以禮樂為癰疣，徒有著述之名，無裨政教之闕……今之所記，庶嗣前修。不尚奇正之謀，重文德也；不襃縱橫之言，賊狙詐之。刊浮靡之詞，歸正也；損術數之略，抑末也。理國者以人為本，當厚生以順天；立身者以學為先，必因文而輔教。纖微之善，罔不備書；百代之後，知斯言之可復也。

〔四〕【史料】《大唐新語》卷一：「有人言尚書令史多受略者，乃密遣左右以物遺之司門令，史果受絹一匹，太宗將殺之。」今按，唐代官員受絹一匹，即擬殺之。果歷史乎？抑小說乎？後世賄略公行，貪官腐敗層層有，反而芝麻開花步步高。

〔五〕【整理與研究】1984年中華書局出版許德楠、李鼎霞點校點校本。

201. 唐國史補三卷

唐李肇撰。肇有《翰林誌》，已著錄。

此書其官尚書左司郎中時所作也。書中皆載開元至長慶間事，乃續劉餗《小說》而作。上卷、中卷各一百三條，下卷一百二條。每條以五字標題。所載如謂王維取李嘉祐〔一〕水田白鷺之聯，今李集無之。又記《霓裳羽衣曲》一條，沈括亦辨其妄〔二〕。又謂李德裕清直無黨，謂陸贄誣于公異，皆為曲筆。然論張巡〔三〕則取李翰之傳。所記左震、李沔、李廙、顏真卿、陽城、歸登、鄭絪、孔戣〔四〕、田布、鄒待徵妻、元載女諸事，皆有裨於風教。又如李舟天堂、地獄之說，楊氏、穆氏兄弟賓客之辨，皆有名理。末卷說諸典故及下馬陵、相府蓮義，亦資考據。餘如挐蒲上雊之訓可以解劉裕事，劉南燒春之名可以解李商隱詩，可採者不一而足〔五〕。

自序謂：「言報應、敘鬼神、徵夢卜、近帷箔，則去之；紀事實、探物理、辨疑惑、示勸誡、采風俗、助談笑，則書之。」〔六〕歐陽修作《歸田錄》，自稱以是書為式，蓋於其體例有取云。〔七〕（《四庫全書總目》卷一百四十）

【注釋】

〔一〕【李嘉祐】字從一，唐趙州人。工五言詩。名句有「野渡花爭發，春塘水亂流」。

〔二〕【考證】《夢溪筆談》卷五：「《霓裳羽衣曲》，劉禹錫詩云：『三鄉陌上望仙山，歸作霓裳羽衣曲。』又王建詩云：『聽風聽水作霓裳。』白樂天詩注云：『開元中，西涼府節度楊敬述造。』鄭愚津陽門詩注云：『葉法善嘗引上入月宮，聞仙樂。及上歸，但記其半，遂於笛中寫之。會西涼府都督楊敬述進婆羅門曲，與其聲調相符，遂以月中所聞為散序，用敬述所進為腔，而名《霓裳羽衣曲》。』諸說各不同，今蒲中逍遙樓楣上有唐人橫書，類梵字，相傳是《霓裳譜》，字訓不通，莫知是非。或謂今燕部有獻仙音曲，乃其遺聲。然霓裳本謂之道調法曲，今獻仙音乃小石調耳。未知孰是。」

〔三〕【張巡】（709～757），唐蒲州河東（今屬山西）人。博通群書，曉軍事。曾抗擊安祿山叛軍。至德二年（757），守睢陽，城陷被俘，不屈而死。

〔四〕【孔戣】（752～824），字君嚴，唐冀州人。

〔五〕【史料】李白令高力士（684～762）脫靴、鑒真和尚東渡等事均見於此書。

〔六〕【自序】予自開元至長慶，撰《國史補》，慮史氏或闕則補之意，續《傳記》而有不為，言報應、敘鬼神、徵夢卜、近帷箔，悉去之；紀事實，探物理，辨疑惑，示勸誡，采風俗，助談笑，則書之。仍分為三卷。

〔七〕【整理與研究】1958 年古典文學出版社出版校點本。

202. 劉賓客嘉話一卷

唐韋絢撰。絢字文明，京兆（今陝西西安）人。

《唐書・藝文志》載韋絢《劉公嘉話錄》一卷，注曰：「絢，執誼子也，咸通義武軍節度使劉公禹錫也。」《宋史・藝文志》則載絢《劉公嘉話》一卷，又《賓客佳話》一卷。《劉公嘉話》當即此書，《賓客佳話》則諸家著錄皆無之，當由諸書所引，或稱《劉公嘉話》，或稱《劉賓客嘉話》，故分為二書，又誤脫劉字耳。諸史藝文志未有荒謬於《宋史》者，此亦一徵矣。

此本載曹溶《學海類編》中。前有大中十年（856）絢自序，稱為江陵少尹時，追述長慶元年（821）在白帝城所聞於劉禹錫者。末有乾道癸巳（1173）卞圜跋，稱《新唐書》多採用之，而人罕見全錄，家有舊本，因鋟板於昌化。則此本當從宋刻錄出，然趙明誠《金石錄》引此書中所載武氏碑失其龜首及滅去武字事，力辨其妄，而此本無此條。考《太平廣記》一百四十三卷引此事云出《戎幕閒談》，或明誠以是書亦韋絢所作，偶然誤記，案：《續說郛》載《戎幕閒談》亦有此條，知為明誠誤記，非《太平廣記》之誤。至所載「昭明太子脛骨」一條、「人臘」一條、「盧元公病疽」一條、案：此本刪去盧字直作元公。「蜀王琴」一條、「李勉百衲琴」一條、「碧落碑」一條、「狸骨方」一條、「張憬藏書臺字」一條、「張嘉祐改忻州」一條、「王廙書畫」一條、「戲場刺蝟」一條、「汲冢書」一條、「牡丹花」一條、「王僧虔書」一條、「陸暢蜀道易」一條、「魏受禪碑」一條、「張懷瑾書斷」一條、「瀟山九井」一條、「虎頭致雨」一條、「五星浮圖」一條、「寶章集」一條、「紫芝殿」一條、「王次仲化鳥」一條、「李約葬商胡」一條、「楊汝士說項斯」一條、「蔡邕石經」一條、「借船帖」一條、「飛白書」一條、「章仇兼瓊鎮蜀日女童為夜叉所掠」一條、「寒具」一條、「昌黎生改金根車」一條、「辨遷鶯字」一條、「謝太傅碑」一條、「千字文」一條、「鄭虔三絕」一條、「鄭承煦遇鬼」一條、「堯女冢」一條、「白居易補銀佛像」一條、「謝真人上升」一條，皆全與李綽《尚書故實》相同，間改竄一二句，其文必拙陋不通，蓋《學海類編》所收諸書，大抵竄改舊本，以示新異，遂致真偽糅雜，炫惑視聽，幸所攙入者尚有蹤跡可尋，今悉刊除，以存其舊。中「昌黎生改金根車」一條，王楙《野客叢書》引之；「辨遷鶯」一條，黃朝英《緗素雜記》引之，亦均作《劉禹錫嘉話》，或一事麗兩書互見，疑以傳疑，姑並存之，雖殘缺之餘，非復舊帙，然，大概亦十得八九矣。〔一〕（《四庫全書總目》卷一百四十）

【注釋】

〔一〕關於此書的研究，詳見唐蘭《劉賓客嘉話錄的校輯與辨偽》（載《文史》第
　　四輯）。

203. 明皇雜錄一卷

　　唐鄭處誨撰。處誨字延美，滎陽人，宰相餘慶之孫。太和八年（834）
登進土第。官至檢校刑部尚書、宣武軍節度使。事蹟附見《舊唐書·鄭餘慶
傳》。

　　是書成於大中九年（855），有處誨自序。案：史稱處誨為校書郎時，撰
次《明皇雜錄》三篇，行於世。晁公武《讀書志》則載《明皇雜錄》二卷，
然又曰《別錄》一卷，題補闕所載十二事。則史並《別錄》數之，晁氏析《別
錄》數之也。葉夢得《避暑錄話》曰：「鄭處誨《明皇雜錄》記張曲江與李
林甫爭牛仙客實封，時方秋，上命高力士以白羽扇賜之，九齡惶恐，作賦以
獻，意若言明皇以忤旨將廢黜，故方秋賜扇以見意。《新書》取以載之本傳，
據《曲江集》賦序曰：『開元二十四年（736）盛夏，奉敕大將軍高力士賜宰
相白羽扇，九齡與焉。』則非秋賜，且通言宰相，則林甫亦在，不獨為曲江
而設也。乃知小說記事，苟非耳目親接，安可輕書耶（云云）。」則處誨是書
亦不盡實錄，然小說所記，真偽相參，自古已然，不獨處誨，在博考而慎取
之，固不能以一二事之失實，遂廢此一書也。《避暑錄話》又曰：「盧懷慎好
儉，家無珠玉錦繡之飾。此固善事，然史言妻子至寒餓，宋璟等過之，門不
施箔，風雨至，引席自障，則恐無此理。此事蓋出鄭處誨《明皇雜錄》。而
史臣妄信之（云云）。」今本無此一條，然則亦有所佚脫，非完帙矣。〔一〕（《四
庫全書總目》卷一百四十）

【注釋】

〔一〕李裕民先生云：「錢熙祚（明皇雜錄校勘記）以為：『原本三篇，晚定二卷，
　　或經散佚。好事者重為綴補，其所不及，後人又錄為（補遺）。』錢氏又博採
　　眾書，輯得逸文三十一條……據此可知，其書佚脫多矣。」（《四庫提要訂誤》
　　第309頁）

204. 因話錄六卷

唐趙璘撰。璘字澤章。據《唐書‧宰相世系表》稱，南陽趙氏，後徙平原。璘即德宗時宰相宗儒之從孫，而昭應尉伉之子也。開成三年（838）進士及第，大中七年（849）為左補闕，後為衢州刺史。並見本書及《唐書‧藝文志》。明商濬刻此書入《稗海》，題為員外郎，未詳所據也。

其書凡分五部：一卷宮部為君，記帝王；二卷、三卷商部為臣，記公卿百僚；四卷角部為人，凡不仕者咸隸之；五卷徵部為事，多記典故，而附以諧戲；六卷羽部為物。凡一見聞雜事無所附麗者，亦並載焉。

璘家世顯貴，又為西眷柳氏之外孫，能多識朝廷典故。《東觀奏記》載：「唐宣宗索《科名記》，鄭顥令璘採訪諸家《科目記》，撰成十三卷上進。」〔一〕是亦嫻於舊事之明徵。故其書雖體近小說，而往往足與史傳相參。其間如記劉禹錫徙播州（今貴州遵義）刺史一條，稱柳宗元請以柳易播，上不許，宰相裴度為言之，始改連州（今廣東連縣）。司馬光《通鑑考異》以為宗元《墓誌》乃將拜疏而未上，非已上而不許。又禹錫除播州時，裴度未嘗入相，所記皆失事實。又記大中七詔：「來年正月一日御含元殿〔二〕，以太陽當虧，罷之。」今考《通鑑》，是年文宗實以風疾不視朝，日食在二月朔，不應預罷朝賀，所載亦不免於緣飾。然其他實多可資考證者〔三〕。在唐人說部之中，猶為善本焉。〔四〕（《四庫全書總目》卷一百四十）

【注釋】

〔一〕【史源】《東觀奏記》卷上。

〔二〕【含元殿】唐長安大明宮前正殿。龍朔三年（663）建。

〔三〕【史料】《因話錄》卷一：「安祿山入覲，肅宗屢言其不臣之狀，玄宗無言。一日，召太子諸王擊毬，太子潛欲以鞍馬傷之，上密謂太子曰：『吾非不疑，但此人無用，汝姑置之。』」

〔四〕【整理與研究】1958年古典文學出版社出版校點本。

205. 教坊記一卷

唐崔令欽撰。是書《唐書‧藝文志》著錄，又總集類中載令欽注庾信《哀江南賦》一卷，然均不言令欽何許人。蓋修《唐書》時其始末已無考矣。

所記多開元中猥雜之事〔一〕，故陳振孫譏其鄙俗〔二〕。然其《後記》一篇，諄諄於聲色之亡國〔三〕。雖禮為尊諱，無一語顯斥玄宗，而歷引漢成帝、高緯、

陳叔寶、慕容熙，其言劌切而著明。乃知令欽此書，本以示戒，非以示勸。《唐志》列之於經部樂類，固為失當，然其風旨有足取者。雖謂曲終奏雅，亦無不可，不但所列曲調三百二十五名〔四〕，足為詞家考證也。〔五〕（《四庫全書總目》卷一百四十）

【注釋】

〔一〕【教坊】唐宮廷樂舞官署。專掌宮廷音樂、舞蹈、百戲的教習、排練、演出等事務。雜伎始隸太常，以不應典禮，開元二年（714），乃於西京長安、東都洛陽置教坊屬下各置左、右教坊，以處俳優。

〔二〕【史源】宋趙希弁《郡齋讀書後志》卷一。今按，提要內「陳振孫」應為「趙希弁」之訛。或謂語出晁公武，亦不免張冠李戴。又按，崔令欽，唐博陵人。開元時，官著作佐郎，歷左金吾衛倉曹參軍。至德時，遷倉部郎中，官至國子司業。

〔三〕【後記】夫以廉潔之美而道之者寡，驕淫之醜而陷之者眾，何哉？志意劣而嗜欲強也。借如涉畏途，不必皆死，而人知懼。溺聲色則必傷夭，而莫之思，不其惑歟？且人之生身，所稟五常耳，至有悅其妻而圖其夫，前古多矣，是違仁也。納異寵而薄糟糠，凡今眾矣，是忘義也。重袵席之虞，輕宗祀之敬，是廢禮也。貪耳目之玩，忽禍敗之端，是無智也。心有所愛，則覬冒苟得，不顧宿諾，是棄信也。敦諭履仁蹈義，修禮任智，而信以成之。嗚呼！國君保之，則比德堯、舜。士庶由之，則齊名周、孔矣。當為永代表式，寧止一時稱舉。倘謂修小善而無益，犯小惡而無傷，殉嗜欲近情，忘性命大節。施之於國，則國風敗；行之於家，則家法壞。敗與壞，不其痛哉！

〔四〕【考證】所列曲調 325 名，統計不確，所列曲調應為 324 個。

〔五〕【整理與研究】1956 年中華書局出版箋注本，對其作者籍貫、仕履，以及版本、制度與人事、曲名等考辨甚詳，其後補錄唐五代曲名 146 個。任半塘撰《教坊記箋訂》（中華書局 1962 年版、2012 年版、鳳凰出版社 2013 年版）。今按，此書為研究唐代音樂辭曲的重要資料，應該做專書或專題研究。

206. 幽閒鼓吹一卷

唐張固撰。固，始末未詳。

是書末有明顧元慶跋〔一〕，稱共二十五篇，與晁公武《讀書志》所言合。今檢此本乃二十六篇，蓋誤斷元載及其子一條為二耳。元慶又稱：「固在懿、

僖間，採摭宣宗遺事。」則殊不然。書中元和、會昌間事，不一而足，非僅記宣宗事也。又稱姚文公《唐詩鼓吹序》謂宋高宗退居德壽宮，嘗纂唐、宋遺事為《幽閒鼓吹》。其言不知何據，元慶亦以為疑。

今考《唐書・藝文志》，小說家有張固《幽閒鼓吹》一卷，則出自唐人，更無疑義。縱高宗別有《幽閒鼓吹》，亦書名偶同，不得以此本當之矣。固所記雖篇帙寥寥，而其事多關法戒，非造作虛辭，無裨考證者比。唐人小說之中，猶差為切實可據焉。〔二〕（《四庫全書總目》卷一百四十）

【注釋】

〔一〕【顧元慶跋】是書為有唐張固撰，共二十五篇。固在懿、僖間，採摭宣宗遺事，簡當精覈，誠可以補史氏之闕。余嘗閱《唐詩鼓吹》，讀姚文公序文，謂宋高宗退居德壽宮，嘗纂唐、宋遺事，為《幽閒鼓吹》。愚謂姚公不知固有是書，而謂纂於高宗耶？抑高宗之所纂別有其書耶？亦不可得而深考也。

〔二〕【整理與研究】1958 年中華書局出版標點本。此書多記晚唐時局、社會狀況、宮廷逸聞等，可以做專書或專題研究。

207. 雲溪友議三卷

唐范攄撰。攄始末未詳。《唐書・藝文志》注稱為咸通時人。而書中「李涉贈盜詩」一條稱：「乾符己丑歲，客於雪川，親見李博士手跡。」考乾符元年（874）為甲午，六年為己亥，次年庚子，改元廣明，中間無己丑，己丑實為咸通十年（869）。疑書中或誤咸通為乾符，否則誤己亥為己丑。然總之僖宗時人矣。攄自號五雲溪人，故以名書。五雲溪者，若耶溪之別名也。

其書世有二本：一分上、中、下三卷，每條各以三字標題，前有攄自序〔一〕；一為商濬《稗海》所刻，作十二卷，而自序及標題則並佚之。案陳振孫《書錄解題》已稱：「《唐志》三卷，今本十二卷。」則南宋已有兩本矣。《宋史・藝文志》作十一卷，則刊本誤二為一也。此為泰興季振宜家所藏三卷之本，較商氏所刻為完善。〔三〕

所錄皆中唐以後雜事。其中如記安祿山生於鄧州（今屬河南）南陽，與姚汝能《祿山事蹟》〔二〕所記生於營州（今遼寧朝陽）阿犖犖山者不同，殆傳聞之誤；記李白《蜀道難》為房琯、杜甫厄於嚴武而作，宋蕭士贇《李詩補注》已駁之；他如陳子昂為射洪令段簡所殺，在武后時，章仇兼瓊判梓州（今四川三臺）

事，在天寶以後，時代迥不相及；殺王昌齡者閭邱曉，殺閭邱曉者張鎬，與高適亦不相關，乃云：「章仇大夫兼瓊為陳拾遺雪獄，高適侍郎為王江寧申冤。」殊不可解；陳拾遺句下注曰：「陳冤字子昂。」亦與史不符。又周德華唱賀知章《楊柳枝詞》一篇，今本據韋縠《才調集》〔四〕，《才調集》又據此書。然古詞但有《月節折楊柳歌》，其楊柳枝一調，實興自中唐白居易諸人〔五〕。郭茂倩《樂府詩集》，班班可考。知章時安有是題？皆委巷流傳，失於考證。至於頌於頔之寬仁，詆李紳之狂悖，毀譽不免失當。而李群玉《黃陵廟詩》一條，侮謔古聖，尤小人無忌之談，皆不足取。

然六十五條之中，詩話居十之八，大抵為孟棨《本事詩》所未載。逸篇瑣事，頗賴以傳。又以唐人說唐詩，耳目所接，終較後人為近。故考唐詩者，如計有功《紀事》諸書，往往據之為證焉。〔六〕（《四庫全書總目》卷一百四十）

【注釋】

〔一〕【自序】余少遊秦、吳、楚、宋，有名山水者，無不弛駕躊躇，遂興長往之跡。每逢寒素之士作清苦之吟，或樽酒和酬，稍躅於遠思矣。諺云：「街談巷議，倏有裨於王化；野老之言，聖人採擇。」孔子聚萬國風謠，以成其《春秋》也。江海不卻細流，故能為之大。攄昔藉眾多，因所聞記，雖未近於邱墳，豈可昭於雅量，或以篇翰嘲謔，率爾成文，亦非盡取華麗，因事錄焉，是曰《雲溪友議》。倘論交會友，庶希於一述乎？

　　今按，五雲溪，即若耶溪。出浙江省紹興市若耶山，北流入運河。相傳為西施浣紗之所。

〔二〕【安祿山事蹟】唐姚汝能撰。上卷記安祿山自出生至受寵之事，中卷記安祿山準備起兵之經過，下卷記安史之亂過程。所記真切具體，為《新唐書》採用甚多。今有 1983 年上海古籍出版社點校本。

〔三〕【版本】此書有《四部叢刊》本，張元濟跋云：「《稗海》所刻即十二卷，以校是本，其訛奪不可勝數。是為明代刊版，即四庫所稱較為完善之本。」（《張元濟古籍書目序跋彙編》第 904 頁）

〔四〕【才調集】五代前蜀韋縠編。所選多晚唐詩作，偏重男女戀情。凡十卷，共一千首。

〔五〕【楊柳枝】唐樂舞名。漢代橫吹曲中有《折楊柳》曲，隋有曲名《柳枝》。唐時創新聲，配以舞蹈，名《楊柳枝》。節奏時急時緩，變化有致。一般為女子

舞蹈，白居易侍女小蠻尤善此舞，時有「楊柳小蠻腰」之美譽。今按，賀知章（659～約 744），字季真，晚年自號四明狂客，又號五總龜。唐代知名詩人，與李白等友善。白居易（772～846）與賀知章時代不相及，故《總目》據以辨明《楊柳枝》的時代。

〔六〕【整理與研究】1958 年古典文學出版社出版標點本。

208. 雲仙雜記十卷

舊本題唐金城馮贄撰。贄履貫無可考。

其書雜載古今逸事，如所稱戴逵雙柑斗酒往聽黃鸝之類，詩家往往習用之，然實偽書也。無論所引書目皆歷代史志所未載，即其自序稱天復元年（901）所作，而序中乃云天祐元年（904）退歸故里，書成於四年之秋，又數歲始得終篇，年號先後皆亦復顛倒，其為後人依託，未及詳考明矣。案：陳振孫《書錄解題》有馮贄《雲仙散錄》一卷，亦有天復元年序，振孫稱其記事造語如出一手，疑贄為子虛烏有之人。洪邁《容齋隨筆》、趙與時《賓退錄》所說亦皆相類，然不能指為何人作〔一〕。張邦基《墨莊漫錄》云：「近時傳一書曰《龍城錄》，乃王性之偽為之。又作《雲仙散錄》，尤為怪誕。又有李歂注杜甫詩，注東坡詩，皆性之一手，殊可駭笑。」然則為王銍所作無疑矣〔二〕。惟陳振孫稱《雲仙散錄》一卷，此乃作《雲仙雜記》十卷，頗為不同。然孔傳《續六帖》所引《散錄》驗之皆在此書中，其為一書無疑，卷數則陳氏誤記，書名則後人追改也。此本為葉盛菉竹堂所刊，較《說郛》諸書所載多原序一篇，其書未經刪削，較他本獨為完備，今據以著錄焉。〔三〕（《四庫全書總目》卷一百四十）

【注釋】

〔一〕【考證】余嘉錫云：「相其文章風調，首尾如一，誠有如直齋所云者……其中頗有古書佚文，當是宋元人所為耳。館臣閱書，未及終卷，故《提要》未能分析言之也。」（《四庫提要辯證》第 1035～1038 頁）司馬按，《雲仙散錄》並非宋元人所為，余嘉錫此處辯證亦多失誤。

〔二〕【考證】余嘉錫云：「邦基既無所考證，又不言其何所據。」（《四庫提要辯證》第 1039 頁）

〔三〕【整理與研究】筆者撰《雲仙散錄詳考》（武漢大學出版社 2020 年版）。通過版本、引用、詞彙等方面的窮盡性考察，已將宋版《雲仙散錄》證真，同時將後出部分條目證偽。

209. 唐摭言十五卷

　　五代王定保（870～940）撰。舊本不題其里貫〔一〕。其序〔二〕稱王溥為從翁，則溥之族也。陳振孫《書錄解題》謂定保為吳融〔三〕之婿，光化三年（900）進士。喪亂後入湖南。《五代史·南漢世家》稱定保為邕管巡官，遭亂不得還，劉隱辟置幕府。至劉龑僭號之時尚在，其所終則不得而詳矣。考定保登第之歲，距朱溫（852～912）篡唐僅六年（907～912）。又序中稱溥為丞相，則是書成於周世宗顯德元年（954）以後。故題唐國號，不復作內詞。然定保生於咸通庚寅（870），至是年八十五矣。

　　是書蓋其暮年所作也。同時南唐鄉貢士何晦亦有《唐摭言》十五卷，與定保書同名，今晦書未見，而定保書刻於商氏《稗海》者，刪削大半，殊失其真。此本為松江宋賓王所錄，末有跋語，稱以汪士鋐本校正，較《稗海》所載特為完備〔四〕。近日揚州新刻，即從此本錄出。惟是晁公武《讀書志》稱是書分六十三門，而此實一百有三門。數目差舛，不應至是。豈商濬之前，已先有刪本耶？〔五〕

　　是書述有唐一代貢舉之制特詳，多史志所未及。其一切雜事，亦足以覘名場之風氣，驗士習之淳澆。法戒兼陳，可為永鑒〔六〕。不似他家雜錄，但記異聞已也。據定保自述，蓋聞之陸扆、吳融、李渥、顏蕘、王溥、王渙、盧延讓、楊贊圖、崔籍若〔七〕等所談云。〔八〕（《四庫全書總目》卷一百四十）

【注釋】

〔一〕【考證】錢大昕《竹汀先生日記鈔》卷一：「校《唐摭言》，知唐有兩王定保。撰《摭言》者，系出琅琊，與《唐表》所載系出太原者非一人也。」（第30頁）黃慶來云：「王定保，五代時南昌人，字翊聖。」（詳見《文史知識》1983年第1期）王素、李方撰《唐摭言作者王定保事蹟辨正》（《文史》第25輯，中華書局，1985年）

〔二〕【序】四庫本未見序。

〔三〕【吳融】（？～903），字子華，唐越州山陰（今浙江紹興）人。著有《唐英集》三卷。

〔四〕【跋】四庫本卷末有跋語三則，但均與此異。

〔五〕【版本】1957年古典文學出版社出版標點本。

〔六〕【可為永鑒】宋初編《太平廣記》，於它幾乎十收八九。宋計有功《唐詩紀
　　　事》，也多從中取材。《唐摭言》對於瞭解、研究唐代的社會、教育、科舉、
　　　文學及人物，都有較大的參考價值。

〔七〕【考證】陸扆是當時的丞相，吳融是作者的岳父，王溥是他的「從翁」，盧延
　　　讓、楊贊圖、崔籍若是其同年進士。李渥、顏蕘、王渙也是他同時代的人。

〔八〕【整理與研究】清方成珪撰《唐摭言校注》十三卷，國家圖書館、溫州市圖
　　　書館均藏有抄本，方氏自跋見《溫州經籍志》第 732 頁。

210. 北夢瑣言二十卷

　　宋孫光憲（約 900～968）撰。光憲字孟文，自號葆光子。《十國春秋》〔一〕
作貴平（今四川資陽）人，而自題乃稱富春。考光憲自序〔二〕，言生自岷峨，則
當為蜀人。其曰富春，蓋舉郡望也。仕唐為陵州（今四川仁壽）判官，旋依荊南
高季興為從事。後勸高繼沖以三州歸宋，太祖嘉之，授黃州（今湖北新洲）刺史
以終。《五代史·荊南世家》載之甚明，舊以為五代人者誤矣。

　　所著有《荊臺集》《桔齋集》《筆傭集》《鞏湖集》《玩蠶書》《續通曆》等
書，自宋代已散佚，惟是書獨傳於後。其曰「北夢瑣言」者，以《左傳》稱田
於江南之夢，而荊州在江北，故以命名，蓋仕高氏時作也。

　　所載皆唐及五代士大夫逸事。每條多載某人所說，以示有徵，蓋用《杜
陽雜編》之例。其記載頗猥雜，敘次亦頗冗沓，而遺文瑣語，往往可資考證
〔三〕。故宋李昉等編《太平廣記》，多採其文。晁公武《讀書志》載光憲《續
通曆》十卷，輯唐及五代事，以續馬總之書，參以黃巢〔四〕、李茂貞〔五〕、
劉守光、按巴堅、案：按巴堅原作阿保機，今改正。吳、唐、閩、廣、吳越、兩蜀
事蹟，太祖以所記多不實，詔毀其書〔六〕。而此書未嘗議及，則語不甚誣可
知矣。

　　世所行者凡二本：一為明商濬《稗海》所刻，脫誤殆不可讀。近時揚州
新刻，乃元華亭孫道明所藏，猶宋時陝西刊版，差完整有緒。故今以揚州本
著錄，不有商氏本云。〔七〕（《四庫全書總目》卷一百四十）

【注釋】

〔一〕【十國春秋】清吳任臣撰。紀傳體史書。初刊於康熙十七年，1983 年中華書
　　　局出版點校本。

〔二〕【北夢瑣言序】《禹貢》云：「雲土夢作乂。」傳有畋於江南之夢。鄙從事於荊江之北，題曰《北夢瑣言》。瑣細形，言大即可知也。雖非經緯之作，庶勉後進子孫，俾希仰前事，亦絲麻中菅蒯也，通方者幸勿多誚焉。

〔三〕【史料】後人考唐五代史事多徵引此書。如《北夢瑣言》卷一「李太尉抑白少傅」條云：「白少傅居易文章冠世，不躋大位。先是，劉禹錫太和中為賓客時，李太尉德裕同分司東都，禹錫謁於德裕曰：『近曾得白居易文集否？』德裕曰：『累有相示，別令收貯，然未一披，今日為吾子覽之。』及取看，盈其箱笥，沒於塵坌，既啟之，而復卷之，謂禹錫曰：『吾於此人不足久矣，其文章精絕，何必覽焉，但恐回吾之心。』其見抑也如此。衣冠之士，並皆忌之。咸曰有學士才，非宰臣器識者，於其答制中見經綸之用為時所排。此賈誼在漢文之朝不為卿相知，人皆惜之。葆光子曰：李衛公之抑忌白少傅，舉類而知也。初，文宗命德裕朝中朋黨，首以楊虞卿、牛僧孺為言。楊、牛即白公密友也，其不引翼，義在於斯，非抑文章也，慮其朋比而掣肘也。」

〔四〕【黃巢】（？～884），唐曹州人。875 年率眾起義，881 年攻克長安，883 年退出長安，次年死。

〔五〕【李茂貞】（856～924），字正臣，唐五代深州博野（今屬河北）人。乾寧三年（896），攻入長安，焚燒宮闕，大掠坊市而去。

〔六〕【史源】《郡齋讀書志》卷十三。

〔七〕【整理與研究】1981 年上海古籍出版社出版點校本。

211. 賈氏談錄一卷

宋張洎（933～996）撰。洎字思黯，改字偕仁，全椒（今屬安徽滁州市）人。初仕南唐，為知制誥、中書舍人。入宋，為史館修撰、翰林學士。淳化中官至參知政事。事蹟具《宋史》本傳。

是書乃洎為李煜使宋時，錄所聞於賈黃中者，故曰《賈氏談錄》。前有自序〔一〕，題庚午歲，為宋太祖開寶三年（970）。《宋史·賈黃中傳》載黃中官左補闕在開寶初，與此序合，蓋其時為洎館伴也。又序末稱貽諸好事，而晁公武《讀書志》乃稱：「南唐張洎奉使來朝，錄賈黃中所談，歸獻其主。」殆偶未檢此序歟？史稱黃中多知臺閣故事，談論亹亹，聽者忘倦。故此錄所述，皆唐代軼聞。晁氏稱原書凡三十餘事，明陶宗儀《說郛》所載僅九事，宋曾慥《類說》所載亦僅十七事。惟《永樂大典》所載較曾、陶二本為詳。今從各韻

搜輯，參以《說郛》《類說》，共得二十六事。視泊原目，蓋已及十之九矣。原敘一篇，《類說》及《永樂大典》皆佚之，惟《說郛》有其全文。今仍錄冠卷首，以補其闕。

是書雖篇帙無多，然如牛李之黨，其初肇釁於口語〔二〕，為史所未及。而《周秦行紀》一書，晁公武亦嘗據此錄以辨韋瓘之誣也〔三〕。他如興慶宮、華清宮、含元殿之制，淡墨題榜之始，以及院體書、百衲琴、澄泥研之類，皆足以資考核，較他小說固猶為切實近正也。（《四庫全書總目》卷一百四十）

【注釋】

〔一〕**【自序】** 庚午歲，予銜命宋都舍於懷信驛，左補闕賈黃中，丞相魏公之裔也，好古博雅，善於談論，每款接，常益所聞。公館多暇，偶成編綴，凡六條，號曰《賈氏談論錄》，貽諸好事者云爾。

司馬按，此書所記不止六條，疑有誤。

〔二〕**【史料】**《賈氏談錄》卷一：「牛奇章初與李衛公相善，嘗因飲會僧孺戲曰：『綺紈子何預斯坐？』衛公銜之。後衛公再居相位，僧孺卒遭譴逐。世傳《周秦行紀》非僧孺所作，是德裕門人韋瓘所撰。開成中，曾為憲司所覆，文宗覽之，笑曰：『此必假名僧孺，是貞元中進士，豈敢呼德宗為沈婆兒也？』事遂寢。」

〔三〕**【考證】** 宋趙希弁《郡齋讀書後志》卷二：「《周秦行紀》一卷，右唐牛僧孺自敘所遇異事，賈黃中以為韋瓘所撰，瓘，李德裕門人，以此誣僧孺。」今按，此句中「晁公武」應為「趙希弁」之訛，未免張冠李戴。

212. 儒林公議二卷〔一〕

宋田況撰。況字符均，其先京兆人，徙居信都。舉進士，又舉賢良方正。為太常丞，辟陝西經略判官，人為右正吾。歷帥秦、蜀，擢樞密使，以觀文殿學士提舉景靈宮卒。事蹟具《宋史》本傳。

所著有奏議三十卷，久佚不傳。是編記建隆以迄慶曆朝廷政事及士大夫行履，得失甚詳。五代十國時事亦間附以一二條，蓋雜錄而成，故前後多未詮次。其記入閣會議諸條，明悉掌故，皆足備讀史之參稽。其持論亦皆平允。《東都事略》稱況嘗作《好名》《明黨》二論，極以為戒。而是編內范仲淹、歐陽修諸條亦拳拳於黨禍所自起，無標榜門戶之私，「公議」之名可云無忝矣。又況曾為夏竦幕僚，好水川之役，況上疏極論之。竦不出師，蓋用況之策。書

中雖於竦多恕詞，而於宮弼諸人竦所深嫉者仍揄揚其美，絕無黨同伐異之見，其心術醇正，亦不可及。蓋北宋盛時，去古未遠，儒者猶存直道，不以愛憎為是非也。

此本末有嘉靖庚戌陽里子柄一跋，不知何許人，論此書頗詳，今仍錄存之。商濬刻《稗海》，以此跋為宋無名氏作，殊為疏舛，今據舊本改正焉。（《四庫全書總目》卷一百四十）

【注釋】

〔一〕庫書僅一卷。

213. 涑水記聞十六卷

宋司馬光（1019～1086）撰。光有《易說》，已著錄。

是編雜錄宋代舊事，起於太祖，訖於神宗。每條皆注其述說之人，故曰「記聞」。或如張詠請斬丁謂之類，偶忘名姓者，則注曰「不記所傳」，明其他皆有證驗也。間有數條不注者，或總注於最後一條以括上文，或後來傳寫，不免有所佚脫也。其中所記國家大政為多，而亦間涉瑣事。案：《文獻通考》「溫公日記」條下引李燾之言曰：「文正公初與劉道原共議，取實錄（國）〔正〕史，旁採異聞，作《資治通鑑後紀》……今〔世〕所傳《記聞》及《日記》〔並〕《朔記》，皆《後紀》之具也。」〔一〕光集有與范夢得《論修通鑑長編書》稱：「妖異有所警戒，詼諧有所補益，並告存之。大抵《長編》寧失於繁，毋失於略（云云）。」〔二〕此書殆亦是志歟？

至於記太祖時宋白知舉一事〔三〕，自注云：「疑作陶穀。」記李迪、丁謂鬥鬩一事，前一條稱「上命翰林學士錢惟演草制，罷謂政事，惟演乃出迪而留謂」〔四〕，後一條稱：「詔二人俱罷相，迪知鄆州（今山東汶上），明日，謂復留為相。」〔五〕種世衡遣王嵩反間一事，前一條雲間旺榮，後一條雲間剛朗凌。招撫保州（今四川理縣）亂兵一事，前一條云田況，後一條云郭逵。聞見異詞，即兩存其說，亦仍《通鑑考異》之義也。

王明清《玉照新志》曰：「元祐初，修《神宗實錄》，秉筆者極天下之文人，如黃、秦、晁、張是也。紹聖初，鄧聖求、蔡元長上章，指為謗史，乞行重修。蓋舊文多取司馬文正公《涑水記聞》，如韓、富、歐陽諸公傳，及敘劉永年家世，載徐德占母事，王文公之詆永年、常山，呂正獻之評曾南豐，安簡借書多不還，陳秀公母賤之類取引甚多。於是裕陵《實錄》皆以朱筆抹

之，盡取王荊公《日錄》以刪修焉，號朱墨本。」〔六〕是光此書，實當日是非之所繫。故紹述之黨，務欲排之。然明清所舉諸條，今乃不見於書中，殆避而刪除歟？

陳振孫《書錄解題》亦曰：「此書行世久矣，其間記呂文靖數事，呂氏子孫頗以為諱。蓋常辨之為非溫公全書，而公之曾孫侍郎伋，遂從而實之，上章乞毀版，識者以為譏。」〔七〕知當時公論所在，不能以私憾抑矣。

其書《宋史・藝文志》作三十卷，《書錄解題》十卷，今所傳者凡三本，其文無大同異，而分卷則多寡不齊。一本十卷，與陳氏目錄合；一本二卷，不知何人所併；一本十六卷，又補遺一卷，而自九卷至十三卷所載，往往重出，失於刊削。蓋本光未成之稿，傳寫者隨意編錄，故自宋以來，即無一定之卷數也。今參稽釐訂，凡一事而詳略不同可以互證者，仍存備考。凡兩條復見，徒滋冗贅者，則竟從刪定，著為一十五卷。

其《補遺》一卷，或疑即李燾所謂《日記》。案《書錄解題》載：「溫公《日記》一卷，司馬光熙寧在朝所記。凡朝廷政事，臣僚遷除及前後奏對，上所宣諭之語，以及聞見雜事皆記之。起熙寧元年正月，至三年十月出知永興而止。」〔八〕此書雖皆記熙寧之事，然無奏對宣諭之語。且所記至熙寧十年（1077），與止於三年亦不符，其非《日記》明甚。今仍併入此書，共為一十六卷，以較舊本，卷數雖殊，要於光之原書無所闕佚也。（《四庫全書總目》卷一百四十）

【注釋】

〔一〕【史源】見《溫公日記跋》。今據王承略教授《李燾學行詩文輯存》第149頁校正文字。

〔二〕【史源】司馬光《傳家集》卷六十三《答范夢得》（即《論修通鑑長編書》）：「詩賦等若止為文章，詔誥若止為除官，及妖異止於怪誕，詼諧止於取笑之類，便請直刪不妨。或詩賦有所譏諷，詔誥有所戒諭，妖異有所儆戒，詼諧有所補益，並告存之。大抵《長編》寧失於繁，毋失於略。」

〔三〕【史源】《涑水記聞》卷一：「太祖時，宋白知舉，多受金銀，取捨不公，恐榜出群議沸騰，乃先具姓名以白上，欲託上指以自重。上怒曰：『吾委汝知舉，取捨汝當自決，何為白我？我安能知其可否？若榜出別致人言，當斫汝頭以謝眾。』白大懼而悉改其榜，使協公議而出之。」

〔四〕【史源】《涑水記聞》卷六：「真宗晚年不豫，寇準得罪，丁謂、李迪同為相，以其事進呈，上命降準小處知州。謂退，署其紙尾曰：『奉聖旨：除遠小處知州。』迪曰：『向者聖旨無「遠」字。』謂曰：『與君面奉德音，君欲擅改聖旨以庇準邪？』由是二人鬥鬩，更相論奏。上命翰林學士錢惟演草制，罷謂政事，惟演遂出迪而留謂。外人先聞其事，制出，無不愕然，上亦不復省也。」

〔五〕【史源】《涑水記聞》卷八：「及為相，時真宗已不豫，丁謂與迪同奏事退，既下殿，謂矯書聖語，欲為林特遷官，迪不勝忿，與謂爭辨，引手板欲擊謂，謂走，獲免，因更相論奏。詔二人俱罷相，迪知鄆州。明日，謂復留為相。」

〔六〕【史源】《玉照新志》卷一。

〔七〕【史源】《直齋書錄解題》卷五。

〔八〕【史源】《直齋書錄解題》卷七。

214. 歸田錄二卷

宋歐陽修（1007～1072）撰。

多記朝廷軼事，及士大夫談諧之言。自序謂：「以唐李肇《國史補》為法。而小異於肇者，不書人之過惡。」〔一〕陳氏《書錄解題》曰：「或言公為此錄未成，而序先出，裕陵索之。其中本載時事，及所經歷見聞，不敢以進，旋為此本，而初本竟不復出。」〔二〕王明清《揮麈三錄》則曰：「歐陽公《歸田錄》初成未出，序先傳，神宗見之，遽命中使宣取，時公已致仕，在潁州（今安徽阜陽），因其間所記有未欲廣布者，因盡刪去之。又惡其太少，則雜記戲笑不急之事，以充滿其卷帙。既繕寫進入，而舊本亦不敢存。」〔三〕二說小異。周煇《清波雜志》所記〔四〕，與明清之說同，惟云原本亦嘗出，與明清說又合。大抵初稿為一本，宣進者又一本，實有此事。其旋為之說，與刪除之說，則傳聞異詞耳。惟修歸潁上，在神宗時，而錄中稱仁宗立今上為皇子，則似英宗時語，或平時札記，歸田後乃排纂成之，偶忘追改歟？其中不試而知制誥一條，稱宋惟楊億、陳堯叟及修三人。費袞《梁溪漫志》舉真宗至道三年（997）四月，以梁周翰凤負詞名，令加獎擢，亦不試而知制誥，實在楊億之前，糾修誤記〔五〕，是偶然疏舛，亦所不免。然大致可資考據，亦《國史補》之亞也。

（《四庫全書總目》卷一百四十）

【注釋】

〔一〕【自序】唐李肇《國史補序》云：「言報應，敘鬼神，述夢卜，近帷箔，悉去
之。紀事實，探物理，辨疑惑，示勸誡，採風俗，助談笑，則書之。餘之所
錄，大抵以肇為法。而小異於肇者，不書人之過惡，以為職非史官，而掩惡
揚善者，君子之志也。覽者詳之。」

〔二〕【史源】《直齋書錄解題》卷十一。

〔三〕【史源】《揮麈後錄》卷一。

〔四〕【史源】《清波雜志》卷八：「近時曾公端伯亦編《皇宋百家詩選》，去取任一
己之見。雖非捃摭詆呵，其間或未厭眾論，且於歐公、荊公、東坡詩皆不載。
雖曰用《唐詩選》韓、杜、李不與編故事，其亦『大名之下不容有所銓擇』耶？」

〔五〕【史源】《梁溪漫志》卷二「知制誥不試而命」條：「歐陽公《歸田錄》載：
『知制誥不試而命者，楊文公、陳文惠及公，凡三人。』蓋誤也。實始於至
道三年四月，真宗念梁周翰夙負詞名，令加獎擢，乃不試而入西閣。自國初
以來，不試而命者，周翰實為之首，而楊公繼之，葉少蘊左丞夢得《避暑錄
話》乃謂周翰與薛映、梁鼎亦皆不試而用，此亦誤。映、鼎蓋與大年並命者，
獨大年不試而後命云。」

215. 嘉祐雜志一卷

宋江休復（1005～1060）撰。休復字鄰幾，開封陳留（今河南開封）人。舉進
士，充集賢校理，謫監蔡州（今河南汝南）稅。復官，歷刑部郎中，修《起居注》。
事蹟具《宋史・文苑傳》。

休復有文集二十卷，今佚不傳，惟此書存。《文獻通考》及《宋史・藝文
志》皆作三卷，而《稗海》《唐宋叢書》皆不分卷。明胡應麟《筆叢》云：「江
鄰幾《雜志》，宋人極推之，今不傳。略見《說郛》。」〔一〕然《說郛》所載止
十頁，而《稗海》《唐宋叢刻》與此抄本皆三倍於《說郛》，應麟殆偶未見也。
歐陽修作休復墓誌，云休復歿於嘉祐五年（1060）。而是書屢記己亥秋冬之事，
即休復未歿之前一年，年月亦皆相應。惟書中記其奉使事，《宋史》本傳與《墓
誌》皆不載。又刻本皆題云臨川江休復，而史與墓誌皆云陳留人，頗為舛異。
然諸家引用其說，無不稱江鄰幾者。而晁公武《讀書志》亦以為《嘉祐雜志》
即《江鄰幾雜志》〔二〕。蓋休復奉使雄州，未嘗出境，不過館伴之常事。故墓
誌、本傳皆不書。而刻本標題又後人所妄加爾。

其書皆記雜事，故《宋志》列之小說家。姚寬《西溪叢語》摘其象膽隨四時一條，誤以《酉陽雜俎》為《山海經》〔三〕；朱翌《猗覺寮雜記》摘其壓角一條，誤以丞相為直閣，以坐於榻為立於褥〔四〕，是誠偶誤。然休復所與交遊，率皆勝流。耳擩目染，具有端緒，究非委巷俗談可比也。〔五〕（《四庫全書總目》卷一百四十）

【注釋】

〔一〕【史源】《少室山房筆叢》卷二十三：「劉原父兄弟，皆博學窮經，傲睨歐、蘇、王氏間，而製作不甚傳。沈存中《筆談》持論精確，然往往有輕發者，正坐不檢出處故也。江鄰幾《雜志》，宋人極推，今不傳，略見《說郛》。」

〔二〕【史源】《郡齋讀書志》卷十三。

〔三〕【史源】《西溪叢語》卷下。

〔四〕【史源】《猗覺寮雜記》卷下。

〔五〕【史料】宋子京判國子監，進《禮記》石經本，並請邵不疑同上殿，以備顧問。無何，上問：「古文如何？」邵不疑對：「古文大篆於六體義訓不通，今人之淺學，遂於一字之中偏傍上下雜用古文，遂致乖亂。」又問林氏小說。對云：「亦有長義，然亦有好怪處。」上一一問之，對云：「許慎《說文》歸字從堆，從止，從帚，從堆，為聲。林氏雲從追，於聲為近，此長於許矣。」

216. 龍川略志十卷別志八卷〔一〕

宋蘇轍（1039～1112）撰。轍有《詩傳》，已著錄。

案：晁公武《讀書志》載《龍川略志》六卷，《別志》四卷，稱轍元符二年（1099）夏居循州，杜門閉目，追維平昔，使其子遠書之於紙，凡四十事。其秋復紀四十七事。此本《龍川略志》作十卷，《別志》作八卷，《略志》凡三十九事，較晁公武所記少一事，《別志》則四十八事，較晁公武所記又多一事。蓋商濬刻本離析卷帙，已非其舊，又誤竄《略志》中一事入《別志》中，並轍序所稱十卷之文亦濬所追改也。

《略志》惟首尾兩卷紀雜事十四條，餘二十五條皆論朝政，蓋是非彼我之見至謫居時猶不忘也。然惟記眾議之，異同，而不似王安石、曾布諸日錄動輒歸怨於君父，此轍之所以為轍歟？《別志》所述多耆舊之餘聞。朱子生平以程子之故，追修洛、蜀之舊怨，極不滿於二蘇，而所作《名臣言行錄》，引轍此志幾及其半，則其說信而有徵，亦可以見矣。〔二〕（《四庫全書總目》卷一百四十）

【注釋】

〔一〕【著錄】文淵閣庫書《別志》二卷。

〔二〕【整理與研究】俞宗憲點校《龍川略志・龍川別志》（中華書局 1982 年版），

胡先酉撰《龍川略志譯注》（西南交通大學出版社 2018 年版）。孫果《蘇轍

〈龍川略志〉政事類史料研究》對《龍川略志》政事類史料內容進行輯證，

將這四部分與《續資治通鑒長編》等史書進行比較和分析，能夠發現其中的

內容或補充史實，或直接為其他史書所引用，且其中記載的很多史實多與其

他史書吻合甚至更加詳細。《龍川略志》還記載了很多不見於其他史書的史料，

可以在一定程度上補充或還原歷史的原貌。該書帶有回憶錄的性質，其中的史

料並不能盡信，其真實性還有待商榷。（河南師範大學 2018 年碩士論文）

217. 後山談叢四卷

宋陳師道（1053～1102）撰。陳道字無己，後山其別號也，彭城（今江蘇徐州）
人。以薦為棣州教授，徽宗時官至秘書省正字。事蹟具《宋史・文苑傳》。

陸游《老學庵筆記》頗疑此書之偽，又以為或其少時作〔一〕。然師道《後
山集》前有其門人魏衍《附記》，稱《談叢》《詩話》別自為卷〔二〕，則是書實
出師道手。又第四卷中記蘇軾卒時，太學諸生為飯僧。考軾卒於徽宗建中靖
國元年（1101）六月，師道亦以是年十一月二十九日從祀南郊，感寒疾卒。則
末年所作，非少年所作審矣。

洪邁《容齋隨筆》議其載「呂許公惡韓、范、富」一條，「丁文簡陷蘇子
美以撼杜祁公」一條，「丁晉公賂中使沮張乖厓」一條，「張乖厓買田宅自污」
一條，皆爽其實。今考之良信。然邁稱其筆力高簡，必傳於後世〔三〕，不云他
人所贗託。邁去師道不遠，且其考證不草草，知陸游之言未免失之臆斷也。
（《四庫全書總目》卷一百四十）

【注釋】

〔一〕【史源】《老學庵筆記》卷七：「秦會之《跋後山集》謂：曾南豐修《英宗實
錄》，辟陳無己為屬孫仲益書數百字，詆之以為無此事。南豐雖嘗預修《英宗
實錄》，未久，即去。且南豐自為吏屬，烏有辟官之理？又無己元祐中方自布
衣命官，故仲益之辯人多是之。然以予考其實，則二公俱失也。南豐元豐中
還朝，被命獨修五朝史實，許辟其屬，遂請秀州崇德縣令邢恕為之用選人，
已非故事，特從其請。而南豐又援經義局辟布衣徐禧，例乞無己檢討，廟堂

尤難之，會南豐上太祖紀敘論，不合上意，修五朝史之意寖緩。未幾，南豐以憂去遂已，會之但誤以五朝史為《英宗實錄》耳。至其言辟無己事，則實有之，不可謂無也。」

〔二〕【史源】見政和五年魏衍跋。

〔三〕【史源】《容齋隨筆》卷八「《談叢》失實」條：「後山陳無己著《談叢》六卷，高簡有筆力，然所載國朝事，失於不考究，多爽其實，漫析數端於此……茲四者所繫不細，乃誕漫如此。蓋前輩不家藏國史，好事者肆意飾說為美聽，疑若可信，故誤人紀述。後山之書，必傳於後世，懼詒千載之惑，予是以辨之。」

218. 孫公談圃三卷

宋臨江劉延世錄所聞於孫陞之語也。陞字君孚，高郵（今屬江蘇揚州市）人。元祐中官中書舍人，紹聖初謫汀州（今福建長汀）。延世父時知長汀，得從陞遊，因錄為此書。〔一〕

陞為元祐黨籍，多述時事。觀其記王安石見王雱〔二〕冥中受報事，則不滿於安石。記蘇軾以司馬光薦將登政府，陞言軾為翰林學士，其任已極，不可以加，如用文章為執政，則趙普、王旦、韓琦未嘗以文稱，王安石在翰林為稱職，及居相位，天下多事，若以軾為輔佐，願以安石為戒。又記軾試館職策題，論漢文帝、宣帝及仁宗、神宗，陞率傅堯俞、王岩叟言，以文帝有弊，則仁宗不為無弊，以宣帝有失，則神宗不為無失。則又不滿於軾。記爭弔司馬光事，亦不滿程子。殆於黨籍之中，又自行一意者歟？

王楙《野客叢書》曰：「臨汀刊《孫公談圃》三卷，近時高沙用臨汀本，復刊於郡齋。余得山陽吳氏建炎初錄本校之，多三段。其後二段，乃公之甥朱稬所記，並著於此。庶幾異時好事者，取而附之卷末（云云）。」〔三〕今考此本，亦無此三條，蓋楙雖有是說，而刊版迄未補入。謹據楙所錄增入卷末，成完書焉。案：三段載《野客叢書》第五卷第十五條。（《四庫全書總目》卷一百四十）

【注釋】

〔一〕【孫公談圃序】紹聖初，黨錮禍起，先公謫居臨汀，竟捐館舍。其平生出處誕略，臨汀劉君序之為詳。後六十有八年，兢以事來此訪先公之寓居，與當時之故老求能道先公時事者，邈不可得，獨慨然太息久之。偶攜所謂《談圃》者隨行，因請於外舅郡太守晁公，欲傳於世，欣然領略之，遂鋟於木，且以為臨汀故事云。

〔二〕【王雱】字元澤，臨川（今屬江西）人，王安石子也。事蹟附見《宋史》安石傳。

〔三〕【史源】《野客叢書》卷五「孫公談圃」條。

219. 孔氏談苑四卷

舊本題宋孔平仲撰。平仲有《珩璜新論》，已著錄。

是書多錄當時瑣事，而頗病叢雜。趙與時《賓退錄》嘗駁其記呂夷簡、張士遜事，謂以宰相押麻，不合當時體制，疑為不知典故者所為，必非孔氏真本〔一〕。今考其所載，往往與他書相出入。如梁灝八十二為狀元一條見於《遯齋閒覽》〔二〕，錢俶進寶帶一條、王禹玉上元應制一條見於《錢氏私志》〔三〕，宰相早朝上殿一條見於《王文正筆錄》〔四〕，上元燃燈一條、詔敕用黃紙一條見於《春明退朝錄》，寇萊公守北門一條見於《國老談苑》〔五〕。其書或在平仲前，或與平仲同時，似亦摭拾成編之一證〔六〕。至於王雱才辨傲很，新法之行，雱實有力，而稱之為不慧，殊非事實。至張士遜死入地獄等事尤誕幻無稽，不可為訓。與時所論，未可謂之無因，姑以宋人舊本，存備參稽云爾。（《四庫全書總目》卷一百四十）

【注釋】

〔一〕【史源】《賓退錄》卷四。今按，押麻事又載《談苑》卷一之首條。

〔二〕【遯齋閒覽】明周祈《名義考》卷十二有引用。

〔三〕【錢氏私志】舊本或題錢彥遠撰。或題錢愐撰，或題錢世昭撰。錢曾《讀書敏求記》定為錢愐。是書固非彥遠所為，亦非盡愐所纂，蓋愐嘗記所聞見，而世昭序而集之爾。（《四庫全書總目》卷一百四十）

〔四〕【王文正筆錄】宋王曾撰。凡三十餘條，皆太祖、太宗、真宗時事。（《四庫全書總目》卷一百四十）

〔五〕【國老談苑】舊本題夷門隱叟王君玉撰。是編所紀，乃宋太祖、太宗、真宗三朝雜事，於當時士大夫頗有所毀譽，尤推重田錫而貶斥陶穀，其餘如馮拯諸人，俱不免於微詞。雖間或抑揚過情，而大致猶據實可信。（《四庫全書總目》卷一百四十一）

〔六〕【史料】《談苑》卷一：「丁崖州雖險詐，然亦有長者言。真宗嘗怒，一朝士再三言之，謂稍退，不答。上作色曰：如此叵耐輒問不應。謂進曰：『雷霆之下，臣若更加一言，則齏粉矣。』真宗欣然嘉納。」司馬按，此條見於宋江休復《嘉祐雜志》，宋趙善璙《自警編》卷四引用此條，云出《嘉祐雜志》。

元張光祖《言行高抬貴手》卷六、明何良俊《語林》卷五均引此事，但不云出處。

220. 畫墁錄一卷

宋張舜民（約 1034～約 1100）撰。舜民字芸叟，自號浮休居士，又號碇齋，邠州（今陝西彬縣）人。中進士第，為襄樂令。累官龍圖閣待制知定州（今屬河北）。坐元祐黨籍，謫商州（今屬陝西），復集賢殿修撰，卒。事蹟具《宋史》本傳。

舜民所著詩文名《畫墁集》〔一〕。是書乃所作筆記，亦以「畫墁」為名。中多載宋時雜事。於《新唐書》《五代史》，均屢致不滿之詞〔二〕。蓋各有所見，不足為異，其說不妨並存。至徐禧於永樂死事，朝廷贈恤之典，見於史冊甚詳。而舜民乃云：「徐禧不知所歸，人無道者。或曰有人見之夏國，疑亦有之。」是直以禧為屈節偷生，殊為誣妄。舜民嘗從高遵裕西征，喜談兵事。殆因惡禧之失策，故醜其詞歟？其他載錄，亦頗涉瑣屑。以一時典故，頗有藉以考見者，姑存以備宋人小說之一種云爾。（《四庫全書總目》卷一百四十）

【注釋】

〔一〕【畫墁集】宋張舜民撰。舜民為人忠厚質直，慷慨喜論事。葉夢得《巖下放言》稱其尚氣節，而不為名，北宋人物中殆難多數。晁公武稱其文豪縱有理致，最刻意於詩。晚作樂府百餘篇，自序云：「年逾耳順，方敢言詩。百世之後，必有知音者。」其自矜重如此。（《四庫全書總目》卷一百五十四）

〔二〕【不滿之詞】一曰：「《新唐書》最可哂。唐有天下二百八十年，姦臣亦多矣，所載者才九人，可盡信乎？」二曰：「《開元禮》不著凶禮，以為預凶事。凡朝廷大故，倉卒裁處，絕無所考據，柳子言之詳矣。唐定邊事三十年，國史無一字言之，以諱國惡。《傳燈錄》不著二祖償宿債，此皆切要因緣俗學所諱。」

221. 東軒筆錄十五卷

宋魏泰撰。泰字道輔，襄陽人。曾布之婦弟也。

《桐江詩話》〔一〕載其試院中，因上請忿爭，毆主文幾死，坐是不得取應。《潘子真詩話》〔二〕稱其博極群書，尤能談朝野可喜事。王銍跋《范仲尹墓誌》，

稱其場屋不得志，喜偽作他人著書，如《志怪集》《括異志》《倦遊錄》盡假名武人張師正。又不能自抑，作《東軒筆錄》，用私喜怒誣衊前人。最後作《碧雲騢》，假作梅堯臣，毀及范仲淹。〔三〕

　　晁公武《讀書志》稱其元祐中記少時所聞，成此書，是非多不可信，心喜章惇，數稱其長，則大概已可見；又摘王曾登甲科，劉輩為翰林學士，相戲事，歲月差舛，相去幾二十年。則泰是書，宋人無不詆諆之〔四〕，而流傳至今，則以其書自報復恩怨以外，所紀雜事亦多可採錄也。〔五〕（《四庫全書總目》卷一百四十一）

【注釋】

〔一〕【桐江詩話】卷數及撰人均不詳，殘，有節本及輯佚本。詳見郭紹虞《宋詩話考》第 151～152 頁。

〔二〕【潘子真詩話】宋潘淳撰。原書一卷，殘，有節本及輯佚本。詳見郭紹虞《宋詩話考》第 140～141 頁。

〔三〕【辨偽】《文獻通考》卷二百十六引王氏曰：「魏泰者，場屋不得志，喜偽作他人著書，如《志怪集》《括異志》《倦遊錄》，盡假名武人張師正。又不能自抑，出其姓名，作《東軒筆錄》，皆用私喜怒誣衊前人。最後作《碧雲騢》，假作梅堯臣，毀及范仲淹，而天下駭然不服矣。」

　　今按，《括異志》十卷，舊本題宋張師正撰。師正字不疑，熙寧中為辰州帥。《文獻通考》載師正擢甲科後宦遊四十年不得志，於是推變怪之理，參見聞之異，得二百五十篇，魏泰為之序。此本不載魏序，蓋傳寫佚之。然王銍《默記》以是書即魏泰作。蓋泰為曾布之婦兄，而銍則曾紆之婿，猶及識泰，其言當不誣也。（《四庫全書總目》卷一四四）

　　又按，《括異志》有《四部叢刊》本。張元濟《影宋抄本括異志跋》云：「右《括異志》十卷，襄國張師正纂。晁氏《郡齋讀書志》曰：『師正擢甲科，得太常博士，後宦遊四十年，不得志，於是推變怪之理，參見聞之異，得二百五十篇，魏泰為之序。』是本不載魏序……《四庫》著錄亦十卷，《提要》無貶詞，僅據王銍《默記》，疑為魏泰託名之作，列入存目，以是流傳甚少。此尚為明正德時人依宋本傳錄，可貴也。」（《張元濟古籍書目序跋彙編》第907頁）

〔四〕【考證】郭紹虞先生云：「《臨漢隱居詩話》與《東軒筆錄》雖別為二書，然其中頗多互見之條，如蘇舜初自歉作詩被人比梅堯臣……均見《筆錄》卷十五。

是亦可知此書為晚年所撰，自悔少年所撰《筆錄》多有失實之處，故特錄數
則以自蓋前愆歟？」（《宋詩話考》第 13 頁）今按，陳應鸞撰《臨漢隱居詩話
校注》（巴蜀書社 2001 年版）。

〔五〕【整理與研究】中華書局 1983 年出版了李裕民先生的點校本。

222. 泊宅編三卷

宋方勺（1066～？）撰。勺有《青溪寇軌》，已著錄。勺家本婺州（今浙江金
華），後徙居湖州之西溪。湖有張志和泊舟處，後人以志和有泛宅浮家之語，
謂之泊宅村。勺寓其間，因自號泊宅村翁。〔一〕是編蓋即是時所作也。

《宋史·藝文志》載勺《泊宅編》十卷。此本僅三卷，乃商維濬載入《稗
海》者。明人傳刻古書，每多臆為竄亂。今無別本可校，不知其為原帙否。所
載皆元祐迄政和間朝野舊事，於王安石、張商英輩皆有不滿之詞〔二〕，蓋亦公
論。至宗澤乃其鄉里，而徽宗時功名未盛，故勺頗譏其好殺，則是非未必盡
允。

又袁文《甕牖閒評》〔三〕據《欽宗實錄》，知欽宗即位之日，王黼入賀，
已敕合門使勿納，即貶崇信軍節度使，賜死於路。而勺仍記其有從幸龍德宮
獻詩，識者指以為識事，則記載亦或失實。然其間遺聞軼事，摭拾甚多，亦考
古者所不廢。書中間有附注，如教授誤據建版「坤為金」一條，言不欲顯其姓
名，而條下注曰：「姚祐尚書也。」〔四〕又秦觀贈妓陶心詞一條，條下注曰：
「此乃誤記東坡詞（云云）。」皆似非勺之自注。然詳其詞氣，當亦宋人筆也。
〔五〕（《四庫全書總目》卷一百四十一）

【注釋】

〔一〕【方勺號泊宅】《泊宅編》卷上：「烏程縣之東數十里，有泊宅村，時人不曉
泊宅之義，予寓居之。明年買田，適在村下，因閱金石遺文，昔顏魯公守湖
州，張志和浮家汎宅，往來苕霅間，此乃志和泊舟之所也。《續仙傳》云：志
和，越人，而《唐史》以為婺人。予喜卜築之。初聞同里之高風，遂得友其
人於千載，因作詩識之。王侍郎漢之一見，而號予泊宅之少翁，仍為贊曰：
『形色保神，環無初終。粉飾大鈞，而為之容。是曰泊宅之少翁。』」

今按，張志和（約 743～約 810），字子同，號玄真子。盧文弨：「仁聲慕
同里之高躅，故因以名其書。」（《抱經堂文集》卷十一，中華書局 1990 年版
第 156 頁）

〔二〕【不滿之詞】《泊宅編》卷上：「司馬溫公嘗言范景仁之勇決，呂獻可之先見，吾弗如也。或問：『先見何事？』公曰：『頃歲獻可先見，吾一日並轡入朝，問獻可今日所論何事乎？云將攻新參。新參者，王介甫也。是時介甫新入政府，其所欲變更之事未甚著，而獻可排之甚力，然其辭不過曰：「外示樸野，中懷險詐，學師孔、孟，術慕管、商而已。」當時雖溫公，亦以獻可言之之過也。』」

〔三〕【甕牖閒評】其書專以考訂為主，於經、史皆有辯論，條析同異，多所發明。而音韻之學尤多精審，凡偏旁、點畫、反切、訓詁，悉能剖別於毫釐疑似之間。其所載典故事實，亦首尾完具，往往出他書所未備。大致賅洽，實考據家之善本。（《四庫全書總目》卷一一八《甕牖閒評》提要）

〔四〕【坤為金】《泊宅編》卷上：「符建間有杭州學教授出《易》題，誤寫『坤為金』作『金』字，一學生知其非佯為未喻，懷經上請，教授因立義以酬之。生徐曰：『先生所讀，恐是建本。據此監本，乃是「金」字。』教授大慚，鳴鼓自罰二直。無名子以十七字詩云：『教授太昏沉，將金卻為金。萬福你說《易》，龔深。』龔原字深之，縉雲人，嘗著《易》書，舒王稱之，後學之所宗也。然教授者不久遂歷清要，官至八座，近方殂，謝不欲顯其姓名於此。」

〔五〕【整理與研究】中華書局1997年出版許沛藻點校本。

223. 鐵圍山叢談六卷

　　宋蔡絛（？～1126）撰。絛字約之，自號百衲居士，興化仙遊（今屬福建莆田市）人，蔡京之季子也。官至徽猷閣待制。京敗，流白州（今屬廣西博白）以死。《宋史》附載京傳末，稱：「宣和六年（1124），京再起領三省，目昏眊不能視事，悉決於絛。凡京所判，皆絛為之，全代京入奏，由是恣為奸利，竊弄威柄。宰臣白時中、李邦彥惟奉行文書，其罪蓋與京等。」曾敏行《獨醒雜志》則載：「絛作《西清詩話》，多稱引蘇、黃諸人，竟以崇尚元祐之學，為言者論列。」〔一〕蓋雖盜權怙勢，而知博風雅之名者。陳振孫《書錄解題》稱：「《西清詩話》乃絛使其客為之。」〔二〕殆以蔡攸領袖書局，憒不知學，為物論所不歸，故疑絛所著作亦出假手。然此書作於竄逐之後，黨與解散，誰與捉刀？而敘述舊聞，具有文采，則謂之驕恣紈褲則可，不能謂之不知書也。書中稱高宗為今上，「謝石相字」一條稱「中原傾覆後二十一年」，為紹興十七年（1147）。「徽宗買茴香」一條稱「中興歲戊辰」，為紹興十八年（1148）。

又趙鼎亦卒於紹興十七年（1147），而此書記鼎卒後，王趯坐調護鼎被劾罷官，過白州，見絛之事，是南渡後二十餘年尚謫居無恙，亦可云幸逃顯戮矣。

絛所作《北征紀實》二卷，述伐燕之事。陳振孫謂其歸罪童貫、蔡攸，為蔡京文飾。〔三〕此書所敘京事，亦往往如是。如史稱京「患言者議己，作御筆密進，乞徽宗親書以降」，絛則稱「政和三四年，上自攬權綱，政歸九重，皆以御筆從事」；史稱京「由童貫以進」，又稱「宦官、宮妾，合詞譽京」，絛則稱京「力遏宦官，遏之不得，更反折角」；史稱「范祖禹、劉安世皆因京遠竄」，絛則謂京「欲援復安世及陳瓘而不能，已則與祖禹子溫最相契」。其巧為彌縫，大抵類此。惟於其兄攸無怨詞，蓋以攸嘗劾絛，又請京殺絛故也。至於元祐黨籍，不置一語，詞氣之間頗與其父異趣，於三蘇尤極意推崇。而「丁仙現」一條，乃深詆王安石新法，則仍其《西清詩話》之旨也。

他如述九璽之源流，元圭之形制，九鼎之鑄造，三館之建置，大晟樂之宮律，及徽宗五改年號之義，公主初改帝嬴、後帝姬之故，《宣和書譜》《畫譜》《博古圖》之緣起，記所目睹，皆較他書為詳覈。以及辨禁中無六更之例，宮花有三等之別，俗顏包彈之始，粵人雞卜之注，諸葛氏筆、張滋墨、米芾研山、大觀端研、玻璃母、龍涎香、薔薇水、沉水香、合浦珠、鎮庫、藕絲鐙、百衲琴、建溪茶、姚黃花諸條，皆足以資考證廣異聞。又如陳師道《後山詩話》稱：「蘇軾詞如教坊雷大使舞。」〔四〕諸家引為故實，而不知雷為何人。觀此書乃知為雷中慶，宣和中以善舞隸教坊〔五〕。《三經新義》，宋人皆稱王安石，觀此書乃知惟《周禮》為安石親筆，《詩》《書》二經，實出王雱〔六〕。又徽宗繪事，世稱絕藝，觀此書乃知皆畫院供奉代為染寫，非真自作〔七〕，尤歷來賞鑒家所未言。其人雖不足道，以其書論之，亦說部中之佳本矣。《文獻通考》作五卷，此本實六卷，或《通考》為傳寫之誤歟？（《四庫全書總目》卷一百四十一）

【注釋】

〔一〕【史源】《獨醒雜志》卷二。

〔二〕【史源】《直齋書錄解題》卷二十二。郭紹虞先生認為：「如非出絛客所為，當是其書早佚，而後人雜抄他書足成三卷以欺人者。書中謂『作詩用事要如禪家語，水中著鹽，飲水乃知鹽味』……皆有自得，非拾人牙慧者，故能為論詩者所宗。」（《宋詩話考》第22頁）

〔三〕【史源】《直齋書錄解題》卷五。

〔四〕【後山詩話】舊本題宋陳師道撰。陸游《老學庵筆記》深疑《後山叢談》及此
　　書，且謂《叢談》或其少作，此書則必非師道所撰。今考其中於蘇軾、黃庭
　　堅、秦觀俱有不滿之詞，殊不類師道語。且謂「蘇軾詞如教坊雷大使舞，極
　　天下之工，而終非本色。」案：蔡絛《鐵圍山叢談》稱雷萬慶宣和（1119～
　　1125）中以善舞隸教坊。軾卒於建中靖國元年（1101）六月，師道亦卒於是
　　年十一月，安能預知宣和中有雷大使？借為譬況，其出於依託，不問可知矣。
　　至謂陶潛之詩切於事情而不文，謂韓愈《元和聖德詩》，於集中為最下；而裴
　　說《寄邊衣》一首，詩格柔靡，殆類小詞，乃亟稱之，尤為未允。其以王《建
　　望夫石》詩為顧況作，亦間有舛誤。疑南渡後舊稿散佚，好事者以意補之耶？
　　然其謂「詩文寧拙毋巧，寧樸毋華，寧粗毋弱，寧僻毋俗」；又謂「善為文者，
　　因事以出奇，江河之行，順下而已；至其觸山赴谷，風搏物激，然後盡天下
　　之變」，持論間有可取。其解杜甫《同谷歌》之黃獨，《百舌》詩之讒人；解
　　韋應物詩之新橘三百；駁蘇軾《戲馬臺》詩之玉鉤、白鶴，亦間有考證。

　　　　今按，郭紹虞先生《宋詩話考·後山詩話》云：「此書在宋時已多疑為依
　　託之作。胡仔……有後人誤編之疑。稍後，陸游《渭南文集》有《後山詩話跋》，
　　謂『《談叢》《詩話》皆可疑。《談叢》尚恐是少時所作，《詩話》決非也』……
　　其後方回《桐江集》卷三《讀後山詩話跋》列舉四事……遂斷言『此《詩話》
　　非後山所為』。在清代修《四庫全書》時，撰《提要》者復舉可疑之點二……
　　竊以為方回所舉師道少山谷八歲必不識其父，與《提要》所舉雷大使事，一為
　　師道不及見，一為師道不能預知，此二證最堅強有力，鐵案如山，不容翻矣……
　　然則此書殆為利用後山之名，以逞門戶之私者之所為矣。」（第16～20頁）郭
　　紹虞先生認為，《後山詩話》擴大了文學批評的範圍，使詩話之作由說部而進
　　入理論批評。

〔五〕【史源】《鐵圍山叢談》卷六。

〔六〕【史源】《鐵圍山叢談》卷四：「王元澤奉詔修三經義，時王丞相（介甫）為之
　　提舉，蓋以相臣之重，所以假命於其子也。吾後見魯公與文正公二父，相與
　　談往事，則每云：《詩》《書》蓋出元澤暨諸門弟子手。至若《周禮新義》，實
　　丞相親為之筆削者……吾得見之。《周禮新義》筆跡猶斜風細雨，介甫誠親
　　書，而後知二父之談信。」

〔七〕【史源】《鐵圍山叢談》卷六：「獨丹青，以上皇（指宋徽宗——引者）自擅其
　　神逸，故凡名手多入內，供奉代御染寫，是以無聞焉。」

224. 唐語林八卷

宋王讜撰。陳振孫《書錄解題》云：「長安王讜正甫，以唐小說五十家，仿《世說》，分三十五門，又益十七門為五十二門。」〔一〕晁公武《郡齋讀書志》云：「未詳撰人。效《世說》體分門，記唐世名言，新增嗜好等十七門，餘皆仍舊。」〔二〕馬端臨《經籍考》引陳氏之言入小說家，又引晁公氏之言入雜家，兩門互見，實一書也。惟陳氏作八卷，晁公作十卷，其數不合。然陳氏又云：「《館閣書目》十一卷，闕《記事》以下十五門。另一本亦止八卷，而門目不闕。」蓋傳寫分併，故兩本不同耳。讜之名不見史傳，考書中「裴佶」一條，「佶」字空格，注云「御名」。宋惟徽宗諱佶，則讜為崇寧、大觀間人矣。

是書雖仿《世說》，而所紀典章故實，嘉言懿行，多與正史相發明，視劉義慶之專尚清談者不同。且所採諸書，存者亦少，其裒集之功，尤不可沒。

明以來刊本久佚，故明謝肇淛《五雜俎》引楊慎語，謂《語林》罕傳，人亦鮮知〔三〕。惟武英殿書庫所藏有明嘉靖初桐城齊之鸞所刻殘本，分為上下二卷，自德行至賢媛，止十八門。前有之鸞自序，稱所得非善本，其字畫漫漶，篇次錯亂，幾不可讀。

今以《永樂大典》所載，參互校訂，刪其重複，增多四百餘條，又得原《序目》一篇，載所採書名及門類總目，當日體例尚可考見其梗概。惟是《永樂大典》各條散於逐韻之下，其本來門目難以臆求。謹略以時代為次，補於刻本之後，無時代者又後之，共為四卷。又刻本上下二卷，篇頁過繁，今每卷各析為二，仍為八卷，以還其舊。此書久無校本，訛脫甚眾，文義往往難通。謹取新舊《唐書》及諸家說部，一一詳為勘正，其必不可知者，則姑仍原本，庶不失闕疑之義焉。〔四〕（《四庫全書總目》卷一百四十一）

【注釋】

〔一〕【史源】《直齋書錄解題》卷十一。

〔二〕【史源】《郡齋讀書志》卷十三。

〔三〕【史源】《丹鉛餘錄》卷五。

〔四〕【整理與研究】1987年中華書局出版周勛初校證本（《歷代史料筆記叢刊》本）。

225. 過庭錄一卷

宋范公偁撰。公偁仕履未詳。據其所言，乃仲淹之玄孫，而不言其曾祖

為誰。觀其稱純禮名為右丞、純粹為五侍郎，則必非純禮、純粹二人之後。純祐惟一子，曰正臣，官太常寺太祝，與所言祖光祿者不合，則亦非純祐之後。考純仁傳末稱二子正平、正思，此書皆稱為伯祖，則並似非純仁後。惟純仁傳中有沒之日幼子五孫皆未官語，正平傳中亦稱以遺澤官推與幼弟。後蔡京興偽造純仁行狀之獄，正思與正平爭承，則純仁沒時，正思已不年幼。知純仁尚有一幼子，光祿即所蔭之官，公偁之父，蓋即其子。書中稱其於純仁沒後，未及釋服而卒，故後來不預行狀事，而史遂但稱純仁子二人耳。以是推之，知為純仁之曾孫也。

其書多述祖德，皆紹興丁卯（1147）、戊辰（1148）間聞之其父，故命曰「過庭」。語不溢美，猶有淳實之遺風。惟純禮自政府出守潁昌，史以為王詵之譖，此則以為中官閻守忠之譖，則未知孰是也。中亦間及詩文雜事，如記宋祁論杜詩實下盧成語，記蘇軾論中嶽畫壁似韓愈《南海碑》語，皆深有理解。其他蘇、黃集外文及燕照鄰、崔鷗諸人詩詞，亦多可觀〔一〕。獨《黃鬚翁傳》即李靖虯髯客事，而稱為已佚之異書，則偶誤記耳。（《四庫全書總目》卷一百四十一）

【注釋】

〔一〕【史料二則】滕子京負大才，為眾忌嫉，自慶帥謫巴陵，憤鬱頗見辭色。文正與之同年，友善，愛其才，恐後貽禍。然滕豪邁自負，罕受人言，正患無隙以規之，子京忽以書抵文正，求《岳陽樓記》，故記中云：「不以物喜，不以己悲。先天下之憂而憂，後天下之樂而樂。」其意蓋有在矣。戊辰十月，因觀《岳陽樓記》，遂言及此耳。○王介甫未達，韓子華、富彥國愛其才，皆力薦於朝。王秉政，頗失士望，二公悔惡之。張安道歸南京，富公守陳。安道由陳見富公，尊俎閒談，疾介甫不已。安道略不答，富公曰：「安道是介甫耶？」安道曰：「某何嘗謂是？公自不知人，今將何尤？」富公默然無語。

226. 聞見前錄二十卷

宋邵伯溫（1057～1134）撰。伯溫有《易學辨惑》，已著錄。

伯溫藉邵子之緒，猶及見元祐諸耆舊，故於當時朝政，具悉端委。是書成於紹興二年（1132）。〔一〕前十六卷，記太祖以來故事，而於王安石新法始末及一時同異之論，載之尤詳。其論洛、蜀、朔三黨相攻，惜其各立門戶，授小人以間；又引程子之言，以為變法由於激成，皆平心之論。其記鐙籠錦事，出文彥博之妻，於事理較近。其記韓、富之際，由轍簾不由定策，亦足以訂強至

家傳之訛。周必大跋《呂獻可墓誌》謂：「伯溫是書，頗多荒唐，凡所書人及其歲月，鮮不差誤。」〔二〕殆好惡已甚之詞，不盡然也。十七卷多記雜事。其洛陽永樂諸條，皆寓麥秀黍離之感。十八卷、二十卷，皆記邵子之言行〔三〕。而殤女轉生，黑猿感孕，意欲神奇其父，轉涉妖誣。又記邵子之言，謂老子得《易》之體，孟子得《易》之用，文中子以佛為西方聖人，亦不以為非，似乎附會。至投壺一事，益猥瑣不足紀。蓋亦擇焉不精者，取其大旨可耳。〔四〕（《四庫全書總目》卷一百四十一）

【注釋】

〔一〕【自序】《易》曰：「君子多識前言往行，以畜其德。」《孟子》曰：「則聞而知之，則見而知之。」伯溫以先君子之故，親接前輩，與夫侍家庭，居鄉黨，遊宦學，得前言往行為多，以畜其德則不敢當。而老景侵尋，偶負後死者之責，類之為書，曰《聞見錄》，尚庶幾焉。紹興二年十一月十五日甲子，河南邵伯溫書。

〔二〕【史源】周必大《文忠集》卷四十七《題呂獻可墓誌》。

〔三〕【史源】《聞見錄》卷十八：「熙寧三年，司馬溫公與王荊公議新法不合，不拜樞密副使，乞守郡，以端明殿學士知永興軍。後數月，神宗思之，曰：『使司馬在朝，人主自然無過。』舉移許州，令過闕上殿，公力辭，乞判西京留司御史臺，遂居洛，買園於尊賢坊，以獨樂名之。始與伯溫先君子康節遊，嘗曰：『光，陝人；先生，衛人。今同居洛，即鄉人也。有如先生道學之尊，當以年德為貴，官職不足道也。』公一日著深衣，自崇德寺書局散步洛水堤上，因過康節天津之居，謁曰『程秀才』云。既見溫公也，問其故公，笑曰：『司馬出程伯休父，故曰程。』留詩云：『拜罷歸來抵寺居，解鞍縱馬罷傳呼。紫衣金帶盡脫去，便是林間一野夫。草軟波清沙路微，手攜筇杖著深衣。白鷗不信忘機久，見我猶穿柳岸飛。』康節和曰：『冠蓋紛華塞九衢，聲名相軋在前呼。獨君都不將為事，始信人間有丈夫。風背河聲近亦微，斜陽淡泊隔雲衣。一雙白鷺來煙外，將下沙頭卻背飛。』公一日登崇德閣，約康節，久未至，有詩曰：『淡日濃雲合復開，碧伊清洛遠縈回。林間高閣望已久，花外小車猶未來。』康節和云：『君家梁上年時燕，過社今年尚未回。謂罰誤君凝竚久，萬花深處小車來。』又云：『天啟夫君八斗才，野人中路必須回。神仙一語難忘處，花外小車猶未來。』康節有《安樂窩中詩》云：『半記不記夢覺後，似愁無愁情倦時。擁衾側臥未欲起，簾外落花撩亂

飛。』公愛之，請書紙廉上，字畫奇古，某家世寶之。公與康節唱酬甚多，
具載《擊壤集》。公嘗問康節曰：『某何如人？』曰：『君實腳踏實地人也。』
公深以為知言。至康節捐館，公作挽詩二章，其一曰：『慕德聞風久，論交
傾蓋新。何須半面舊，不待一言親。講道切磋直，忘懷笑語真。重言蒙詎
實，佩服敢書紳。』記康節之言也。康節又曰：『君實九分人也。』其重之
如此。後公以康節之故，遇其孤伯溫甚厚。公無子，以族人之子康為嗣。康
字公休，其賢似公，識者謂天故生之也。公休與伯溫交遊益厚，公薨，公休
免喪。元祐間，方欲大用，亦不幸特贈諫議大夫。公休有子植方數歲，公休
素以屬伯溫，至范純夫內翰輩皆曰：『將以成溫公之後者，非伯溫不可。』
朝廷知之，伯溫自長子縣尉移西京國子監教授，俾植得以卒業，因經紀司
馬氏之家。植字子立，既長，其賢如公休，天下謂真溫公門戶中人也。」

〔四〕【整理與研究】中華書局 1983 年出版李劍雄、劉德權點校本。

227. 清波雜志十二卷別志二卷

宋周煇（1126～？）撰。煇字昭禮，邦彥之子。厲鶚《宋詩紀事》附載馬曰
琯之言曰：「舊本《清波雜志》有張貴謨序。書中煇俱作煇，應從之。」〔一〕
案：是編為影宋精本〔二〕，書中俱作「煇」，張貴謨序〔三〕亦存，恐曰琯所見
者，或轉是訛本。煇自題〔四〕曰淮海人，而《兩浙名賢錄》載之。書中有「祖
居錢塘後洋街」語，則煇實自浙遷淮也。是書之末有（張）〔章〕斯中、張訴、
陳晦、楊寅、張岩、龔頤正、徐似道等七跋〔五〕，皆同時人。似道稱煇為處士，
然煇曾試宏詞奏名，見之書中，或當時未就官耶？《別志》又自稱嘗至金國，
益不可解，或隨出使者行也。

「清波」為杭州城門之名，紹興中煇寓其地，因以名書。所記皆宋人雜
事。方回《桐江續集》力詆其尊王安石之非〔六〕。考書中稱煇之曾祖與安石為
中表，蓋親串之間，不無迴護，猶之王明清《揮塵諸錄》曲為曾布解耳。知其
私意所在則可，以此盡廢其書，則又門戶之見矣。

是書原本十二卷，商濬《稗海》作三卷，蓋明人刊本，多好合併刪削，不
足為異。諸跋並稱二志，惟龔頤正跋作三卷。考宋人著書，率以前、後、別、
續、新分為五集，則別志之前，似乎當有後志。然《別志》中但稱前志，不及
後志。嘉靖戊申（1548）姚舜跋亦但稱《雜志》十二卷、《別志》二卷。則自明
以來，惟此兩集，或頤正跋三字誤歟？〔七〕（《四庫全書總目》卷一百四十一）

【注釋】

〔一〕【考證】《宋詩紀事》卷五十八:「周煇,煇字昭禮,邦之子,樞密麟之之族姪,南渡寓居臨安府之清波門,著《清波雜志》。」馬曰琯按:「今刊本《清波雜志》作『煇』,舊本有紹熙四年張貴謨序,書中俱作『煇』,宜從之。」按,夏荃《退庵筆記》卷十和李慈銘《越縵堂讀書記》卷八多引前人觀點對《清波雜志》作此類評述。夏、李兩位學者對《四庫全書總目》謂周因其祖與王安石互為中表而多加迴護之事,已經作出頗為細緻的辯證。到了近代,對《清波雜志》的研究多以辯證前人的評論為主。近人莫伯驥《五十萬卷樓群書跋文‧子二》、余嘉錫《四庫提要辯證》卷十八均為周推尊王安石之事亦加以辯證。

〔二〕【版本】此書有《四部叢刊》本,張元濟《宋本清波雜志跋》云:「《四庫全書》著錄為影宋精本,不知何以亦沿商、鮑二本之誤;且章斯才之後序,名更誤為張斯中,此可證展轉傳寫之多訛,更足見宋刻之可貴。」(《張元濟古籍書目序跋彙編》第 906 頁)

〔三〕【張貴謨序】余故人周昭禮嗜學,攻於文,當世名公卿多折節下之。余與昭禮定交,今不翅二十年矣。每一別再見,喜其論議益該洽,文益工。今老矣,而志益壯。一日示余以所撰《清波雜志》十有二卷,紀前言往行及耳目所接,雖尋常細事,多有益風教,及可補野史所闕遺者。

〔四〕【清波雜志題識】煇早侍先生長者,與聆前言往行有可傳者,歲晚遺忘,十不二三。暇日因筆之,非曰著述,長夏無所用心,賢於博弈云爾。時居都下清波門,目為《清波雜志》。

〔五〕【章斯中跋】讀書貴有用。昭禮於書無不讀,而其用不見於世。胸中萬卷,浩乎沛然者,其真為無用之具耶?《清波雜志》之作,隨事紀載,證據今古,亦殫洽矣。間出己意折衷之,議論所到,有前輩不曾言。開卷一覽,聞所未聞。使人起敬愛心,聲聞播流,當同此書為不朽,則知讀書之用,固有在此而不在彼者乎!

〔六〕【史源】方回《桐江續集》卷二十四《十月二十二夜三更讀清波雜志至五更》:「坐至五更轉,讀過一寸厚。是書必有益,但當審去取。著此者為誰,未欲斥氏某。金陵三不足,奎聚天地剖。尊之配孔庭,邪說陰授受。後世公論定,馨穢兩不朽。未知八寒獄,惇卞果入否?」

〔七〕【整理與研究】中華書局 1994 年出版劉永翔校證本,2003 年出版中華再造善本 1 函 4 冊。

228. 雞肋編三卷

宋莊季裕撰。季裕名綽，以字行，清源（今福建惠安）人。其始末未詳〔一〕。惟呂居仁《軒渠錄》其狀貌清腴，人目為細腰宮院子〔二〕。又薛季宣《浪語集》有《季裕筮法新儀序》〔三〕，亦皆不著其生平。據書中年月，始於紹聖，終於紹興，蓋在南北宋之間。又「尹孝子」一條自稱嘗攝襄陽尉，又「原州棠樹」一條稱作倅臨涇，「李偲食糟蟹」一條稱官於順昌，「瑞香亭」一條稱官於澧州，其為何官則莫可考矣。

此書前有自序〔四〕，題紹興三年（1133）二月五日，而所記以紹興九年（1139）事，疑書成之後，又續有所增。世無刊本，陶宗儀《說郛》僅錄其二三十條。此本較《說郛》所載，約多五倍，後有至元（乙）〔己〕卯（1279）仲春月觀陳孝先跋曰：「此書莊綽季裕手集也。綽博物洽聞，有《杜集援證》《灸膏肓法》《筮法新儀》行於世。聞其他著述尚多，惜未之見。此書經秋壑點定，取以為《悅生隨抄》，而訛謬最多，因為是正如右。然掃之如塵，尚多有疑誤（云云）。」蓋猶季裕之完本也。

季裕之父在元祐中與黃庭堅、蘇軾、米芾諸人遊，季裕猶及識芾及晁補之，故學問頗有淵源，亦多識軼聞舊事。書中如不知《龍城錄》為同時王銍所作，反據以駁《金華圖經》之類，間失考證。然可取者多。其記「遼宋誓書」一條，大旨以和議為主，亦各抒所見。季裕方浮沉郡縣，與當時朝士附合秦檜者固自有殊。統觀其書，可與後來周密《齊東野語》相埒，非《輟耕錄》諸書所及也。（《四庫全書總目》卷一百四十一）

【注釋】

〔一〕【作者研究】蕭魯陽撰《莊綽生平資料考辨》，載中華書局《雞肋編》點校本附錄二。

〔二〕【細腰宮院子】《說郛》卷三十四上：「莊綽，字裕年，未甚老，而體極腰瘠，江枋仲本呼為細腰宮院子。」

〔三〕【季裕筮法新儀序】薛季宣《浪語集》未載此序，疑有誤。

〔四〕【自序】昔曹孟德既平漢中，欲因討蜀而不得進，守之又難為功，操出教唯曰「雞肋」而已，外莫能曉。楊脩獨曰：「夫雞肋，食之則無所得，棄之則殊可惜。公歸計決矣。」阿瞞之績，無見於策，而其空言，竟著於後。是豈非雞肋之臘邪？然方其掘蘆菔、薅苨而餓於牆壁之間，幸而得之，雖不及於兔

肩，視牛骨為愈矣。予之此書，殆類於是，故以「雞肋」名之。紹興三年二月九日，清源莊季裕書。

229. 聞見後錄三十卷

宋邵博（？～1158）撰。博字公濟，伯溫子也。

是編蓋續其父書，故曰《後錄》〔一〕。其中論復孟後諸條，亦有與《前錄》重出者。然伯溫所記，多朝廷大政，可裨史傳。是書兼及經義、史論、詩話，又參以神怪、俳諧，較《前錄》頗為瑣雜。又伯溫書盛推二程，博乃排程氏而宗蘇軾。觀所記游酢、謝良佐之事，知康節沒後，程氏之徒欲尊其師而抑邵，故博有激以報之。

蓋怙權者務爭利，必先合力以攻異黨，異黨既盡，病利之不獨擅，則同類復相攻；講學者務爭名，亦先合力以攻異黨，異黨既盡，病民之不獨擅，則同類復相攻，固勢之必然，不足怪也。

至其匯輯疑孟諸說，至盈三卷；證《碧雲騢》真出梅堯臣手〔二〕；記王子飛事，稱佛法之靈；記湯保衡事，推道教之驗；論晏殊薄葬之非；詆趙鼎宗洛學之謬，皆有乖邵子之家法。他若以元稹詩作黃巢之類，引據亦頗疏略。惟其辨宣仁之誣，載司馬光集外章疏之類，可資考訂。議《通鑒》削屈原之非，駁王安石取馮道之謬，辨《伊川易傳》非詆垂簾，證紹興玉璽實非和璧，論皆有見。談詩亦多可採。宋人說部，完美者稀，節取焉可矣。（《四庫全書總目》卷一百四十一）

【注釋】

〔一〕【自序】先人蚤接昔之君子，著其聞見於篇，甚嚴博，不肖外繼有得，在前例為合間，後出他記不避也，或以司馬遷之書曰太史公，猶其父談云爾。曷緒之篇下，亦不失為遷也。嗟夫！筆四十年，獲麟已絕矣。續明年，又明年，孔邱卒，非是，但云《聞見後錄》云。

〔二〕【辨偽】《聞見後錄》卷十六：「梅聖俞著《碧雲騢》，永昭陵時名下大臣惟杜祁公、富鄭公、韓魏公、歐陽公無貶外，悉譏詆之，無少避。其序曰：碧雲騢，廄馬也。莊憲太后臨朝，以賜荊王，王惡其旋毛，太后知之，曰：旋毛能害人邪？吾不信，留以備上閒，為御馬第一，以其吻肉色碧如霞片，故號。云世以旋毛為醜，此以旋毛為貴，雖貴矣，病可去乎？噫！范文正公者亦在詆中，以文正微時常結中書吏人范仲尹，因以破家，文正既貴，略不收恤。

王銍性之不服，以為魏泰偽託。聖俞著此書，性之跋范仲尹墓誌云：近時襄陽魏泰者，場屋不得志，喜偽作他人著書，如《志怪集》《括異志》《倦遊錄》，盡假名武人張師正，又不能自抑，出其姓名，作《東軒筆錄》，皆用私喜怒，誣衊前人，最後作《碧雲騢》，假名梅聖俞，毀及范文正公，而天下駭然不服矣。且文正公與歐陽公、梅公立朝同心，詎有異論？特聖俞子孫不耀，故挾之藉重以欺世。今錄楊闢所作范仲尹墓誌，庶幾知泰亂是非之實至此也，則其他泰所厚誣者皆迎刃而解，可盡信哉？僕猶及識泰，知其從來最詳，張而明之，使百世之下，文正公不蒙其謬焉。潁人王銍性之題，予以為不然，亦書其下云：美哉！性之之意也。使范公不蒙其謬，聖俞亦不失為君子矣。然聖俞蚤接諸公，名聲相上下，獨窮老不振，中不能無躁，其《聞范公訃》詩：『一出屢更郡，人皆望酒壺。俗情難可學，奏記向來無。貧賤常甘分，崇高不解諛。雖然門館隔，泣與眾人俱。』夫為郡而以酒悅，人樂奏記納諛佞，豈所以論范公者，聖俞之意真有所不足邪？如著文公燈籠錦事，則又與書竄詩合矣，故予疑此書實出於聖俞也。」

230. 桯史十五卷

宋岳珂（1183〜1234）撰。珂有《九經三傳沿革例》，已著錄。

是編載南北宋雜事，凡一百四十餘條。其間雖多俳優詼諧之詞，然惟金華士人著命司諸條，不出小說習氣，為自穢其書耳。餘則大旨主於寓褒刺、明是非、借物論以明時事，非他書所載徒資嘲戲者比。

所記遺事，惟張邦昌、劉豫二冊文可以不存。又「康與之題徽宗畫」一條為張端義《貴耳集》所駁，「敕陶孫譏韓侂冑詩」一條與葉紹翁《四朝聞見錄》互異，亦偶然失實。至於「石城堡寨」、「汴京故城」諸條皆有關於攻取形勢。他如「湯岐公罷相」、「施宜生」、「趙希先節概」、「葉少蘊內制」、「乾道受書禮」、「范石湖一言悟主」、「紫宸廊食」、「燕山先見」、「大散論賞書」、「秦檜死報」、「鄭少融遷除」、「任元受啟」、「陳了翁始末」、「開禧北征」、「二將失律」、「愛莫助之圖」、「慶元公議」、「黃潛善」〔一〕諸條，皆比正史為詳備。所錄詩文亦多足以旁資考證。在宋人說部中，亦王明清之亞也。

惟其以《桯史》為名，不甚可解。考《說郛》載柳珵《常侍言旨》，其第一條記明皇遷西內事，末云此事本在朱崖太尉所續《桯史》第十六條內。則李德裕先有此名，案：此書《唐志》不著錄。疑即德裕《次柳氏舊聞》〔二〕之別名也。珂

蓋襲而用之。然《考工記》曰：「輪人為蓋，達常為圍三寸，桯圍倍之。」注曰：「桯，車槓也。」《說文解字》曰：「桯，第前几也。」皆與著書之義不合。至《廣韻》訓為「確桯」《集韻》訓「與楹同」，義更相遠。疑以傳疑，闕所不知可矣。

毛晉刻本末有附錄一卷，前為岳飛傳及飛遺文，並珂詩文各一首，已與此書無關。又附明劉瑞《孝娥井銘》《王公祠記》各一篇，尤足驗非此書所舊有。今並刪之，庶不溷簡牘焉。〔三〕（《四庫全書總目》卷一百四十一）

【注釋】

〔一〕【史源】《桯史》卷十五「黃潛善」條。

〔二〕【次柳氏舊聞】唐李德裕撰。或稱《柳氏舊聞》，一名《明皇十七事》。1985年上海古籍出版社出版《開元天寶遺事十種》本。

〔三〕【整理與研究】津逮本、學津本、中華書局1981年吳企明點校本。此書有《四部叢刊》影元本，張元濟跋云：「是書為鐵琴銅劍樓所藏，定為元刊本。海虞毛晉、張海鵬先後覆刻，於陳氏（文東）校正之字，多未採用，疑當日亦未見是本也。」（《張元濟古籍書目序跋彙編》第906頁）

231. 四朝聞見錄五卷

宋葉紹翁撰。紹翁自署龍泉（今屬浙江麗水市）人。又書中載程公許〔一〕與論真德秀諡議手柬，字之曰靖逸。而厲鶚《宋詩紀事》稱其字嗣宗，建安人〔二〕，與自述互異。考所載「高宗航海」一條，自稱本生祖曰李穎士，建之浦城人，則建安其祖籍歟？其歷官始末無考。觀所記「庚辰京城災周端朝諷其論事」一條，及「與真德秀私校殿試卷」一條，則似亦嘗為朝官。其所居何職，則不可詳矣。

所錄分甲、乙、丙、丁、戊五集，凡二百有七條。甲、乙、丙、戊四集，皆雜敘高、孝、光、寧四朝軼事，各有標題，不以時代為先後。惟丁集所記，僅寧宗受禪、慶元黨禁二事，不及其他。紹翁與真德秀遊，故其學一以朱子為宗。然「賣武夷山」一條，乃深惜朱在之類其家聲〔三〕，案：在，朱子之子，時官戶部侍郎。無所隱諱，則非攀援門戶者比，故所論頗屬持平。南渡以後，諸野史足補史傳之闕者，惟李心傳之《建炎以來朝野雜記》號為精覈，次則紹翁是書。

陳郁《藏一話腴》嘗摘其誤以劉禹錫《題壽安甘棠驛詩》為趙仲湜《遊天竺詩》一條〔四〕，周密《齊東野語》嘗摘其「光宗內禪慈懿於臥內取璽」一

條〔五〕，又摘其「函韓侂胄首求和誤稱由章良能建議」一條〔六〕，又摘其「南園香山」一條〔七〕。蓋小小訛異，記載家均所不免，不以是廢其書也。惟王士禛《居易錄》謂其頗涉煩碎，不及李心傳書〔八〕。今覈其體裁，所評良允。故心傳書入史部，而此書則列小說家焉。〔九〕（《四庫全書總目》卷一百四十一）

【注釋】

〔一〕【程公許】（1182～？），字季與，號滄州，敘州宣化（今四川宜賓）人。著有《滄州塵缶編》。

〔二〕【史源】《宋詩紀事》卷七十一。

〔三〕【史源】《四朝聞見錄》卷二「洛學」條：「……考亭之子在，趨媚時好，遂階法從，視其父忤准者異矣。予嘗與閩士同舟，相與歎息，在之弗紹，且謂在盡根盡骨，賣了武夷山。閩士謂士曰：『子之鄉橐，只是賣了一座武夷山。我之鄉橐，卻賣了三座山。』三座山蓋指三山，鄉橐謂梁成大也。程源為伊川嫡孫，無憀殊甚。嘗鬻米於臨安新門之草橋，後有教之以干當路者，著為《道學正統圖》，自考亭之後剿入當路姓名，遂特授初品，因除二令，又以輪對改合入官遷寺監丞，伊川、考亭掃地矣。諸學子孫，惟呂氏未墜，成公猶子康年，甲戌廷對，真文忠欲置之狀頭，同列以其言中書之務未清，恐觸時政，文忠固爭不從，遂自甲置乙，文忠嘗出其副示予，相與歎息。公輟俸，命書市刻之。」

〔四〕【史源】《藏一話腴內編》卷上：「中山劉賓客題壽安甘棠館云：『公館似仙家，池清竹徑斜。山禽忽驚起，衝落半巖花。』然觀《四朝聞見錄》第一條，以此詩乃恭孝儀王仲湜遊天竺所作，豈偶忘之耶？」

〔五〕【史源】《齊東野語》卷三「四朝聞見錄」條：「寧宗次日謁光宗，慈懿方自臥內取璽與之。按：御璽重寶，安得即位後方取？兼璽玉各有職掌，安得置之臥內？恐非是實。」

〔六〕【史源】《齊東野語》卷三「誅韓本末」條：「時王楠以出使在金虜帳。一日，金人呼楠問韓太師何如人？楠因盛稱其忠賢威略。虜徐以邊報示之曰：『如汝之言，南朝何故誅之？』楠窘懼不能對。於是無厭之求，難塞之請，皆不敢與較，一切許之，以為脫身之計。及歸，乃以金人慾求侂胄函首為辭，而葉時復有梟首之請，於是詔侍從兩省臺諫集議。先是諸公間亦有此請，上重於施行。至是，林樞密大中、樓吏書鑰、倪兵書思，皆以為和議重事，待此而決，奸凶已斃之首，又何足惜？與其亡國，寧若辱國，而倪公主之尤力；

且謂在朝有受其恩，欲為之地者。蓋朝堂集議之時，獨章文莊良能於眾中以事關國體，抗詞力爭。所謂欲為之地者，指章也。」（葉清逸《聞見錄》云：良能首建議函首，王介以為不可，此非是實。）

〔七〕【史源】《齊東野語》卷五「南園香山」條：「事有一時傳訛，而人競信之者，閱古之敗，眾惡皆歸焉。然其間率多浮誕之語，抑有乘時以醜名惡聲，以詆平日所不樂以甘心者，如犬吠村莊等事是也。姑以《四朝聞見錄》所載一事言之。謂蜀帥獻沉香山，高五丈，立之南園凌風閣下。今慶樂園，即昔之南園也。所謂香山，尚巍然立於閣前，乃枯枿耳，初非沉香也。推此以往，人言未可盡信也如此。余嘗戲賦絕句云：『舊事淒涼尚可尋，斷碑閒臥草深深。凌風閣下槎牙樹，當日人疑是水沈。』」

〔八〕【史源】《居易錄》卷八：「龍泉葉紹翁《四朝見聞錄》，自甲集迄戊集，亦纂述南渡事蹟，其間頗有涉煩碎者，不及李氏《朝野雜記》。」

《四朝聞見錄》卷二「洪景盧編唐絕句」條：「孝宗從容清燕，洪公邁侍上語，以宮中無事，則編唐人絕句以自娛，今已得六百餘首。公對曰：『以臣記憶，恐不止此。』上問以有幾，公以五千首對，上大驚曰：『若是多耶？煩卿為朕編集。』洪歸，搜閱凡逾年，僅得什之一二，至於稗官小說、神仙怪詭、婦人女子之詩，皆括而湊之，迨以進御，上固知不迨所對數，然亦嘉其敏贍，亦轉秩賜金帛。」

今按，王漁洋從《萬首唐人絕句》中選其尤者九百餘首。詳見《王漁洋事蹟徵略》第 542～543 頁。

〔九〕【整理與研究】中華書局 1989 年出版沈錫麟、馮惠民點校本。

232. 癸辛雜識前集一卷後集一卷續集二卷別集二卷

宋周密（1232～約 1298）撰。密有《武林舊事》，已著錄。

是編以作於杭州之癸辛街，因以為名。與所作《齊東野語》，大致相近。然《野語》兼考證舊文，此則辨訂者無多，亦皆非要義；《野語》多記朝廷大政，此則瑣事、雜言居十之九，體例殊不相同。故退而列之小說家，從其類也。

明商維濬《稗海》所刻，以《齊東野語》之半誤作《前集》，以《別集》誤作《後集》，而《後集》《續集》則全闕，又並其自序佚之。後烏程閔元衢於金閶小肆中購得抄本，毛晉為刻入《津逮秘書》，始還其原帙。書中楊凝式僧

淨端一條，與《野語》重出，蓋刪除未盡。彌陀入冥、劉朔齋再娶二條，並附注「衢案」云云，蓋閔氏所加。「海鰍兆火」一條〔一〕，附注不題名字，覈其語意，殆亦閔語也。

書中所記頗猥雜，如姨夫、眼眶諸條，皆不足以登記載。而遺文佚事可資考據者實多，究在《輟耕錄》之上。所記羅椅、董敬庵、韓秋巖諸人，於宋末講學之弊，言之最悉〔二〕。其引沈仲固語一條〔三〕、周平原語一條〔四〕，尤言言炯戒，有關於世道人心，正未可以小說忽之矣。

都穆《南濠詩話》曰：「吳興唐廣嘗手錄《癸辛雜識》，見其中載方萬里穢行之事〔五〕，意頗不平。是夜，夢方來，曰：『吾舊與周生有隙，故謗我至此，幸為我暴之（云云）。』」夫是非之公，人心具在。使密果誣衊方回，不應有元一代無一人為回訟冤，至明而其鬼忽靈者，其說荒唐，殆不足辨。且密為忠臣，回實叛賊，即使兩人面質，人終信密，不信回也！況恍惚夢語乎？〔六〕（《四庫全書總目》卷一百四十一）

【注釋】

〔一〕【史源】四庫本《癸辛雜識續集》卷上。

〔二〕【史源】《癸辛雜識續集》卷上「羅椅」條：「羅椅，字子遠，號澗谷，廬陵產也。少年以詩名，高自標緻，常以詩投後村，有『華裾客子袖文過』之句，知其為巨富家子也。壯年留意功名，借徑勇爵，捐金結客，馳名江湖。時方向程朱之學，於是盡棄舊習而學焉。然性理之學必須有所授，然後名家，於是尊饒雙峰為師。時四方從之者數百，類多不能文之人，子遠天資素高，又濟之以性理之學，竟為饒氏高弟，其實欲蓋陶猗之名也。未幾，以李一格薦登賈師憲之門。久之，賈惡其不情，心薄之。時在江陵，值庚申透渡之事，遂去賈，往維揚，依趙月山，遂青鞋破褚，蓬頭垢面，儼然一貧儒也。月山得其銜袖之文，甚喜，遂延之教子，賓主極相得。未幾，師憲移維揚，月山仍參閫幕，一日話間云：『兒輩近得一師善教導，蓋廬陵羅兄也。才美可喜，但一貧可念也。』師憲先廉知為子遠，詒月山云：『好秀才能教子弟，極難得，願見其人。』月山遂拉子遠出見之，師憲為之絕倒，月山茫然問所以，師憲曰：『此江西羅半州也。其家富豪，十倍於我輩，執事高明，乃為所欺耶？』月山甚慚，子遠知蹤跡已露，遂告別而去。既而登丙辰第，以秉義郎換文林為江陵教，又改潭教。潭之士聞其來，先懷輕侮之意，及至首講《中庸》亹亹可聽，諸生乃無語，及宰贛之信豐登畿為提轄榷貨務，賈師憲既知其平生

素詭詐不然之久而不遷，至度宗昇遐失於入臨，於是臺評論罷而去。饒雙峰
者，番陽人，自詭為黃勉齋門人，於晦庵為嫡孫行。同時又有新淦董敬庵、
韓秋岩，皆為雙峰門人，子遠與之極相得，互相稱道，及世變後，道學既掃
地，董、韓再及門，則子遠不復納之矣。董韓亦行怪者，俱不娶，雙峰死，
二君匍匐往哭，縞素，背負木主，每夕，旅邸輒設位，奉木主哭臨之，旅主
人皆患苦之，及道由撫州黃東發震時為守津吏報，云有二秀才素衣背位牌入
界大哭而去，行止怪異，不知何人。東發聞之，即往迎之，亦制服於郡廳設
位，三人會哭，俱稱先師之喪，及自石洞回，東發聘董為臨汝堂長書幣極厚，
留韓郡齋。蓋一時道學之怪往往至此。時人有言云：道學先牌人慾行董敬庵
淦之浮薄者鄉人呼為董苟庵，韓自詭為魏公之裔，僻居郙屋，而榜帖則必稱
本府，常語朋友云先忠獻王勳德在國史，先師文公精神在四書，諸賢不必對
老夫說功名，說學問，以此往往為後生輩所譏云。」

〔三〕【史源】《癸辛雜識續集》卷下「道學」條：「嘗聞吳興老儒沈仲固先生云：
『道學之名，起於元祐，盛於淳熙，其徒有假其名以欺世者，真可以噓枯吹生，
凡治財賦者則目為聚斂，開閫扞邊者則目為麤材，讀書作文者則目為玩物喪
志，留心政事者則目為俗吏，其所讀者止《四書》《近思錄》《通書》《太極圖》
《東西銘》《語錄》之類，自詭其學為正心、修身、齊家、治國、平天下，故
為之說曰：「為生民立極，為天地立心，為萬世開太平，為前聖繼絕學。」其
為太守，為監司，必須建立書院，立諸賢之祠，或刊注《四書》，衍輯語錄，
然後號為賢者，則可以釣聲名，致膴仕，而士子場屋之文必須引用，以為文則，
可以擢巍科，為名士，否則立身如溫國，文章氣節如坡仙，亦非本色也。於是
天下競趨之，稍有議及其黨，必擠之為小人，雖時君亦不得而辨之矣。其氣焰
可畏如此。然夷考其所行，則言行了不相顧，卒皆不近人情之事，異時必將為
國家莫大之禍，恐不在典午清談之下也。』余時年甚少，聞其說如此，頗有嘻
其甚矣之歎。其後至淳祐間，每見所謂達官朝士者，必憒憒冬烘，弊衣菲食，
高巾破履，人望之知為道學君子也。清班要路，莫不如此，然密而察之，則殊
有大不然者，然後信仲固之言不為過。蓋師憲當國，獨握大柄，惟恐有分其勢
者，故專用此一等人，列之要路，名為尊崇道學，其實幸其不才憒憒，不致掣
其肘耳，以致萬事不理，喪身亡國。仲固之言，不幸而中。嗚呼！尚忍言之哉！」

〔四〕【史源】《癸辛雜識別集》卷下「空談實效」條：「周平原云：『學問須觀其效。
如祖宗時尚詩賦，後來以不如經義。然熙豐以來，用經義取士，何如祖宗時

得人？又如元符後，尚伊川之學，輕鄙王氏。然元符以後，何如熙豐？』今
劉子澄輩至云：『韓魏公、歐陽公及其祖元公之屬，惜不遇伊川，使見之，學
問功業當不止此。』不知諸公乃就實行中做也。又言：聖如孔子，必以言與
行相配言之。故雖孔門高弟，尚有聽言觀行之說。今諸公卻言自有真知具此
知者，所行自然無失，恐無此理。今之學者，但是議論中理會太深切，不加
意於實行，只如人學安定先生，有何差錯，若學伊川，喻子才、仲彌性之徒，
豈不誤事？張南軒亦為人誤耳。」

〔五〕【史源】《癸辛雜識別集》卷上「方回」條：「方回，字萬里，號虛谷徽人也。
其父南遊，殂於廣中。回，廣婢所生，故其命名及字如此。魏明已遇為守，
愛而異遇之。忽與倡家有訟，遂俱至於庭，魏見之甚駭，而方力求自直，魏
為主張，而敬則衰矣……其處鄉專以騙脅為事，鄉曲無不被其害者，怨之切
齒，遂一向寓杭之三橋旅樓，而不敢歸。老而益貪淫，凡遇妓則跪之，略無
羞恥之心。有二婢，曰周勝雪、劉玉榴，方酷愛之，而二婢實不樂也。既而
方遊金陵，寄二婢於其母周姬之家，悠開杜陵之門，勝雪者竟為豪客挾去，
方歸惟悵惋而已，遂作二詩云：『鸚鵡籠開彩索寬，一宵飛去為誰歡。早知點
賊心腸別，肯作佳人面目看。忍著衣裳辜舊主，便途脂粉事新官。丈夫能舉
登科甲，可得妖雛膽不寒。』『一牝猶嫌將兩雄，趨新背舊片時中。陡忘前主
能為叛，乍事他人更不忠。玉碗空亡無易馬，絳桃猶在未隨風。何須苦問沙
吒利，自是紅顏薄老翁。』自刻之梓，揭之通衢，無不笑者。既而，復得一
小婢曰半細，曲意奉之。每出，至親友間，必以荷葉包飲食肴核於袖中，歸
而遺之。一日，遇客於途，正揖間，荷包墜地，視之乃半鴨耳，路人無不大
笑，而方略不為恥。每夕與小婢好合，不避左右。一夕痛合，床腳搖拽有聲，
遂撼落壁土，適鄰居有北客病臥壁下，遂為土所壓。次日，訴於官，方為追
逮到官，朋友間遂為勸和，始免。未幾，此婢滿求歸母家，拳拳不忍捨，以
善價取之以歸，時年登古希之歲。適牟獻之與之同庚，其子成文與乃翁為慶，
且徵友朋之詩。仇仁近有句云：『姓名不入六臣傳，容貌堪傳九老碑。』且作
方句云：『老尚留樊素，貧休比范丹。』（方嘗有句云：今年窮似范丹。）於
是方大怒，褒牟而貶己，遂摭六臣之語，以此比今上為朱溫，必欲告官殺之，
諸友皆為謝過，不從。仇遂謀之北客侯正卿，正卿訪之。徐扣曰：『聞仇仁近
得罪於虛谷，何邪？』方曰：『此子無禮，遂比今上為朱溫，即當告官殺之。』
侯曰：『仇亦止言六臣，未嘗云比上於朱溫也。今比上為朱溫者，執事也。告

之官，則執事反得大罪矣。」方色變，侯遂索其詩之元本，手碎之，乃已。先是回為庶官時，嘗賦《梅花百詠》以詼賈相，遂得朝除。及賈之貶，方時為安吉倅，慮禍及己，遂反鋒上十可斬之疏，以掩其跡。時賈已死矣。識者薄其為人，有士人嘗和其韻有云：『百詩已被梅花笑，十斬空餘諫草存。』所謂十可斬者，蓋指賈之倖、詐、貪、淫、褊、驕、吝、專、謬、忍十事也，以此遂得知嚴州。未幾，北軍至，回倡言死封疆之說甚壯，及北軍至，忽不知其所在，人皆以為必踐初言死矣，遍尋訪之不獲，乃迎降於三十里外，大帽氈裘，跨馬而還，有自得之色，郡人無不唾之。遂得總管之命，遍括富室金銀數十萬兩，皆入私橐。有老吏見其無恥不才，極惡之。及來杭，復見其跪起於北妓之前，口稱小人食猥妓殘杯餘炙，遂疏為方回十一可斬之說，極可笑。大略云：『在嚴日虐，斂投拜之銀數十萬兩，專資無藝之用，及其後則鬻於人，各有定價，市井小人求詩序者，酬以五錢，必欲得錢入懷，然後漫為數語，市井之人見其語草草不樂，遂以序還索錢，幾至揮拳，此貪也。寓杭之三橋旅舍，與婢宣淫，撼落壁土，為鄰人訟於官，淫也。一人譽之，則自視天下為無人，大言無當，以前輩自居，驕也。一人毀之，則呼號憤怒，略無涵養，褊也。在嚴日事，皆獨斷以招賂，不謀之同寅，專也。有鄉人以死亡告急者，數日略不之顧，吝也。凡與人言，率多妄誕，詐也。回有乞斬似道之疏以沽名，及北兵之來，則外為迎拒之說，而遠出投拜，是徼幸也。昔受前朝高官美職，今乃動輒非罵，以亡宋稱之，是可忍也，孰不可忍也。年已七旬，不歸田野，乃棄其妻子，留連杭邸，買少艾之妾，歌酒自娛，至於拜張朱二宣慰以求保，解日出市中，買果餤以悅其婢，每見猥妓，必跪以進酒，略不知人間羞恥事，此非老謬者乎？使似道有知，將大笑於地下矣。』」

〔六〕【整理與研究】津逮本、學津本、中華書局 1988 年吳企明點校本。

233. 隨隱漫錄五卷

舊本題宋臨川陳隨隱撰。蓋後人以書中稱隨隱，而稱陳郎為先君，知為臨川陳姓，故題此名，實則隨隱非名也。據所載錢舜選詩，其人嘗於理宗景定四年（1263）以布衣官東宮掌書，又載辛巳八月己丑，為元世祖至元十八年（1281），則其人蓋已入元。

案：劉壎《水雲村泯稿》載宋度宗御批一道云：「令旨付藏一，所有陳世崇詩文稿都好，可再揀幾篇來，在來日定要。千萬千萬！四月五日辰初付陳

藏一。」塤跋其後，以為度宗在春宮時，盛年潛躍，汲汲斯文，惜不遇園綺羽翼，乃下訪藏一父子之卑陋。〔一〕藏一為郁字，則其子當即世崇，證以書中所記，與此批一一吻合，知隨隱即世崇號也。

其書多記同時人詩話，而於南宋故事，言之尤詳。如紫宸殿上壽儀，賜太子玉食批，直書閣夫人名數，孩兒班服飾，孟享駕出儀，太子問安，展書儀帶格三十二種諸條，頗有史傳所未及者。他所記詩話、雜事亦多可採。其第二卷內論漢平帝后、晉愍懷太子妃以下五條，皆假借古事以寓南宋臣降君辱之慘，與所以致敗之由，而終無一言之顯斥，猶有黍離詩人悱惻忠厚之遺，尤非他說部所及也。(《四庫全書總目》卷一百四十一)

【注釋】

〔一〕【史源】《水雲村稿》卷七：「恭惟度宗皇帝，聖學緝熙，垂衣而治，為咸淳太平天子者十年，此其在東宮時令旨也。盛年潛躍，無園囿狗馬博塞之娛，獨汲汲斯文，豈漢唐末世昏主所及？蓋列聖相承，以古文為家法，然爾宸毫飛動，羹牆如見，萬世其永寶之。惜也！不遇園綺羽翼，乃下訪藏一父子之卑陋，不遇伊呂周召為輔，乃仰成於亡國之似道。嗚呼！悲夫！」

234. 歸潛志十四卷

元劉祁（1203～1250）撰。祁字京叔，渾源（今屬山西大同市）人。御史從益之子。為太學生，舉進士不第。元兵入汴，遁還鄉里。戊戌復出就試，魁南京，選充山西東路考試官，後徵南行省辟置幕府，凡七年而歿。舊以《金史》載之《文藝傳》，遂題曰金人，殊非其實。

是書名曰「歸潛」，蓋祁於壬辰北還，以此二字榜其室，因以題其所著。然晚年再出，西山之節不終，亦非其實也。

卷首有祁乙未自序〔一〕，謂昔所聞見，暇日記憶，隨得隨書。第一卷至六卷悉為金末諸人小傳。第七卷至十卷雜記遺事。第十一卷題曰「錄大梁事」，紀哀宗亡國始末。第十二卷題曰「錄崔立碑事」，紀立作亂時廷臣立碑以媚之，劫祁使撰文事，又一篇題曰「辨亡」，敘金前代之所以治平，末造之所以亂亡。自此二篇以下至十三卷，悉為雜說，略如語錄之體，殊不相類。疑此二篇本自為一卷，殿全書之末，別以語錄為第十三卷。詩文為十四卷，附綴於後。後人因篇頁不均，割語錄之半移繼此卷，故體例參差也。

壬辰之變，祁在汴京，目擊事狀，記載胥得其實。故《金史》本傳稱祁此《志》於金末之事，多有足徵，《哀宗本紀》全以所言為據。又若《大金國志》稱樞密使伊喇蒲阿出降於元，此《志》不書出降，與《金史》相合，可證《大金國志》之誤。《元史》稱「壬辰正月，太宗自白坡濟河而南，睿宗由峭石灘涉漢而北」，以渡河涉漢同在一時，而此《志》則載睿宗涉漢在辛卯十一月，太宗渡河乃壬辰，與《金史》及姚燧〔二〕《牧庵集》、蘇天爵《名臣事略》所記相合，可證《元史》之誤。又如載「天興元年劉元規使北朝，不知所終」，而《金史》本紀不書其事。載薩克蘇媒孽李元妃，本紀不著其名；載大定十七年（1177）三月朔，諸國使臣朝見，遇雨放朝，與周煇《北轅錄》合，而本紀但載「十六年三月朔，日蝕放朝」一條；載金代抄法凡八易其名，而《金史・食貨志》失載「通貨改為通寶、通寶又改為通貨」一條，皆足以補正史之闕。

至於《金史・交聘表》稱：「大定十六年（1176），宋湯邦彥充申請使。」此《志》作「祈請使」；《圖克坦烏登傳》稱：「天興元年（1232）正月，朝廷聞大兵入饒風關，移烏登行省閿鄉以備潼關。」此《志》書其事於正大八年（1231）；《完顏思烈傳》載：「王渥從思烈戰歿，」此《志》作「持嘉哈希」；《李英傳》稱：「與元兵遇於霸州（今屬四川），敗死。」此《志》作「遇潞州」；《郭阿林傳》稱：「宋兵大至，遂戰歿。」此作「馬倒被擒，不知存歿」；《師安石傳贊》稱：「以論列侍從，觸怒而死。」此《志》則云「既居位，人望頗減」。皆有異詞。其他年月先後、姓名官階與史不同者甚多，皆足以資互考。談金源遺事者，以此《志》與元好問《王壬辰雜編》為最，《金史》亦並稱之。《壬辰雜編》已佚，則此志尤足珍貴矣。

世所行本皆八卷，雖傳是樓藏本亦然。國朝郭朝釪編纂《金詩》，所採錄僅及前七卷，知其未見全佚。此本一十四卷，與王惲〔三〕《渾源世德碑》相合。當猶從元本傳錄。錢曾《讀書敏求記》稱陸孟鳧家抄本《歸潛志》凡十四卷，蓋即此本也。〔四〕（《四庫全書總目》卷一百四十一）

【注釋】

〔一〕【自序】余生八年去鄉里，從祖父遊宦於大河之南，時南京為行宮，因得從名士大夫問學，不幸弱冠而先子歿，其後進於有司，不得志，將歸隱於太皡之墟。一旦遭值金亡，干戈流落，由魏過齊入燕，凡二千里。甲午歲，復於鄉，蓋年三十二矣。因思向日二十餘年間所見富貴權勢之人，一時烜赫如火

烈者，迨遭喪亂，皆煙消灰滅無餘。而吾雖貧賤一布衣，猶得與妻子輩完歸，是亦不幸之幸也。由是以其所經涉憂患，與夫被攻劫之苦，奔走之勞，雖飯疏飲水，橐中無寸金，未嘗蒂諸胸臆，獨念昔所與交遊皆一代偉人，今雖物故，其言論談笑，想之猶在目，且其所聞所見，可以勸誡規鑒者，不可使湮沒無傳，因暇日記憶，隨得隨書，題曰《歸潛志》。歸潛者，余所居之堂之名也，因名其書，以誌歲月，異時作史亦或有取焉。

今按，盧文弨《抱經堂文集》卷九《書歸潛志後》：「此書記金源人物，文雅風流，殊不減江以南……又自言經喪亂後，乃識溫飽安逸之味。斯言也亦足以醒人。人誠能知此，則躁撓之胸可平，而奢競之緣亦無不可淡矣，真閱歷有得之言哉！（中華書局 1990 年版第 130 頁）

〔二〕【姚燧】（1238～1313），字端甫，號牧庵，河南洛陽人。著有《牧庵集》。

〔三〕【史源】《歸潛志》卷末載王惲《追挽歸潛劉先生》：「我自髫髦屢拜公，執經親為發顓蒙。道從伊洛傳心事，文擅韓歐振古風。四海南山青未了，一邱洹水恨何窮。泫然不為山陽笛，老屋吟看落月空。」

〔四〕【版本】武英殿聚珍本、福本、《知不足齋叢書》本、筆記小說大觀本、1983年中華書局崔文印點校本。

235. 輟耕錄三十卷

明陶宗儀（1316～？）撰。宗儀有《國風尊經》，已著錄。

此書乃雜記聞見瑣事，前有至正丙午（1366）孫作序〔一〕。書中稱明兵曰「集慶軍」，或曰「江南遊軍」，蓋丙午為至正二十七年（1367）〔二〕，猶未入明時所作也。

郎瑛《七修類稿》謂：「宗儀多錄舊書，如《廣客談》《通本錄》之類，皆攘為己作。」〔三〕今其書未見傳本，無由證瑛說之確否。但就此書而論，則於有元一代法令制度，及至正末東南兵亂之事，紀錄頗詳。所考訂書畫、文藝，亦多足備參證。惟多雜以俚俗戲謔之語、閭里鄙穢之事〔四〕，頗乖著作之體〔五〕。葉盛《水東日記》深病其所載猥褻〔六〕，良非苛論。然其首尾賅貫，要為能留心於掌故。故朱彝尊《靜志居詩話》謂宗儀練習舊章，元代朝野舊事，實藉此書以存，而許其有裨史學〔七〕。則雖瑜不掩瑕，固亦論古者所不廢矣。〔八〕（《四庫全書總目》卷一百四十一）

【注釋】

〔一〕【孫大雅序】余友天台陶君九成，避兵三吳間，有田一廛，家於松南。作勞之暇，每以筆墨自隨。時時輟耕，休於樹陰，抱膝而嘯，鼓腹而歌，遇事肯綮，摘葉書之。貯一破盎，去則埋於樹根，人莫測焉。如是者十載，遂累盎至十數。一日，盡發其藏，俾門人小子萃而錄之。得凡若干條，合三十卷，題曰《南村輟耕錄》。上兼「六經」百氏之旨，下極稗官小史之談。昔之所未考，今之所聞，其採摭之博，侈於白《帖》；研核之精，擬於洪《筆》。論議抑揚，有傷今慨古之思；鋪張盛美，為忠臣孝子之勸。文章制度，不辨而明，擬假似根據，可覽而悉。蓋唐、宋以來，專門史學之所未讓。

〔二〕【考證】丙午應為至正二十六年（1366），「丙午為至正二十七年」誤。

〔三〕【史源】《七修類稿》卷十八「說郛」：「陶南村作《說郛》百卷，蓋仿曾慥之《類說》而為者。然《類說》刪取精到；而《說郛》如未刪之書，不若不刪，總而名之，如《百川學海》可也。楊文貞公士奇尚不取其《書史會要》。《水東日記》曰：『如見《輟耕錄》，淫褻之事，尤可鄙也。』余則曰：《說郛》不獨淫褻，而鄙俚無稽者亦有之。但《輟耕》多抄舊書如《廣客談》《通本錄》為已作，是其下也。孫在雅謂書木葉而成者，偽言也。似《書史》為至當者。」

〔四〕【史料】《南村輟耕錄》深刻揭露了元末統治者的腐朽貪鄙，書中所載民謠甚多，如：「奉使來時，驚天動地；奉使去時，烏天黑地。官吏都歡天喜地，百姓卻啼天哭地。」「官法濫，刑法重，黎民怨。人吃人，鈔買鈔，何曾見？賊作官，官作賊，混愚賢。」

〔五〕【評論】王欣夫先生云：「《提要》謂『多雜以俚俗戲謔之語、閭里鄙穢之事，頗乖著作之體』。案盧召弓《抱經堂文集》跋是書，謂其『援引證辨，頗有益於學者，下及細瑣諧謔之事，亦可以廣見聞、釋疑滯，未至有傷雅道』。蓋隱駁《提要》。張元濟《四部叢刊》覆元本跋亦謂『戲劇之學，至元極盛，是書於院本、雜劇、曲名、歌調，考訂極詳。他如園林、建築、書畫、褾軸、製墨、斫琴、窯器、髹漆，無一不羅而列之。其有裨於時人之研習藝事者非淺』。他如郎瑛《七修類稿》、葉盛《水東日記》、張宗泰《魯巖所學集》等皆議其失，或匡無佐證，或毛舉其故。而錢竹汀《潛研堂文集》跋是書，則舉《錄》中所載色目三十一種，有畏吾兒，又有回回，可訂顧亭林《日知錄》謂今之回回即唐之回紇之非。」（《蛾術軒篋存善本書錄》第 1609 頁）

今按，盧文弨語見《抱經堂文集》卷十一（中華書局 1990 年版第 157
頁），錢竹汀語見《潛研堂文集》卷三十（《嘉定錢大昕全集》第玖冊第 517
頁）。

〔六〕【史源】《水東日記》卷六：「松江老儒天台陶九成，所著書頗為楊文貞公所
不取，蓋如所謂《書史會要》是已。使其見《南村輟耕錄》，當更不取錄。中
頗雜淫褻事，可鄙也。近聞《說郛》百卷尚存，其家有九成塗改去取處，不
知如何，其亦未成之書歟？」

〔七〕【史源】《明詩綜》卷十二：「南村練習掌故，元朝野舊事，藉《輟耕錄》以
存。其餘若《草莽私乘》《遊志續編》《書史會要》，皆有裨史學。入明，自稱
其居為小栗里，雖好爵未縻，然其集中詩如《乙卯人日》云：『天子居大室，
念民日孜孜。上帝昭聖心，報錫以雍熙。』《紀行詩》云：『弭櫂中和橋，僦
舍千步廊。報名謁鴻臚，會朝蹌鵷行。國安四方靜，君明六卿良。聖德湛汪
濊，慶祚衍靈長。』《入都門詩》云：『虎踞龍蟠真聖主，天開地設古神州。』
《早朝詩》云：『黼坐正中天咫尺，叩頭丹陛益凌兢。』《聞皇太孫即位詩》
云：『先帝逍遙遊碧落，神孫端拱坐明堂。九重統握乾坤大，萬國恩霑雨露
香。動植飛潛滋德色，都俞籲咈慶明良。老臣舞忭南村底，笑對兒孫兩鬢
蒼。』竊謂此等詩可以不作，可以不作而作之，宜錄入明詩矣。」

今按，潘景鄭《舊抄本草莽私乘》：「陶南村《草莽私乘》一卷，輯錄宋
末一時忠孝節義之作，其有裨史乘實非淺尟。然《南村傳》中紀所撰述獨無
此書，《提要》疑是後人依託。竊謂掇拾遺聞，自非纂述之可言，南村攟摭之
業為富，此當是偶拾見聞，錄為斯帙。其為南村收訂，可無疑矣。」（《著硯
樓讀書記》第 93 頁）

又按，人日即舊曆正月初七日。正月一日為雞，二日為狗，三日為豬，
四日為羊，五日為牛，六日為馬，七日為人。

〔八〕【整理與研究】此書有《四部叢刊》覆元本（《張元濟古籍書目序跋彙編》第
956 頁）。以中華書局 1959 年標點本（《歷代史料筆記叢刊》本）最為通行。

236. 水東日記三十八卷

明葉盛〔一〕（1420～1474）撰。盛有《葉文莊奏草》，已著錄。

是書記明代制度及一時遺文逸事，多可與史傳相參。其間徵引既繁，亦
不免時有牴牾。又好自敘居官事蹟，殆不免露才揚己之病。〔二〕

王士禎作《居易錄》，多自記言行，有如家傳，其源濫觴於此，古人無是體例。至於辨請禁官捨家人操習一疏，謂人誣其子與官舍鬥鶴鶉不勝，因有是奏。深自剖析，連篇不已，抑又淺之甚者矣。

然盛留心掌故，於朝廷舊典，考究最詳。又家富圖籍，其《菉竹堂書目》〔三〕，今尚有傳本，頗多罕覯之笈。故引據諸書，亦較他家稗販成編者特為博洽。雖榛楛之勿翦，亦蒙茸於集翠。取長棄短，固未嘗不可資考證也。〔四〕（《四庫全書總目》卷一百四十一）

【注釋】

〔一〕【葉盛】《明史》本傳：「葉盛，字與中，崑山人。正統十年進士，授兵科給事中。師覆土木，諸將多遁還，盛率同列請先正扈從失律者罪，且選將練兵，為復仇計。郕王即位，例有賞賚，盛以君父蒙塵辭。不許。也先迫都城，請罷內府軍匠備徵操。又請令有司儲糧科給戰士，遣散卒取軍器於天津，以張外援。三日間，章七八上，多中機宜。寇退，進都給事中。言：『勸懲之道，在明賞罰。敢戰如孫鏜，死事如謝澤、韓青，當賞。其他守禦不嚴，赴難不力者，皆當罰。』大臣陳循等議召還鎮守居庸都御史羅通，並留宣府都督楊洪掌京營。盛言：『今日之事，邊關為急。往者獨石、馬營不棄，駕何以陷土木？紫荊、白羊不破，寇何以薄都城？今紫荊、倒馬諸關，寇退幾及一月，尚未設守禦。宣府為大同應援，居庸切近京師，守之尤不可非人。洪等既留，必求如洪者代之，然後可以副重寄而集大功。』帝是之。尋命出安集陳州流民。景泰元年還朝，言：『流民雜五方，其情不一。雖幸成編戶，而鬥爭仇殺時時有之，宜專官綏撫。』又言：『畿輔旱蝗相仍，請加寬恤。』帝多採納。京衛武臣及其子弟多驕惰不習兵。盛請簡拔精壯，備操守京城。勳戚所置市廛，月徵稅。盛以國用不足，請籍其稅佐軍餉。皆從之。明年，上弭災防患八事。帝以兵革稍息，頗事宴遊，盛請復午朝故事，立報可。當是時，帝虛懷納諫，凡六科聯署建請，多盛與林聰為首。廷臣議事，盛每先發言，往復論難。與議大臣或不悅曰：『彼豈少保耶？』因呼為『葉少保』。然物論皆推盛才。擢右參政，督餉宣府。尋以李秉薦，協贊都督僉事孫安軍務。初，安嘗領獨石、馬營、龍門衛、所四城備禦，英宗即北狩，安以四城遠在塞外，勢孤，奏棄之內徙。至是廷議命安修復。盛與闢草萊，葺廬舍，庀戰具，招流移，為行旅置？爰鋪，請帑金買牛千頭以賦屯卒，立社學，置義冢，療疾扶傷。兩歲間，四城及赤城、雕鶚諸堡次第皆

完，安由是進副總兵。而守備中官弓勝害安，奏安疾宜代。帝以問盛，言：
『安為勝所持，故病。今諸將無逾安者。』乃留安，且遣醫視疾。已又劾
勝，卒調之他鎮。英宗復位，盛遭父憂，奔喪。天順二年召為右僉都御史，
巡撫兩廣。乞終制，不許。瀧水瑤鳳弟古肆掠，督諸將生擒之。時兩廣盜蜂
起，所至破城殺將。諸將怯不敢戰，殺平民冒功，民相率從賊。盛以蠻出沒
不常，請自今攻劫城池者始以聞，餘止類奏。疏至兵部，駁不行。盛與總兵
官顏彪破賊寨七百餘所。彪頗濫殺，謗者遂以咎盛。六年命吳禎撫廣西，
而盛專撫廣東。憲宗立，議事入都，給事中張寧等欲薦之入閣。以御史呂
洪言遂止，而以韓雍代撫廣東。初，編修邱濬與盛不相能。大學士李賢入
濬言，及是草雍敕曰：『無若葉盛之殺降也。』盛不置辨。稍遷左僉都御史，
代李秉巡撫宣府。請量減中鹽米價，以勸商裕邊。復舉官牛官田之法，墾
田四千餘頃。以其餘積市戰馬千八百匹，修堡七百餘所，邊塞益寧。成化
三年秋，入為禮部右侍郎，偕給事毛弘按事南京。還改吏部。出振真定、保
定饑，議清莊田，分養民間種馬，置倉涿州、天津，積粟備荒，皆切時計。
滿都魯諸部久駐河套，兵部尚書白圭議以十萬眾大舉逐之，沿河築城抵東
勝，徙民耕守。帝壯其議。八年春，敕盛往會總督王越，巡撫馬文升、余子
俊、徐廷璋詳議。初，盛為諫官，喜言兵，多所論建。既往來三邊，知時無
良將，邊備久虛，轉運勞費，搜河套復東勝未可輕議。乃會諸臣上疏，言：
『守為長策。如必決戰，亦宜堅壁清野，伺其惰歸擊之，令一大創，庶可遏
再來。又或乘彼入掠，遣精卒進搗其巢，令彼反顧，內外夾擊，足以有功。
然必守固，而後戰可議也。』帝善其言，而圭主復套。師出，竟無功。人以
是服盛之先見。八年轉左侍郎。十年卒，年五十五。諡文莊。盛清修積學，
尚名檢，薄嗜好，家居出入常徒步。生平慕范仲淹，堂寢皆設其像。志在君
民，不為身計，有古大臣風。」

〔二〕【版本】錢竹汀《跋水東日記》：「葉文莊公《水東日記》初刻於湖廣，止三十
八卷。此本多後二卷，則公之玄孫恭渙取家刻本增入也。」（《潛研堂文集》
卷三十）

〔三〕【菉竹堂書目】明葉盛撰。此其家藏書之目。中為經、史、子、集各一卷，首
卷曰制，乃官頒各書及賜書、賜敕之類，末卷曰後錄，則其家所刊及自著書。
其敘列體例，大率本之馬端臨《經籍考》，然如集部別出舉業類，而無詩集
類，亦略有所增損矣。（《四庫全書總目》卷八十七）

今按，陸心源《儀顧堂題跋》卷五《粵雅堂刻偽菉竹堂書目跋》：「蓋書賈抄撮《文淵閣目》，改頭換面，以售其欺，決非館臣所見兩淮經進之本也。恭煥及國華跋，恐亦非真。《粵雅叢書》，世頗風行，恐誤後學，不可不辨。」〔四〕【整理與研究】中華書局 1980 年出版魏中平點校本。

237. 菽園雜記十五卷

明陸容（1436～1494）撰。容字文量，號式齋。太倉州（今屬江蘇蘇州市）人。成化丙戌（1466）進士。官至浙江右參政。事蹟具《明史·文苑傳》。史稱容與張泰〔一〕、陸釴齊名，時號「婁東三鳳」。其詩才不及泰、釴，而博學過之。

是編乃其札錄之文，於明代朝野故實，敘述頗詳，多可與史相考證。旁及談諧雜事，皆並列簡編，蓋自唐、宋以來說部之體如是也。中間頗有考辨，如元王柏作《二南配圖》，棄《甘棠》《何彼襛矣》《野有死麕》三篇，於經義極為乖刺，而容獨歎為卓識〔二〕。又文廟別作寢殿，祀啟聖公，而配以四配之父，其議發於熊禾，而容謂叔梁紇為主，出於無謂；孟孫激非聖賢之徒，不當從祀，尤昧於崇功報本之義，皆不足為據。〔三〕

然覈其大致，可採者較多。王鏊嘗語其門人曰：「**本朝紀事之書，當以陸文量為第一。**」即指此書也。雖無雙之譽，獎借過深，要其所以取之者，必有在矣。〔四〕（《四庫全書總目》卷一百四十一）

【注釋】

〔一〕【張泰】字亨父，太倉（今屬江蘇）人。事蹟具《明史·文苑傳》。泰為人恬淡，獨喜為詩。初與李東陽齊名。後東陽久持文柄，所學彌老彌深，而泰不幸早終，未及成就，故聲華銷歇，世不復稱。（《四庫全書總目》卷一七五《滄洲集》提要）

〔二〕【史源】《菽園雜記》卷十：「嘗讀《召南》，至《野有死麕》一詩，以其類淫奔而疑。然以晦庵先生之所傳注，不敢妄生異議也。近觀王魯齋《二南相配圖》，乃知古人先得我心之所同然矣。蓋魯齋以《二南》篇名各十一篇，《召南》之《甘棠》，為後人思召伯而作。《何彼襛矣》為《王風》之錯簡，《野有死麕》為淫詩，皆不足以與此。其大意以為今詩三百五篇，豈盡定於夫子之手，其所刪者容或有存於里巷浮薄之口，漢儒取以補亡耳，於是配以為圖。其見亦卓矣。使魯齋生於晦庵之時，得與商確，能不是其言乎？《甘棠》《何彼襛矣》二篇，則非予識所能到也。」

〔三〕【史源】《菽園雜記》卷十五：「熊去非嘗論孔廟諸賢位置，大意謂四配中若
　　　復聖、宗聖、述聖三公，各有父在廡下。揆之父子之分，其心豈安？宜作寢
　　　殿，以叔梁紇為主，配以無由、子點、伯魚、孟孫氏，於禮為宜。愚謂無由、
　　　子點、伯魚三人，祀之別室當矣。叔梁紇之為主，亦無謂。孟孫氏非聖之徒，
　　　何可也此？此尤迂繆之見也。」

〔四〕【版本與研究】守山閣本、金壺本、《叢書集成初編》本、中華書局 1985 年
　　　點校本。

238. 山海經十八卷

晉郭璞（276～324）注。

卷首有劉秀校上奏，稱為伯益所作〔一〕。案：《山海經》之名，始見《史
記・大宛傳》，司馬遷但云「《禹本紀》《山海經》所有怪物，余不敢言」，而未
言為何人所作。《列子》稱：「大禹行而見之，伯益知而名之，夷堅聞而志之。」
〔二〕似乎即指此書，而不言其名《山海經》。王充《論衡・別通篇》曰：「禹
主行水，益主記異物，海外山表，無所不至，以所見聞作《山海經》。」〔三〕
趙煜《吳越春秋》所說亦同。惟《隋書・經籍志》云：「蕭何得秦圖書，後又
得《山海經》，相傳夏禹所記。」其文稍異，然似皆因《列子》之說推而衍之。
觀書中載夏后啟、周文王及秦、漢長沙、象郡、餘暨、下雟諸地名，斷不作於
三代以上，殆周、秦間人所述，而後來好異者又附益之歟？

觀《楚詞・天問》，多與相符。使古無是言，屈原何由杜撰？朱子《楚詞
辯證》謂其反因《天問》而作，似乎不然。至王應麟《王會補傳》引朱子之言
謂：「《山海經》記諸異物、飛走之類，多云東向，或曰東首，疑本因圖畫而作
述之。古有此學，如《九歌》《天問》，皆其類（云云）。」則得其實矣。

郭璞注是書，見於《晉書》本傳。隋、唐二《志》又有郭璞《山海經圖
贊》二卷，今其贊猶載璞集中；其圖則《宋志》已不著錄，知久佚矣。舊本所
載劉秀奏中，稱其書凡十八篇，與《漢志》稱十三篇者不合。《七略》即秀所定，
不應自相牴牾，疑其贗託。然璞序〔四〕已引其文，相傳既久，今仍並錄焉。

書中序述山水，多參以神怪，故《道藏》收入太玄部競字號中。究其本
旨，實非黃、老之言。然道里山川，率難考據。案以耳目所及，百不一真。諸
家並以為地理書之冠，亦為未允。核實定名，實則小說之最古者爾。〔五〕（《四
庫全書總目》卷一百四十二）

【注釋】

〔一〕【史源】《山海經敘錄》。

〔二〕【史源】《列子》卷五《湯問第五》。

〔三〕【史源】《論衡》卷十三:「禹、益並治洪水,禹主治水,益主記異物。海外山表,無遠不至,以所聞見,作《山海經》。非禹益不能行,遠山海不造,然則山海之造,見物博也。董仲舒睹重常之鳥,劉子政曉貳負之屍,皆見《山海經》,故能立二事之說。使禹、益行地不遠,不能作《山海經》。董、劉不讀《山海經》,不能定二疑。」

〔四〕【郭璞《注山海經敘》】世之覽《山海經》者,皆以其閎誕迂誇,多奇怪俶倘之言,莫不疑焉。嘗試論之曰,莊生有云:「人之所知,莫若其所不知。」吾於《山海經》見之矣。夫以宇宙之寥廓,群生之紛紜,陰陽之煦蒸,萬殊之區分,精氣渾淆,自相漬薄,遊魂靈怪,觸象而構,流形於山川,麗狀於木石者,惡可勝言乎?然則總其所以乖,鼓之於一響;成其所以變,混之於一象。世之所謂異,未知其所以異;世之所謂不異,未知其所以不異。何者?物不自異,待我而後異,異果在我,非物異也。故胡人見布而疑黂,越人見罽而駭毳。夫玩所(「夫玩所」三字何焯校作「蓋信其」)習見,而奇所希聞,此人情之常蔽也。今略舉可以明之者:陽火出於冰水,陰鼠生於炎山,而俗之論者,莫之或怪;及談《山海經》所載,而咸怪之。是不怪所可怪,而怪所不可怪也。不怪所可怪,則幾於無怪矣;怪所不可怪,則未始有可怪也。夫能然所不可,不可所不可然,則理無不然矣。案《汲郡竹書》及《穆天子傳》:穆王西征見西王母,執璧帛之好,獻錦組之屬。穆王享王母於瑤池之上,賦詩往來,辭義可觀。遂襲崑崙之邱,遊軒轅之宮,眺鍾山之嶺,玩帝者之寶,勒石王母之山,紀跡玄圃之上。乃取其嘉木豔草、奇鳥怪獸、玉石珍瑰之器、金膏燭銀之寶,歸而殖養之於中國。穆王駕八駿之乘,右服盜驪,左驂騄耳,造父為御,奔戎為右,萬里長鶩,以周歷四荒,名山大川,靡不登濟。東升大人之堂,西燕王母之廬,南轢黿鼉之梁,北躡積羽之衢。窮歡極娛,然後旋歸。案《史記》說穆王得盜驪騄耳驊騮之驥,使造父御之,以西巡狩,見西王母,樂而忘歸,亦與竹書同。《左傳》曰:「穆王欲肆其心,使天下皆有車轍馬跡焉。」竹書所載,則是其事也。而譙周之徒,足為通識瑰儒,而雅不平此,驗之史考,以著其妄。司馬遷敘《大宛傳》亦云:「自張騫使大夏之後,窮河源,惡睹所謂崑崙者乎?至《禹本紀》《山海經》所有怪

物，余不敢言也。」不亦悲乎！若竹書不潛出於千載，以作徵於今日者，則《山海》之言其幾乎廢矣。若乃東方生曉畢方之名，劉子政辨盜械之屍，王頎訪兩面之客，海民獲長臂之衣：精驗潛效，絕代縣符。於戲！群惑者其可以少寤乎？是故聖皇原化以極變，象物以應怪，鑒無滯賾，曲盡幽情，神焉廋哉！神焉廋哉！蓋此書跨世七代，歷載三千，雖暫顯於漢而尋亦寢廢。其山川名號，所在多有舛謬，與今不同，師訓莫傳，遂將湮泯。道之所存，俗之喪，悲夫！余有懼焉，故為之創傳，疏其壅閡，闢其茀蕪，領其玄致，標其洞涉。庶幾令逸文不墜於世，奇言不絕於今……非天下之至通，難與言山海之義矣。嗚呼！達觀博物之客，其鑒之哉！

〔五〕【整理與研究】清郝懿行撰《山海經箋疏》（《四部備要》本），袁珂撰《山海經校注》（上海古籍出版社 1980 年版）。

239. 穆天子傳六卷 〔一〕

晉郭璞（276～324）注。

前有荀勗序〔二〕。案《束皙傳》云：「太康二年，汲縣人不准，盜發魏襄王墓，得竹書《穆天子傳》五篇，又《雜書》十九篇，《周食田法》《周書論楚事》《周穆王美人盛姬事》。」案：今盛姬事，載《穆天子傳》第六卷，蓋即《束皙傳》所謂《雜書》之一篇也。尋其文義，應歸此《傳》。《束皙傳》別出之，非也。〔三〕

此書所紀雖多誇言寡實，然所謂西王母者，不過西方一國君；所謂縣圃者，不過飛鳥百獸之所餘食，為大荒之圃澤，無所謂神仙怪異之事；所謂河宗氏者，亦僅國名，無所謂魚龍變見之說。較《山海經》《淮南子》猶為近實。郭璞注《爾雅》，於「西至西王母」句，不過曰「西方昏荒之國」；於「河出崑崙墟」句，雖引《大荒西經》，而不言其靈異。其注此書，乃頗引志怪之談。蓋釋經不敢不謹嚴，而箋釋雜書，則務矜博洽故也。〔四〕

案：《穆天子傳》舊皆入起居注類。徒以編年紀月，敘述西遊之事，體近乎起居注耳。實則恍惚無徵，又非《逸周書》之比。〔五〕以為古書而存之可也，以為信史而錄之，則史體雜，史例破矣。今退置於小說家，義求其當，無庸以變古為嫌也。〔六〕（《四庫全書總目》卷一百四十二）

【注釋】

〔一〕【校勘】「此書所紀雖多」句前，卷首提要有：「此書記事有月日而無年，又
文多斷缺，以《今本竹書紀年》較之，《紀年》載十二年冬王北巡狩遂征犬戎
事，在傳之第一卷；十四年夏王畋於軍邱五月作范宮作虎牢事，在傳之第五
卷；十五年作重璧臺冬王觀於鹽澤事，在傳之第六卷；十七年王西征崑崙邱
見西王母事，在傳之第二卷、第三卷、第四卷兩書同時並出，荀勖等互校其
文，不應牴牾如此，蓋《今本竹書紀年》乃明人撫諸書以為之，非汲冢之舊
簡，並郭璞注中所引《紀年》之文尚掇拾未盡，況暇考其次第乎？是亦《今
本紀年》出於依託之一證。或乃謂當移五卷六卷於二卷之前，以符竹書之次
第，則削趾適履矣。」

「則務矜博洽故也」後，卷首提要有：「《列子‧周穆王篇》所載與此傳
相出入，蓋當時流俗有此記載，如後世小說野乘之類，故列禦寇得捃採其文
耳。《道藏目錄》加載洞玄部記傳類恭字號，與杜光庭《錄異記》諸書同列，
則牽附甚矣。世所傳《汲冢書》《師春》之類久已亡佚，《逸周書》又屬誤入，
《紀年》偽妄顯然，其真存於今者惟此傳矣。然文字既古，訛脫又甚，學者
多不究心。封膜書於河水之陽，見第二卷。膜書，自是人名，封者錫以爵邑。
張彥遠《歷代名畫記》誤以書字為畫字，遂誤以封膜為畫家之祖。邱陵自出，
乃西王母謠，見第三卷。方回《瀛奎律髓》注陳子昂詩『邱陵徒自出』句，
乃云『自出』二字疑誤，第二卷云：『乃為銘跡於縣圃石上。』第三卷云：『乃
紀其跡於弇山之石。』其文甚明。朱珪《名跡錄》乃謂取《穆天子傳》為名
跡於弇茲石上，全然舛迕，則其傳世亦在若存若亡之間，固考古者所宜寶重
也。」

〔二〕【穆天子傳序】古文《穆天子傳》者，太康二年汲縣民不準盜發古冢所得書
也。皆竹簡素絲編，以臣勖前所考定古尺度其簡，長二尺四寸，以墨書，一
簡四十字。汲者，戰國時魏地也。案：所得紀年，蓋魏惠成王子今王之冢也。
於《世本》蓋襄王也。案《史記‧六國年表》，自今王二十一年至秦始皇三十
四年燔書之歲八十六年，及至太康二年初得此書，凡五百七十九年。其書言
周穆王遊行之事。《春秋左氏傳》曰：「穆王欲肆其心，周行於天下，將皆使
有車轍馬跡焉。」此書所載，則其事也。

〔三〕【版本】潘景鄭《妙道人手校舊抄本穆天子傳》：「《穆天子傳》未見宋元舊本，
流傳至今，以明天一閣本為最善，以其從元本所自出。吾吳袁氏五硯樓藏有

校影宋抄本，後歸張氏愛日精廬，今已不可蹤跡。此舊抄本所據，即天一閣本。」（《著硯樓讀書記》第 429 頁）

〔四〕【整理與研究】清郝懿行撰《穆天子傳補注》六卷（光緒三十四年刻本），清洪頤煊有校本（孫星衍平津館刊），清翟灝亦有校本（五經歲遍齋刊）。近人顧實撰《穆天子傳西征講疏》（商務印書館 1934 年版），王貽梁、陳建敏撰《穆天子傳匯校集釋》（華東師範大學出版社 1994 年版）。

〔五〕【《穆天子傳》的性質】繆文遠教授認為：「《四庫提要》對《穆傳》的看法，並未獲得多少支持者。近代學者劉師培論證了《穆傳》中許多名物制度如『六師』、『七萃之士』、『墨乘』、『工布』等和古代禮書所記大體相符。日本學者小川琢治也認為《穆傳》記事兼記言……殆無可疑。《穆傳》不是小說，它應是一部『其敘簡而法，其謠雅而風，其事侈而核』，內容豐富的歷史典籍。當然，《四庫提要》所言也有合理的因素。我以為如把《穆傳》看成『小說』固然不妥，但若把它視作周穆王實際的行程紀事也不恰當。西周時期，穆王的車轍馬跡能否遠涉西域，甚至到達蔥嶺和帕米爾，是很令人懷疑的。如把《穆傳》看成是反映戰國時中原和西域交通史實的作品，則大致符合實際。」（《文史知識》1985 年第 11 期第 29～30 頁）朱一新《無邪堂答問》云：「《穆天子傳》人多疑其荒忽，而道里風俗，證以今之地望，大致皆合。」歷舉巨蒐即《禹貢》之渠搜諸條為證，謂地猶可考，非齊諧志怪之比也。蓋此二書者實為古地理要籍，而簿錄家列之小說家者誤矣。常熟鄒介修認為《穆天子傳》所述山川道里一一可稽，以古證今無不密合，曾著專書，其稿藏常熟圖書館。丁謙亦撰《穆天子傳地理考證》。（王欣夫《蛾術軒篋存善本書錄》第 1342 頁）張公量《穆傳山經合證》也把《穆傳》當作地理著作，而茅盾《中國神話 ABC》把它視為神話，林庚《中國文學簡史》認為它是「後來野史的先河，筆記小說的開端」。

〔六〕【整理與研究】童書業《穆天子傳疑》、黎光明《穆天子傳的研究》認為《穆天子傳》是晚出偽書，而劉師培《穆天子傳補釋》、顧實《穆天子傳西征講疏》則認為是西周史官所記，衛聚賢《穆天子傳研究》則斷定是戰國時代的作品。鄭傑文撰《穆天子傳通解》（山東文藝出版社 1992 年版）。

240. 搜神記二十卷

舊本題晉干寶（？～336）撰。寶字令升，新蔡（今屬河南駐馬店市）人。元帝時，以著作郎領國史，遷散騎常侍。事蹟具《晉書》本傳。

史稱寶感父婢再生事，遂撰集古今靈異、神祇、人物變化為此書。其自序一篇〔一〕，亦載於傳內。《隋志》、新舊《唐志》俱著錄三十卷。《宋志》作《搜神總記》十卷，亦云寶撰。《崇文總目》則云：「《搜神總記》十卷，不著撰人名氏。或云干寶撰，非也。」案：此條見《玉海》。此本為胡震亨《秘冊匯函》所刻，後以其版歸毛晉，編入《津逮秘書》者。考《太平廣記》所引，一一與此本相同。以古書所引證之：裴松之《三國志注・魏志・明帝紀》引其「柳穀石」一條〔二〕，《齊王芳紀》引其「火浣布」一條〔三〕，《蜀志・麋竺傳》引其「婦人寄載」一條〔四〕，《吳志・孫策傳》引其「于吉」一條〔五〕，《吳夫人傳》引其「夢月」一條〔六〕，《朱夫人傳》引其「朱主」一條〔七〕，皆具在此本中。劉孝標《世說新語注》引其「盧充金碗」一條〔八〕，劉昭《續漢志注・五行志》「荊州童謠」條下引其「華容女子」一條〔九〕，「建安四年武陵充縣女子重生」條下引其「李娥」一條〔十〕，「桓帝延熹七年」條下引其「大蛇見德陽殿」一條〔十一〕，《郡國志》「馬邑」條下引其「秦人築城」一條〔十二〕，「故道」條下引其「旄頭騎」一條〔十三〕；李善注王粲《贈文叔良詩》引其「文穎字叔良」一條〔十四〕，注《思玄賦》引其「張車子」一條〔十五〕，注鮑照《擬古詩》引其「太康帕頭」一條〔十六〕；劉知幾《史通》引其「王喬飛鳥」一條〔十七〕，亦皆具在此本中。似乎此本即寶原書。惟《太平寰宇記》青陵臺條下引其「韓憑化蛺蝶」一條，此本乃作「化鴛鴦」〔十八〕。郭忠恕《佩觿》上篇稱干寶《搜神記》以「琵琶」為「頻婆」，此本「吳赤烏三年豫章民楊度」一條凡三見「琵琶」字〔十九〕，「安陽南亭」一條亦有「琵琶」字，均不作「頻婆」〔二十〕。又《續漢志注・地理志》「緱氏」條下引其「延壽亭」一條，「巴郡」條下引其「澤中有龍鳴鼓則雨」一條，《五行志》「建安七年醴陵山鳴」條下引其「論山鳴」一條，李善《蜀都賦注》引其「澹檯子羽」一條，陸機《皇太子宴玄圃詩》引其「程猗說石圖」一條，此本亦皆無之〔二十一〕。至於六卷、七卷，全錄兩《漢書・五行志》。司馬彪雖在寶前，《續漢書》寶應及見，似決無連篇抄錄、一字不更之理，殊為可疑。然其書敘事多古雅，而書中諸論，亦非六朝人不能作，與他偽書不同。疑其即諸書所引，綴合殘文，傅以他說，亦與《博物志》《述異記》等。但輯二書者耳目隘陋，故罅漏百出。輯此書者則多見古籍，

頗明體例，故其文斐然可觀。非細核之，不能辨耳。觀書中「謝尚無子」一條
〔二十二〕，《太平廣記》三百二十二卷引之，注曰：「出《志怪錄》。」是則捃拾
之明證。胡震亨跋但稱謝尚為鎮西將軍，在穆帝永和中。寶此書嘗示劉惔，
惔卒於明帝大寧中，則書在尚加鎮西將軍之前二十餘年，疑為後人所附益，
猶未考此條之非本書也。〔二十三〕

胡應麟《甲乙剩言》曰：「姚叔祥見余家藏書目中，有干寶《搜神記》，大
駭曰：『果有是書乎？』余應之曰：『此不過從《法苑》《御覽》《藝文》《初學》
《書抄》諸書中錄出耳。豈從金函石匱、幽巖土窟掘得耶？』大抵後出異書，
皆此類也。」斯言允矣。〔二十四〕（《四庫全書總目》卷一百四十二）

【注釋】

〔一〕【自序】雖考先志於載籍，收遺逸於當時，蓋非一耳一目之所親聞睹也，又
安敢謂無失實者哉？衛朔失國，二傳互其所聞；呂望事周，子長存其兩說，
若此比類，往往有焉。從此觀之，聞見之難，由來尚矣。夫書赴告之定辭，
據國史之方冊，猶尚若此；況仰述千載之前，記殊俗之表，綴片言於殘闕，
訪行事於故老，將使事不二跡，言無異途，然後為信者，固亦前史之所病。
然而國家不廢注記之官，學士不絕誦覽之業，豈不以其所失者小、所存者大
乎？今之所集，設有承於前載者，則非余之罪也。若使採訪近世之事，苟有
虛錯，願與先賢前儒分其譏謗。及其著述，亦足以發明神道之不誣也。群言
百家，不可勝覽；耳目所受，不可勝載。亦粗取足以演八略之旨，成其微說
而已。幸將來好事之士，錄其根體，有以遊心寓目而無尤焉。

今按，余嘉錫認為：第一句自「雖」字起，無此文法。此其上必有一段
文字為史臣刪去，而今本自序，一同本傳，其非全篇可知。

〔二〕【史源】《搜神記》卷七：「初，漢元、成之世，先識之士有言曰：『魏年有和，
當有開石於西三千餘里，繫五馬，文曰：「大討曹。」』及魏之初興也，張掖
之柳谷，有開石焉：始見於建安，形成於黃初，文備於太和，周圍七尋，中
高一仞，蒼質素章：龍、馬、鱗、鹿、鳳凰、仙人之象，粲然咸著。此一事
者，魏、晉代興之符也。至晉泰始三年，張掖太守焦勝上言：以留郡本國圖，
校今石文，文字多少不同，謹具圖上。案其文有五馬象：其一，有人平上幘，
執戟而乘之。其一，有若馬形而不成，其字有金，有中，有大司馬，有王，
有大吉，有正，有開壽。其一，成行，曰：金當取之。」

〔三〕【史源】《搜神記》卷十三:「崑崙之墟,地首也,是惟帝之下都,故其外絕以弱水之深,又環以炎火之山。山上有鳥獸草木,皆生育滋長於炎火之中,故有『火浣布』。非此山草木之皮枲,則其鳥獸之毛也。漢世西域舊獻此布,中間久絕。至魏初時,人疑其無有。文帝以為火性酷裂,無含生之氣,著之《典論》,明其不然之事,絕智者之聽。及明帝立,詔三公曰:『先帝昔著《典論》,不朽之格言,其刊石於廟門之外及太學,與石經並以永示來世。』至是,西域使人獻『火浣布』袈裟,於是刊滅此論,而天下笑之。」

〔四〕【史源】《搜神記》卷十六:「後漢時,汝南汝陽西門亭,有鬼魅,賓客止宿,輒有死亡。其厲,厭者皆亡髮,失精。尋問其故,云:『先時頗已有怪物。其後,郡侍奉掾宜祿鄭奇來,去亭六七里,有一端正婦人乞寄載,奇初難之,然後上車,入亭,趨至樓下。亭卒白:「樓不可上。」奇云:「吾不恐也。」時亦昏冥,遂上樓,與婦人棲宿。未明,發去。亭卒上樓掃除,見一死婦,大驚,走白亭長。亭長擊鼓,會諸廬吏,共集診之。乃亭西北八里吳氏婦,新亡,夜臨殯,火滅,及火至,失之。其家即持去。奇發,行數里,腹痛,到南頓利陽亭,加劇,物故。樓遂無敢復上。』」

〔五〕【史源】《搜神記》卷一:「孫策欲渡江襲許,與于吉俱行、時大旱。所在燋厲,策催諸將士,使速引船,或身自早出督切。見將吏多在吉許。策因此激怒,言:『我為不如吉耶?而先趨附之。』便使收吉至,呵問之曰:『天旱不雨,道路艱澀,不時得過。故自早出,而卿不同憂戚,安坐船中,作鬼物態,敗吾部伍。今當相除。』令人縛置地上暴之,使請雨若能感天,日中雨者,當原赦;不爾,行誅。俄而雲氣上蒸,膚寸而合;比至日中,大雨總至,溪澗盈溢。將士喜悅,以為吉必見原,並往慶慰。策遂殺之。將士哀惜,藏其屍。天夜,忽更興雲覆之。明旦往視,不知所在。策既殺吉,每獨坐,彷彿見吉在左右。意深惡之,頗有失常。後治瘡方差,而引鏡自照,見吉在鏡中,顧而弗見。如是再三。撲鏡大叫,瘡皆崩裂,須臾而死。(吉,琅琊人,道士。)」

〔六〕【史源】《搜神記》卷十:「孫堅夫人吳氏,孕而夢月入懷。已而生策。及權在孕,又夢日入懷。以告堅曰:『妾昔懷策,夢月入懷;今又夢日,何也?』堅曰:『日月者,陰陽之精,極貴之象,吾子孫其興乎?』」

〔七〕【史源】《搜神記》卷二:「吳孫峻殺朱主,埋於石子岡。歸命即位,將欲改葬之,冢墓相亞,不可識別。而宮人頗識主亡時所著衣服,乃使兩巫各住一處,

以伺其靈，使察鑒之，不得相近。久時，二人俱白見一女人，年可三十餘，上著青錦束頭，紫白袷裳，丹綈絲履，從石子岡上半岡，而以手抑膝長太息，小住須臾，更進一冢上，便止，徘徊良久，奄然不見。二人之言，不謀而合。於是開冢，衣服如之。」

〔八〕【史源】《搜神記》卷十六：「盧充者，范陽人，家西三十里，有崔少府墓，充年二十，先冬至一日，出宅西獵戲，見一獐，舉弓而射，中之，獐倒，復起。充因逐之，不覺遠，忽見道北一里許，高門瓦屋，四周有如府舍，不復見獐。門中一鈴下唱客前。充曰：『此何府也？』答曰：『少府府也。』充曰：『我衣惡，那得見少府？』即有一人提一襆新衣，曰：『府君以此遺郎。』充便著訖，進見少府。展姓名。酒炙數行。謂充曰：『尊府君不以僕門鄙陋，近得書，為君索小女婚，故相迎耳。』便以書示充。充，父亡時雖小，然已識父手跡，即歔欷無復辭免。便敕內：『盧郎已來，可令女郎妝嚴。』且語充云：『君可就東廊，及至黃昏。』內白：『女郎妝嚴已畢。』充既至東廊，女已下車，立席頭，卻共拜。時為三日，給食三日畢，崔謂充曰：『君可歸矣。女有娠相，若生男，當以相還，無相疑。生女，當留自養。』敕外嚴車送客。充便辭出。崔送至中門，執手涕零。出門，見一犢車，駕青衣，又見本所著衣及弓箭，故在門外。尋傳教將一人提襆衣與充，相問曰：『姻援始爾，別甚悵恨。今復致衣一襲，被褥自副。』充上車，去如電逝，須臾至家。家人相見，悲喜推問，知崔是亡人，而入其墓。追以懊惋。別後四年，三月三日，充臨水戲，忽見水旁有二犢車，乍沈乍浮，既而近岸，同坐皆見，而充往開車後戶，見崔氏女與三歲男共載。充見之，忻然欲捉其手，女舉手指後車曰：『府君見人。』即見少府。充往問訊，女抱兒還。充又與金碗，並贈詩曰：『煌煌靈芝質，光麗何猗猗！華豔當時顯，嘉異表神奇。含英未及秀，中夏罹霜萎。榮耀長幽滅，世路永無施。不悟陰陽運，哲人忽來儀。會淺離別速，皆由靈與祇。何以贈余親，金碗可頤兒。恩愛從此別，斷腸傷肝脾。』充取兒，碗及詩，忽然不見二車處。充將兒還，四坐謂是鬼魅，僉遙唾之。形如故。問兒：『誰是汝父？』兒徑就充懷。眾初怪惡，傳省其詩，慨然歎死生之玄通也。充後乘車入市，賣碗，高舉其價，不欲速售，冀有識。歘有一老婢識此，還白大家曰：『市中見一人，乘車，賣崔氏女郎棺中碗。』大家，即崔氏親姨母也，遣兒視之，果如其婢言。上車，敘姓名，語充曰：『昔我姨嫁少府，生女，未出而亡。家親痛之，贈一金碗，

著棺中。可說得碗本末。』充以事對。此兒亦為之悲咽。賷還白母，母即令詣充家，迎兒視之。諸親悉集。兒有崔氏之狀，又復似充貌。兒、碗俱驗。姨母曰：『我外甥三月末間產。父曰春，暖溫也。願休強也。』即字溫休。溫休者，蓋幽婚也，其兆先彰矣。兒遂成令器。歷郡守二千石，子孫冠蓋相承。至今其後植，字子幹，有名天下。」

今按，汪紹楹先生認為：「《世說・方正》篇注引《孔氏志怪》，非《搜神記》。《提要》誤。」（《搜神記》第262頁注釋一）

〔九〕【史源】《搜神記》卷六：「建安初荊州童謠曰：『八九年間始欲衰，至十三年無子遺。』言自中興以來，荊州獨全；及劉表為牧，民有豐樂；至建安九年，當始衰。始衰者，謂劉表妻死，諸將並零落也。十三年無子遺者，表當又死，因以喪敗也。是時華容有女子，忽啼呼曰：『將有大喪。』言語過差，縣以為妖言，繫獄，月餘，忽於獄中哭曰：『劉荊州今日死。』華□□□□□里即遣馬裹驗視，而劉表果死。縣乃出之。續又歌吟曰：「不意李立為貴人。」後無幾，曹公平荊州，以涿郡李立，字建賢，為荊州刺史。」

〔十〕【史源】《搜神記》卷十五：「漢建安四年二月，武陵充縣婦人李娥，年六十歲，病卒，埋於城外，已十四日。娥比舍有蔡仲，聞娥富，謂殯當有金寶，乃盜發冢求金，以斧剖棺。斧數下，娥於棺中言曰：『蔡仲！汝護我頭。』仲驚，遽便出走，會為縣吏所見，遂收治。依法，當棄市。娥兒聞母活，來迎出，將娥回去。武陵太守聞娥死復生，召見，問事狀。娥對曰：『聞謬為司命所召，到時，得遣出，過西門外，適見外兄劉伯文，驚相勞問，涕泣悲哀。娥語曰：「伯文！我一日誤為所召，今得遣歸，既不知道，不能獨行，為我得一伴否？又我見召在此，已十餘日，形體又為家人所葬埋，歸，當那得自出？」伯文曰：「當為問之。」即遣門卒與屍曹相問：「司命一日誤召武陵女子李娥，今得遣還，娥在此積日，屍喪，又當殯殮，當作何等得出；又女弱，獨行，豈當有伴耶？是吾外妹，幸為便安之。」答曰：「今武陵西界，有男子李黑，亦得遣還，便可為伴。兼敕黑過娥比舍蔡仲，發出娥也。」於是娥遂得出。與伯文別，伯文曰：「書一封，以與兒他。」娥遂與黑俱歸。事狀如此。』太守聞之，慨然歎曰：『天下事真不可知也。』乃表，以為：『蔡仲雖發冢為鬼神所使；雖欲無發，勢不得已，宜加寬宥。』詔書報可。太守欲驗語虛實，即遣馬吏於西界，推問李黑，得之，與黑語協。乃致伯文書與他，他識其紙，乃是父亡時送箱中文書也。表文字猶在也，而書不可曉。乃請費長房讀之，

曰：『告他：我當從府君出案行部，當以八月八日日中時，武陵城南溝水畔
頓。汝是時必往。』到期，悉將大小於城南待之。須臾果至，但聞人馬隱隱
之聲，詣溝水，便聞有呼聲曰：『他來！汝得我所寄李娥書不耶？』曰：『即
得之，故來至此。』伯文以次呼家中大小，久之，悲傷斷絕，曰：『死生異路，
不能數得汝消息，吾亡後，兒孫乃爾許大！』良久，謂他曰：『來春大病，與
此一丸藥，以塗門戶，則闢來年妖癘矣。』言訖，忽去，竟不得見其形。至
來春，武陵果大病，白日皆見鬼，唯伯文之家，鬼不敢向。費長房視藥丸，
曰：『此方相腦也。』」

〔十一〕【史源】《搜神記》卷六：「漢桓帝即位，有大蛇見德陽殿上。洛陽市令淳于
翼曰：『蛇有鱗，甲兵之象也；見於省中，將有椒房大臣受甲兵之象也。』乃
棄官遁去。到延熹二年，誅大將軍梁冀，捕治家屬，揚兵京師也。」

〔十二〕【史源】《搜神記》卷十三：「秦時，築城於武周塞內，以備胡，城將成，而
崩者數焉。有馬馳走，周旋反覆，父老異之，因依馬跡以築城，城乃不崩。
遂名馬邑。其故城今在朔州。」

〔十三〕【史源】《搜神記》卷十八：「秦時，武都故道，有怒特祠，祠上生梓樹，秦
文公二十七年，使人伐之，輒有大風雨，樹創隨合，經日不斷。文公乃益發
卒，持斧者至四十人，猶不斷。士疲，還息；其一人傷足，不能行，臥樹下，
聞鬼語樹神曰：『勞乎？攻戰！』其一人曰：『何足為勞。』又曰：『秦公將必
不休，如之何？』答曰：『秦公其如予何。』又曰：『秦若使三百人，被髮，
以朱絲繞樹，赭衣，灰坌伐汝，汝得不困耶？』神寂無言。明日，病人語所
聞。公於是令人皆衣赭，隨斫創，坌以灰，樹斷。中有一青牛出，走入豐水
中。其後，青牛出豐水中，使騎擊之，不勝；有騎墮地，復上，髻解，被髮，
牛畏之，乃入水，不敢出。故秦自是置旄頭騎。」

〔十四〕【史源】《搜神記》卷十六：「漢南陽文穎，字叔長，建安中為甘陵府丞，過
界止宿，夜三鼓時，夢見一人跪前曰：『昔我先人，葬我於此，水來湍墓，棺
木溺，漬水處半，然無以自溫。聞君在此，故來相依，欲屈明日暫住須臾，
幸為相遷高燥處。』鬼披衣示穎，而皆沾濕。穎心愴然，即寤。語諸左右。
曰：『夢為虛耳亦何足怪。』穎乃還眠向寐處，夢見謂穎曰：『我以窮苦告君，
奈何不相愍悼乎？』穎夢中問曰：『子為誰？』對曰：『吾本趙人，今屬汪芒
氏之神。』穎曰：『子棺今何所在？』對曰：『近在君帳北十數步水側枯楊樹
下，即是吾也。天將明，不復得見，君必念之。』穎答曰：『喏！』忽然便寤。

天明，可發，穎曰：『雖曰夢不足怪，此何太適。』左右曰：『亦何惜須臾，不驗之耶？』穎即起，率十數人將導順水上，果得一枯楊，曰：『是矣。』掘其下，未幾，果得棺。棺甚朽壞，沒半水中。穎謂左右曰：『向聞於人，謂之虛矣；世俗所傳，不可無驗。』為移其棺，葬之而去。」

〔十五〕【史源】《搜神記》卷十：「周攬嘖者，貧而好道，失婦夜耕，困，息臥。夢天公過而哀之，敕外有以給與。司命按錄籍，云：『此人相貧，限不過此。惟有張車子，應賜錄千萬。車子未生，請以借之。』天公曰：『善。』曙覺，言之。於是夫婦戮力，晝夜治生，所為輒得，貲至千萬。先時。有張嫗者，嘗往周家傭賃，野合，有身，月滿，當孕，便遣出外，駐車屋下，產得兒。主人往視，哀其孤寒，作粥糜食之。問：『當名汝兒作何？』嫗曰：『今在車屋下而生，夢天告之，名為車子。』周乃悟曰：『吾昔夢從天換錢，外白以張車子錢貸我，必是子也。財當歸之矣。』自是居日衰減，車子長大，富於周家。」

〔十六〕【史源】《搜神記》卷七：「太康中，天下以氈為絈頭，及絡帶褲口。於是百姓咸相戲曰：『中國其必為胡所破也。夫氈，胡之所產者也，而天下以為絈頭，帶身，褲口，胡既三制之矣，能無敗乎？』」

〔十七〕【史源】《搜神記》卷一：「漢明帝時，尚書郎河東王喬，為鄴令。喬有神術，每月朔，嘗自縣詣臺。帝怪其來數，而不見車騎；密令太史候望之。言其臨至時，輒有雙鳧，從東南飛來。因伏伺，見鳧，舉羅張之，但得一雙舄。使尚書識視，四年中所賜尚書官屬履也。」

〔十八〕【史源】《搜神記》卷十一：「宋康王舍人韓憑娶妻何氏，美，康王奪之。憑怨，王囚之，論為城旦。妻密遺憑書，繆其辭曰：『其雨淫淫，河大水深，日出當心。』既而王得其書，以示左右，左右莫解其意。臣蘇賀對曰：『其雨淫淫，言愁且思也。河大水深，不得往來也。日出當心，心有死志也。』俄而憑乃自殺。其妻乃陰腐其衣，王與之登臺，妻遂自投臺，左右攬之，衣不中手而死。遺書於帶曰：『王利其生，妾利其死，願以屍骨賜憑合葬。』王怒，弗聽，使里人埋之，冢相望也。王曰：『爾夫婦相愛不已，若能使冢合，則吾弗阻也。』宿昔之間，便有大梓木，生於二冢之端，旬日而大盈抱，屈體相就，根交於下，枝錯於上。又有鴛鴦，雌雄各一，恒棲樹上，晨夕不去，交頸悲鳴，音聲感人。宋人哀之，遂號其木曰相思樹。相思之名，起於此也。南人謂：『此禽即韓憑夫婦之精魂。』今睢陽有韓憑城，其歌謠至今猶存。」

〔十九〕【史源】《搜神記》卷十六：「吳，赤烏三年，句章民楊度，至餘姚，夜行，
有一少年，持琵琶，求寄載。度受之。鼓琵琶數十曲，曲畢，乃吐舌，擘目，
以怖度而去。復行二十里許，又見一老父，自云：『姓王，名戒。』因覆載之。
謂曰：『鬼工鼓琵琶，甚哀。』戒曰：『我亦能鼓。』即是向鬼。復擘眼，吐
舌，度怖幾死。」

〔二十〕【史源】《搜神記》卷十八：「安陽城南有一亭，夜不可宿；宿，輒殺人。書
生明術數，乃過宿之，亭民曰：『此不可宿。前後宿此，未有活者。』書生曰：
『無苦也。吾自能諧。』遂住廨舍。乃端坐，誦書。良久乃休。夜半後，有
一人，著皂單衣，來，往戶外，呼亭主。亭主應諾。『見亭中有人耶？』答曰：
『向者有一書生在此讀書。適休，似未寢。』乃喑嗟而去，須臾，復有一人，
冠赤幘者，呼亭主。問答如前。復喑嗟而去。既去，寂然。書生知無來者，
即起，詣向者呼處，效呼亭主。亭主亦應諾。復云：『亭中有人耶？』亭主答
如前。乃問曰：『向黑衣來者誰？』曰：『北舍母豬也。』又曰：『冠赤幘來者
誰？』曰：『西舍老雄雞父也。』曰：『汝復誰耶？』曰：『我是老蠍也。』於
是書生密便誦書。至明不敢寐。天明，亭民來視，驚曰：『君何得獨活？』書
生曰：『促索劍來，吾與卿取魅』乃握劍至昨夜應處，果得老蠍，大如琵琶，
毒長數尺。西舍，得老雄雞父；北舍，得老母豬，凡殺三物，亭毒遂靜，永
無災橫。」

今按，汪紹楹先生認為：「郭忠恕《佩觿》上作『齧婆』，徑山寺本《法
苑珠林》作『韠婆』。均不作『頻婆』。」（《搜神記》第262頁注釋二）

〔二十一〕【考證】余嘉錫《四庫提要辯證》：「《提要》此篇（「史稱寶感父婢再生事」
至「此本亦皆無之」——引者注），徵引群書，不可謂不詳。然《法苑珠林》
引此書至一百四條……幾及全書四分之一。余嘗取以相校，字句或有不同，
而文義大致相合，亦互有得失。然則此書固有所本，絕非向壁虛造矣。《提
要》徒據諸書所引三數條以相參較，而置《株林》不引，考證未為周密也。」

〔二十二〕【史源】《搜神記》卷二：「夏侯弘自云見鬼，與其言語。鎮西謝尚所乘馬
忽死，憂惱甚至。謝曰：『卿若能令此馬生者，卿真為見鬼也。』弘去良久，
還曰：『廟神樂君馬，故取之。今當活。』尚對死馬坐，須臾，馬忽自門外
走還，至馬屍間，便滅，應時能動，起行。謝曰：『我無嗣，是我一身之罰。』
弘經時無所告。曰：『頃所見，小鬼耳，必不能辨此源由。』後忽逢一鬼，
乘新車，從十許人，著青絲布袍。弘前提牛鼻，車中人謂弘曰：『何以見阻？』

弘曰：『欲有所問。鎮西將軍謝尚無兒。此君風流令望，不可使之絕祀。』軍中人動容曰：『君所道正是僕兒。年少時，與家中婢通誓約不再婚，而違約；今此婢死，在天訴之，是故無兒。』弘具以告。謝曰：『吾少時誠有此事。』弘於江陵，見一大鬼，提矛戟，有隨從小鬼數人。弘畏懼，下路避之。大鬼過後，捉得一小鬼，問：『此何物？』曰：『殺人以此矛戟，若中心腹者，無不輒死。』弘曰：『治此病有方否？』鬼曰：『以烏雞薄之，即差。』弘曰：『今欲何行？』鬼曰：『當至荊、揚二州爾。』時比日行心腹病，無有不死者，弘乃教人殺烏雞以薄之，十不失八九。今治中惡輒用烏雞薄之者，弘之由也。」

〔二十三〕【辨偽】余嘉錫對自「至於六卷、七卷」至「猶未考此條之非本書也」一段加以辯證：「《提要》謂『非六朝人不能作』，可謂知言，惜尚未能尋得證據耳。然古人著書，有隨時增補者。古書流傳既久，亦有後人附益者。類書之體，往往有一事數書並見，隨手引用者。似不得便為作偽之據也。余謂此書似出後人綴輯，但十之八九出於干寶原書。若取唐、宋以前諸書所引，一一檢尋，尚可得其出處；與他書之出於偽撰者不同。而張之洞《書目答問》，信《提要》之說，遂謂《搜神記》為偽書之近古者。不知《提要》所言，初無確據。且綴輯古書，亦不得謂之作偽也。」

今按，汪紹楹先生認為：「今本《搜神記》實有自各書摻入者，余先生說有可商。」（《搜神記》第 262 頁注釋五）

〔二十四〕【整理與研究】汪紹楹先生撰《搜神記校注》（中華書局 1979 年版）。

241. 劇談錄二卷

唐康駢撰。王定保《摭言》作唐軒，蓋傳寫之訛。《唐書‧藝文志》作康軒，以其字駕言證之，二字義皆相合，未詳孰是。諸書引之皆作駢，疑亦《唐志》誤也。駢，池陽（今安徽貴池）人。乾符四年（877）登進士第。官至崇文館校書郎。

是書成於乾寧二年（895），皆記天寶以來瑣事〔一〕，亦間有議論附之，凡四十條。今以《太平廣記》勘之，一一相合。非當時全部收入，即後人從《廣記》抄合也。此本末有「臨安府陳道人書籍鋪刊行」字，蓋猶影抄宋本。如「潘將軍」一條，注中疑為「潘鶴碑」字。今本《劍俠傳》從《廣記》剟掇，此條訛為「潘鶴碎」，遂不可解。知此本為善矣。〔二〕

其中載「元微之年老擢第執贄謁李賀」一條〔三〕,《古夫于亭雜錄》辨之曰:「案:元擢第既非遲暮,於賀亦稱前輩,詎容執贄造門,反遭輕薄?小說之不根如此!」〔四〕其論最當。然稗官所述,半出傳聞,真偽互陳,其風自古,未可全以為據,亦未可全以為誣,在讀者考證其得失耳。不以是廢此一家也。(《四庫全書總目》卷一百四十二)

【注釋】

〔一〕【評論】包括神靈鬼怪、武俠傳奇、社會逸聞、人物言論等內容。常為後世小說所取資。

〔二〕【整理與研究】1958 年古典武俠出版社出版斷句排印本。

〔三〕【史源】《劇談錄》卷下「元相國謁李賀」條云:「元和中,進士李賀善為歌篇,韓文公深所知重,於縉紳之間,每加延譽,由此聲華藉甚。時元相國積年老,以明經擢第,亦攻篇什,常願交結賀。一日,執贄造門,賀覽刺,不容,遽令僕者謂曰:『明經擢第,何事來看李賀?』相國無復致,情慚憤而退。其後左拾遺制策登科日,當要路,及為禮部郎中,因議賀祖禰諱晉,不合應進士舉,亦以輕薄時輩所排,遂成轗軻。文公惜其才,為著《諱辯錄》明之,然竟不成事。自大中咸通之後,每歲試春官者千餘人,其間章句有聞,亹亹不絕,如何植、李玫、皇甫松、李孺犀、梁望、毛濤、貝麻、來鵠、賈隨以文章著美,溫庭筠、鄭澹、何涓、周鈞、宋耘、沈駕、周繁以詞賦標名,賈島、平曾、李陶、劉得仁、喻坦之、張喬、劇燕、許琳、陳覺以律詩流傳,張維、皇甫川、郭鄩、劉延暉以古風擅價,皆苦心文華,厄於一第,然其間數公,麗藻英詞,播於海內,其虛薄叨聯名級者,又不可同年而語矣。」

〔四〕【史源】《古夫于亭雜錄》卷二。

242. 太平廣記五百卷

宋李昉(925~996)奉敕監修。同修者扈蒙、李穆、湯悅、徐鉉、宋白、王克貞、張洎、董淳、趙鄰幾、陳鄂、呂文仲、淑十二人也。以太平興國二年(977)三月奉詔,三年八月表進。此據《宋會要》之文,《玉海》則作二年三月戊寅所集,八年二月庚子書成,未詳孰是。六年(981)正月,敕雕版印行。

凡分五十五部〔一〕,所採書三百四十五種〔二〕。古來軼聞瑣事,僻笈遺文咸在焉。卷帙輕者,往往全部收入,蓋小說家之淵海也。《玉海》稱:「《廣記》鏤本頒天下後,以言者謂非後學所急,收版貯之太清樓。故北宋人多未之睹。」

鄭樵號為博洽，而《通志・校讎略》中乃謂「《太平廣記》為《太平御覽》中別出《廣記》一書，專記異事」，誤合兩書而一之，是樵亦未嘗見矣。

其書雖多談神怪，而採摭繁富，名物典故，錯出其間。詞章家恒所採用，考證家亦多所取資。又唐以前書，世所不傳者，斷簡殘編，尚間存其什一，尤足貴也。

此本為明嘉靖中右都御史談愷所刊，卷頁間有闕佚。〔三〕胡應麟《二酉綴遺》曰：「談於此書頗肆力校讎，第中闕嗤鄙類二卷、無賴類二卷、輕薄類一卷，而酷暴類闕『胡浙』等五事，婦人類闕『李誕』等七事。談謂遍閱諸藏書家悉然，疑宋世已亡。」又曰：「輕薄類劉祥、許敬宗等，皆見六朝諸史及《唐書》《雜說》，談已考補。餘目中有名姓者，尚多互見諸書。惟出小說中而其書今亡者，難悉究矣（云云）。」〔四〕則書在當時已非完帙，今姑仍舊本錄之焉。〔五〕（《四庫全書總目》卷一百四十二）

【注釋】

〔一〕【考證】此說源自宋《玉海》注文，係將《太平御覽》分部誤記。《太平廣記》實際分為九十一大類，附一百五十餘小類。

〔二〕【考證】《太平廣記》引用書實際近五百種，如今半數已散佚。

〔三〕【版本】上海古籍出版社1990年影印本《出版說明》：「文淵閣本提要云：『此本為明嘉靖中右都御史談愷所刊，卷頁間有闕佚，無從校補，今亦仍之焉。』可是庫本有缺文而無缺卷，撰者顯然未細核原書，沿襲談序缺卷說法而已。單行本《四庫全書總目提要》引胡氏《二酉綴遺》以釋『卷頁間有闕佚』，乃紀昀修改時重蹈以耳代目覆轍。」有關此書的版本情況，可參考程毅中的《太平廣記的幾種版本》（《古籍整理淺談》第141～148頁）。

〔四〕【史源】《少室山房筆叢》卷十九：「《御覽》向行抄本，十年來始有刻，而訛謬特甚，非老宿師儒，即一篇半簡，莫能句讀。至姓名顛舛，世代魯魚，初學士讀之，或取入詩文用，誤人不尠。《廣記》稍前刻於錫山談中丞，談於此書頗肆力讎校。又藏書家有宋本，故雖間有舛訛，視《御覽》則天淵……余讀《新唐書》，尚有數事得之《廣記》者，如宋之懸輩皆《舊唐書》所無，蓋或闕於元世，或近代失之耳。」

〔五〕【整理與研究】1960年中華書局出版影宋本。鄧嗣禹編《太平廣記引得》。汪紹楹有校點本。

243. 夷堅支志五十卷

宋洪邁（1123～1202）撰。邁所著《容齋隨筆》，已著錄。

是書所記，皆神怪之說。故以《列子》「夷堅」事為名。考《列子》謂：「大禹行而見之，伯益知而名之，夷堅聞而志之。」正謂珍禽異獸，如《山海經》之類。邁雜錄仙鬼諸事，而名取於斯，非其本義。然唐華原尉張慎素已有《夷堅錄》之名，則邁亦有所本也。

陳振孫《書錄解題》稱：「《夷堅志》甲至癸二百卷，支甲至支癸一百卷，三甲至三癸一百卷，四甲四乙二十卷，共四百二十卷。」〔一〕趙與時《賓退錄》亦載：「《夷堅志》三十二編，凡三十一序，不相重複。各節錄其序之大略，頗為詳備。」〔二〕此本僅存自甲至戊五十卷，標題但曰《夷堅志》。以其序文校與時之所載，乃支甲至支戊，非其正集。惟與時記支丙作支景，謂避其曾祖之嫌名，而此仍作丙，殆傳寫者所改歟？胡應麟《筆叢》謂「所藏之本有百卷」〔三〕，覈其卷目次第，乃支甲至三甲，共十一帙。此殆胡氏之本，又佚其半也。朱國楨《湧幢小品》不知為《志》中之一集，乃云：「《夷堅志》本四百二十卷，今行者五十一卷，蓋病其繁蕪刪之。」則誤之甚矣。

陳振孫譏邁為「謬用其心」，其說頗正。陳櫟《勤有堂隨錄》則謂：「邁欲修國史，藉此練習其筆。」〔四〕似乎曲為之詞。然其中詩詞之類，往往可資採錄；而遺聞瑣事，亦多足為勸誡，非盡無益於人心者〔五〕。小說一家，歷來著錄，亦何必拘於方隅，獨為邁書責歟？〔六〕（《四庫全書總目》卷一百四十二）

【注釋】

〔一〕【史源】《直齋書錄解題》卷十一。今按，宋建寧刊本《夷堅志》八十卷今藏於靜嘉堂文庫。（《日本藏漢籍珍本追蹤紀實》第315～317頁）

〔二〕【史源】《賓退錄》卷八。

〔三〕【史源】《少室山房筆叢》卷二：「小說昉自燕丹、東方朔，郭憲浸盛，至洪邁《夷堅志》四百二十多卷，極矣。」

〔四〕【史源】《勤有堂隨錄》：「《夷堅志》乃容齋洪景盧（邁又號野處，諡文敏公）藉以演史筆，虛誕荒幻，明明如此，今謂莊列為虛誕荒幻，而廢之可乎？此二字出《列子》『夷堅聞而志之』一句，謂未嘗見其事而記之耳。『夷堅』即《左傳》中所謂『庭堅』，即皋陶也。凡三十二志。趙與時《賓退錄》述其序意甚詳，說夷堅二字亦一序。今坊中所刊僅四五卷，後面多有益於人，不盡荒誕，惜無本子。」

〔五〕【評論】漆俠教授云：「洪邁的《夷堅志》，雖然有許多不經之談，但如果認真逐條檢抄，可能是記錄有宋一代諸色匠人、雇工、佃客、商賈、小販最多、材料價值極高的一部小說筆記。只要善加辨析，抹去上面的灰塵迷霧，就會顯露出它固有的社會生活的光輝。」（《怎樣研究宋史》，《文史知識》1983 年第 9 期）

〔六〕【整理與研究】張元濟有輯校本《夷堅志》（《張元濟古籍書目序跋彙編》第 1113〜1116 頁）。

244. 博物志十卷

舊本題晉張華（232〜300）撰。

考王嘉《拾遺記》稱：「華好觀秘異圖緯之部，招採天下遺逸。自書契之始，考驗神怪及世間閭里所說，造《博物志》四百卷，奏於武帝。帝詔詰問：『卿才綜萬代，博識無倫，然記事採言，亦多浮妄。可更芟截浮疑，分為十卷』（云云）。」〔一〕是其書作於武帝時。今第四卷物性類中，稱「武帝泰始中武庫火」，則武帝以後語矣。

《書影》有謂：「《藝文類聚》引《博物志》『子貢說社樹』一條，今本不載者。」案：此條實在第八卷中〔二〕，《書影》蓋偶然未檢。然考裴松之《三國志注》《魏志·太祖紀》《文帝紀》《滅傳》《吳志·孫賁傳》引《博物志》四條，今本惟有《太祖紀》所引一條，而佚其前半，餘三條皆無之。又江淹《古銅劍贊》引張華《博物志》曰：「鑄銅之工，不可復得，惟蜀地羌中，時有解者。」今本無此語，足證非宋、齊、梁時所見之本。

又《唐會要》載：「顯慶三年，太常丞呂才奏；案張華《博物志》曰：『《白雪》是泰帝使素女鼓五弦曲名，以其調高，人遂和寡。』」又張彥遠《歷代名畫記》引張華《博物志》曰：「劉褒，漢桓帝時人，曾畫《雲漢圖》，人見之覺熱，又畫《北風圖》，人見之覺涼。」今本皆無此語。李善注《文選》，引張華《博物志》十二條，見今本者九條，其《西京賦注》引「王孫公子皆古人相推敬之詞」一條，《閑居賦注》引「張騫使大夏得石榴，李廣利為貳師將軍伐大宛得蒲陶」一條，《七命注》引「橙似橘而非，若柚而有芬香」一條，則今本皆無此語。段公路《北戶錄》引《博物志》五條，見今本者三條，其「鵃鶋一名雞鶋」一條，「金魚腦中有麩金出邛婆塞江」一條，則今本皆無此語，足證亦非唐人所見之本。

　　《太平廣記》引《博物志》「鄭宏沈釀川」一條，趙彥衛《雲麓漫抄》引《博物志》「黃藍張騫得自西域」一條，今本皆無之。晁公武《讀書志》稱「卷首有理略，後有贊文」，今本卷首第一條為地理，稱「地理略」。自魏氏曰以前云云，無所謂理略，贊文惟地理有之，亦不在卷後。又趙與時《賓退錄》稱：「張華《博物志》卷末載湘夫人事，亦誤以為堯女。」今本此條乃在八卷之首，不在卷末。皆相矛盾，則並非宋人所見之本。

　　或原書散佚，好事者掇取諸書所引《博物志》，而雜採他小說以足之。故證以《藝文類聚》《太平御覽》所引，亦往往相符。其餘為他書所未引者，則大抵剿掇《大戴禮》《春秋繁露》《孔子家語》《本草經》《山海經》《拾遺記》《搜神記》《異苑》《西京雜記》《漢武內傳》《列子》諸書，餖飣成帙，不盡華之原文也。〔三〕

　　又劉昭《續漢志注·律曆志》引《博物記》一條，《輿服志》引《博物記》一條，《五行志》引《博物記》二條，《郡國志》引《博物記》二十九條，《齊東野語》引其中「日南野女」一條〔四〕，謂「《博物記》當是秦、漢間古書，張華取其名而為《志》」。楊慎《丹鉛錄》亦稱：「據《後漢書注》，《博物記》乃唐蒙所作。」今觀裴松之《三國志注》引《博物記》四條，又於《魏志·涼茂傳》中引《博物記》一條，灼然二書，更無疑義。此本惟載「江河水赤」一條，又載「漢末關中女子及范明友奴發冢重生」一條，而分為兩條，又載「日南野女」一條，訛「群行不見夫」句為「群行見丈夫」，訛「其狀晶且白」句為「狀晶目」，其餘三十一條，則悉遺漏。豈非偶於他書見此三條，以「博物」二字相同，不辨為兩書，而貿貿採入乎？至於《雜說》下所載「豫章衣冠人有數婦」一條〔五〕，乃《隋書·地理志》之文，唐人所撰。華何自見之？尤雜合成編之明證矣。

　　書中間有附注，或稱盧氏，或稱周日用。案《文獻通考》載周盧注《博物志》六卷。此所載寥寥數條，殆非完本，或亦後人偶為摘附歟？〔六〕（《四庫全書總目》卷一百四十二）

【注釋】

〔一〕【史源】《拾遺記》卷九：「張華字茂先，挺生聰慧，好觀秘異圖緯之部，捃採天下遺逸，自書契之始，考驗神怪，及世間閭里所說，撰《博物志》四百卷，奏於武帝。帝詔詰問：『卿才綜萬代，博識無倫，遠冠羲皇，近次夫子，然記

事採言，亦多浮妄，宜更刪剪，無以冗長成文。昔仲尼刪《詩》《書》，不及鬼神幽昧之事，以言怪力亂神。今見卿此志，驚所未聞，異所未見，將恐惑亂於後，生繁蕪於耳目，可更芟截浮疑，分為十卷。』即於御前賜青鐵硯，此鐵是于闐國所獻，而鑄為硯也；賜麟角筆，以麟角為筆管，此遼西國所獻，賜側理紙，後人謂之陟釐，南人以海苔為紙，其理縱橫邪側，因以為名。帝常以《博物志》十卷置於函中，暇日覽焉。」

〔二〕【史源】《博物志》卷八：「子路與子貢過鄭神社，社樹有鳥神牽率子路，子貢說之，乃止。」

〔三〕【版本】潘景鄭《汪曰楨校本博物志》：「茂先《博物志》一書，散佚不具，經後人掇拾成編，傳刻雖多，無一足稱完本。鄉先輩黃蕘圃先生據連江影宋抄本付梓，迴出諸本之上。其敘次先後，與今本亦不同，蓋今本已經後人區分門類，益非舊觀矣。盧抱經先生曾校此書，多所是正。盧雖未見宋本，而勘正處頗多與宋本暗合者，其鉤稽之力，誠足欽佩。暇思博採群書所引，董而理之，必有出諸家之外者。」（《著硯樓讀書記》第 430 頁）

〔四〕【史源】《博物志》卷二：「日南有野女，群行若丈夫，狀畠目，裸袒無衣褲。」

〔五〕【史源】《博物志》卷十：「豫章郡衣冠人有數婦，暴面於道，尋道爭分銖，以給其夫輿馬衣資。及舉孝廉，更取富者，一切皆給先者。雖有數年之勤，婦子滿堂室，猶放黜，以避後人。」

〔六〕【整理與研究】范甯撰《博物志校證》（中華書局 1980 年版）。

245. 酉陽雜俎二十卷續集十卷

唐段成式（約 803～863）撰。成式字柯古，臨淄（今山東淄博）人，宰相文昌之子。官至太常卿。事蹟具《唐書》本傳。

是書首有自序〔一〕，云凡三十篇，為二十卷。今自《忠志》至《肉攫部》，凡二十九篇，尚闕其一。考《語資篇》後有云：「客徵鼠虱事，余戲撮作《破虱錄》。」今無所謂《破虱錄》者，蓋脫其一篇，獨存其篇首引語，綴前篇之末耳。至其《續集》六篇、十卷，合《前集》為三十卷，諸史志及諸家書目並同。而胡應麟《筆叢》云：「《酉陽雜俎》世有二，皆二十卷，無所謂續者。近於《太平廣記》中抄出《續記》，不及十卷。而《前集》漏軼者甚多，悉抄入《續記》中為十卷。俟好事者刻之。」〔二〕又似乎其書已佚，應麟復為抄合者。然不知應麟何以得其篇目，豈以意為之耶？其書多詭怪不經之談，荒渺無稽

之物，而遺文秘籍亦往往錯出其中，故論者雖病其浮誇，而不能不相徵引。
自唐以來，推為小說之魁楚，莫或廢也。

其曰「酉陽雜俎」者，蓋取梁元帝賦「訪酉陽之逸典」語。二酉，藏書之
義也。〔三〕

其子目有曰《諾皋記》者，吳曾《能改齋漫錄》以為：「諾皋，太陰神名。
語本《抱朴子》。」〔四〕未知確否？至其「貝編」、「玉格」、「天咫」、「壺史」
諸名，則在可解不可解之間，蓋莫得而深考矣〔五〕。（《四庫全書總目》卷一百四十
二）

【注釋】

〔一〕【自序】夫《易》象「一車」之言，近於怪也。詩人南淇之奧，近乎戲也。固
　　　服縫掖者，肆筆之餘，及怪及戲，無侵於儒。無若詩書之味大羹，史為折俎，
　　　子為醯醢也。炙鴞羞鼈，豈容下箸乎？固役而不恥者，抑志怪小說之書也。
　　　成式學落詞曼，未嘗覃思，無崔駰真龍之歎，有孔璋畫虎之譏。飽食之暇，
　　　偶錄記憶，號《酉陽雜俎》，凡三十篇，為二十卷，不以此間錄味也。

〔二〕【史源】《少室山房筆叢》卷十九：「《酉陽雜俎》二十卷，續十卷，今世行本，
　　　余常得二刻，皆二十卷，無所謂續者。近於《廣記》中錄出，然不能十卷，
　　　而前集漏軼殊多，因並錄續集中，以完十卷之舊，俟好事博雅者核之。《筆
　　　叢》卷十三云：唐人《酉陽雜俎》《玄怪》等編今皆行世，而《太平廣記》所
　　　載往往有諸刻所無者，蓋諸書皆自《廣記》錄出，而抄集者鹵莽脫略致然，
　　　若魏晉六朝之書，即《廣記》所載事亦寥寥，蓋年代稍遠，當宋人輯《廣記》
　　　日已不盡存故也。」

　　　今按，《酉陽雜俎》有 1981 年中華書局點校本。《玄怪錄》，一作《幽怪
　　　錄》，唐牛僧孺撰。1982 年中華書局程毅中點校本為十卷本，但國家圖書館
　　　藏有稽古堂刻的十一卷本。（程毅中《古籍整理淺談》第 66～67 頁，北京燕
　　　山出版社 2001 年版）

〔三〕【史源】《少室山房筆叢》卷二：「故人黎惟敬以古隸扁其楣曰『二酉藏書山
　　　房』，而屬余為之記。按：古所稱小酉山上石穴中，有書千卷，相傳秦人於此
　　　學，因留之，故梁湘東王文有云『訪酉陽之逸典』，見《荊州記》甚詳。一曰
　　　藏書之所，有大酉、小酉二山，在楚、蜀間。今宣撫之所由名，而段成式之
　　　著書謂之《酉陽雜俎》者也。」

〔四〕【史源】《少室山房筆叢》卷十九：「吳曾《漫錄》解諾皋之義，最為明瞭，惟支諾皋不知何義。考《酉陽雜俎》諸目止有《諾皋記》上下二卷，所載事極詭誕，殊無所謂。支諾皋者，續考陶九成《說郛》所採《酉陽續俎》，乃有支諾皋之目，又有支動、支植二目，因悟支者干支之支。蓋《雜俎·諾皋記》之外更出此條，猶今類書者，多甲、乙、丙、丁、乾、兌、離、巽等分配，此則借干支之支以別於前目之諾皋耳。支動、支植者，《雜俎》有廣動植四卷，此則為支動及支植，觸類伸之，支諾皋之義益明矣。」

〔五〕【史源】《少室山房筆叢》卷十九：「段成式《酉陽雜俎》所列目天咫、玉格、壺史、貝編等，宋人以下亡弗駭其異，而未有得其說者。蓋必以出處求之，而不知段氏本書謂之《酉陽雜俎》，夫諸目之義，吾未能詳，至雜俎必繫酉陽，則五車之中斷可自信矣。又如目中忠志禮異等詞，皆文人口語，曷嘗拘拘出處耶？今考天咫所談七曜事，則天闕之義也；玉格所談二典事，則玉檢之文也；壺史悉紀道術，非壺中之史耶？貝編咸錄釋文，非貝葉之編耶？即全語未見，所出意義，咸自可尋，後人徒以虛名，為其愚弄，故拈及之。成式子安節，著《樂府雜錄》。今傳安節娶溫庭筠女，庭筠著《甘㷖子序》，謂語怪說實，猶甘㷖說口，與《雜俎》義正同。然前人無此說也。非庭筠自序，至今不知何謂，亦以為天咫、貝編矣。」

今按，《樂府雜錄》一卷，段安節撰。書成於唐末。

246. 龍城錄二卷

舊本題唐柳宗元撰。宋葛嶠始編之柳集中。然《唐·藝文志》不著錄。何薳《春渚紀聞》以為王銍所偽作〔一〕。《朱子語錄》亦曰：「柳文後《龍城錄雜記》，王銍之為也。子厚敘事文字，多少筆力。此記衰弱之甚，皆寓古人詩文中不可知者於其中，似暗影出。」〔二〕今觀《錄》中所載「帝命取書」事，似為韓愈《調張籍詩》『天官遣六丁，雷電下取將』二句作解，「趙師雄罷浮夢」事，似為蘇軾《梅花詩》「月下縞衣來扣門」作解。朱子所論，深得其情。莊季裕作《雞肋編》，乃引此《錄》駁《金華圖經》〔三〕。季裕與銍為同時人，或其書初出，偽跡未露，故不暇致詳歟？然自南宋以來，詞賦家已沿為故實，不可復廢。是亦王充所謂「俗語不實，流為丹青」〔四〕者矣。（《四庫全書總目》卷一百四十四）

【注釋】

〔一〕【辨偽】《春渚紀聞》卷五：「《龍城記》乃王銍性之所為。」

〔二〕【史源】見《朱子語錄》卷一百三十八。《荊溪林下偶談》卷一「柳子厚龍城
　　　錄」條亦云：「《舊唐史》譏退之為《羅池廟碑》，以實柳人之妄。然余按《龍
　　　城錄》云：『羅池北，龍城勝地也。役者得白石上微辨刻書云：龍城，柳神所
　　　守，驅厲鬼山左，首福土甿制九醜。予得之，不詳其理，持欲隱余於斯歟？』
　　　審如是，則碑中所載子厚告其部將等云云，未必皆柳人之妄，而詩所謂驅厲
　　　鬼兮山之左，豈亦用石刻語耶？然子厚嘗曰：『聖人之道不窮，異以為神，不
　　　援天以為高。』其《月令論》《斷刑論》《天說》《褅說》《非國語》等篇皆此
　　　意，而《龍城錄》乃多眩怪不經，又何也？」

〔三〕【史源】《雞肋編》卷中：「柳子厚《龍城錄》載：『賈宣伯愛金華山，即今雙
　　　溪別界。其北有仙洞，俗呼為劉先生隱身處。其內有三十六寶，廣三十六里。
　　　石刻上以松炬照之，云「劉嚴字仲卿，漢射聲校尉。當恭、顯之際極諫，貶
　　　於東陂，隱跡於此，莫知所終」。即進士蕭玉玄所記也。山口人時得玉篆牌。
　　　俗傳劉仲卿每至中元日來降洞中。州人祈福，尋溪口邊得牌者當巨富。此亦
　　　未必為然。然仲卿亦梅子真之徒歟？』余嘗觀《金華圖經》，乃謂劉孝標居此
　　　洞以集《文選》。其謬誤如此。紹興中，歐陽文忠公孫懋守婺，余嘗錄仲卿事
　　　與之，使改正舊失，未知曾革其非否？」

　　　　今按，中元，七月十五日。俗稱鬼節，有施餓鬼等迷信活動。

〔四〕【史源】《論衡》卷四《書虛篇》：「俗語不實，成為丹青。丹青之文，賢聖惑
　　　焉。」劉盼遂案云：「『丹青』二字，始見《漢書·王莽傳》。《說文》青字解
　　　云：『丹青之信，言必然。』」

247. 弘明集十四卷

　　梁釋僧祐（445～518）編。僧祐姓俞氏，彭城下邳（今徐州邳縣）人。初出家
揚都建初寺，武帝時居鍾山定林寺。

　　《唐書·藝文志》載：僧祐《弘明集》十四卷，此本卷數相符，蓋猶釋藏
之舊。末有僧祐後序，而首無前序，疑傳寫佚之。

　　所輯皆東漢至以下於梁代闡明佛法之文。其學主於戒律〔一〕；其說主於因
果〔二〕。其大旨則主於抑周、孔，排黃、老，而獨伸釋氏之法。夫天下不言而
自尊，聖人之道不言而自信，不待誇，不待辨也。恐人不尊不信，而囂張其外

以彌縫之，是亦不足於中之明證矣。然六代遺編，流傳最古。梁以前名流著作，今無專集行世者，頗賴以存，終勝庸俗緇流所撰述。就釋言釋，猶彼教中雅馴之言也。（《四庫全書總目》卷一百四十五）

【注釋】

〔一〕【戒律】宗教禁止教徒某些不當行為的法規。如佛教有五戒、十戒、二百五十戒等類。道教亦有五戒、十戒、一百八十戒等類。

〔二〕【因果】佛教語。謂因緣和果報。根據佛教輪迴之說，種什麼因，結什麼果；善有善報，惡有惡報。

248. 廣弘明集三十卷

唐釋道宣（596～667）撰。道宣姓錢氏，丹徒（今屬江蘇鎮江市）人。隋末居終南白泉寺，又遷豐德寺、淨業寺。至唐高宗（628～683）時乃卒。持戒精苦，釋家謂之宣律師。

《唐志》載《廣弘明集》三十卷，與此本合。然二十七卷以後，每卷各分上、下，實三十四卷也。

其書續梁僧祐《弘明集》而體例小殊。分為十篇：一曰歸正，二曰辨惑，三曰佛德，四曰法義，五曰僧行，六曰慈濟，七曰戒功，八曰啟福，九曰悔罪，十曰統歸。每篇各為小序。大旨排斥道教，與僧祐書相同。其中如《魏書·釋老志》，本於二氏神異，各有紀錄。雖同為粉飾，而無所抑揚。道宣乃於敘釋氏者，具載其全文；敘道家者，潛刪其靈跡。然則冤親無等，猶為最初之佛法。洎其後，世味漸深，勝負互軋。雖以叢林古德、有天瞻禮如道宣者，亦不免於門戶之見矣。

其書採摭浩博，卷帙倍於僧祐。如梁簡文帝《被幽述志詩》及《連珠》三首之類，頗為泛濫。然道宣生隋唐之間，古書多未散佚，故墜簡遺文，往往而在。如阮孝緒《七錄序》文及其門目部分，儒家久已失傳，《隋志》僅存其說。而此書第三卷內乃載其大綱，尚可推尋崖略。是亦禮失求野之一端，不可謂無裨考證也。

《神僧傳》稱僧祐前身為南齊剡溪隱嶽寺僧護，道宣前身即為僧祐。殆因道宣續僧祐之書，故附會是說。又稱道宣卒於乾封二年（667），而書末有《遊大慈恩寺詩》，乃題高宗之諡，殊不可解。又注曰：「一作唐太宗。」蓋知其牴牾，為之遷就。考《雍錄》〔一〕載：「慈恩寺，貞觀二十二年（648），高宗在春

宮時為文德皇后立。」則太宗猶及見之。然大慈恩之名，可以出高宗之口，不可以出太宗之口。殆原本題為御製，後人追改歟？〔二〕（《四庫全書總目》卷一百四十五）

【注釋】

〔一〕【史源】程大昌喜談地理之學，所著《雍錄》及《北邊備對》，皆刻意冥搜，考尋舊跡，是書論辨尤詳。（《四庫全書總目》卷一一《禹貢論》提要）

〔二〕【考證】是書有混名之文及重出之章。

249. 法苑珠林一百二十卷

唐釋道世撰。道世字元惲，上都西明寺僧。

是書成於高宗總章元年（668）。朝散大夫蘭臺〔一〕侍郎隴西李儼為之序，稱事總百篇，勒成十帙。此本乃一百二十卷，蓋百篇乃其總綱，書中則約略篇頁，而分卷帙。如《千佛篇》《十惡〔二〕篇》，則一篇分七八卷，《善友篇》《擇交篇》，則兩三篇共一卷，故書凡一百十八卷。而目錄二卷，亦入卷數，與陸德明《經典釋文》例同。合之共為百二十也。每篇各有述意，如史傳之序。子目之首，則或有述意，或無述意，為例不一。

大旨以佛經故實分類排纂，推明罪福之由，用生敬信之念。蓋佛法初興，惟明因果；暨達摩東邁，始啟禪宗。譬以「六經」之傳，則因果如漢儒之訓詁。雖專門授受，株守師承，而名物典故，悉求依據；其學核實而難誣。禪宗如儒之義理，雖覃思冥會，妙悟多方，而擬議揣摩，可以臆測，其說憑虛而易騁。故心印之教既行，天下咸避難趨易。辨才無礙，語錄日增。而腹笥三藏之學，在釋家亦幾乎絕響矣。此書作於唐初，去古未遠，在彼法之中猶為引經據典。雖其間荒唐悠謬之說，與儒理牴牾，而要與儒不相亂。存之可考釋氏之掌故。較後來侈談心性、彌近理、大亂真者，固尚有間矣。（《四庫全書總目》卷一百四十五）

【注釋】

〔一〕【蘭臺】唐龍朔二年（662）至咸亨元年（670）改秘書省為蘭臺。

〔二〕【十惡】唐律規定不可赦免的十種重大罪名，即謀反、謀大逆、謀叛、惡逆、不道、大不敬、不孝、不睦、不義、內亂。

250. 開元釋教錄二十卷

唐釋智昇撰。智昇，開元中居長安西崇福寺。

是編以三藏經論編為目錄，不分門目，但以譯人時代為先後。起漢明帝永平十年（67）丁卯，迄開元十八年（730）庚午。凡六百六十四載中間傳經緇素，總一百七十六人。所出大小二乘、三藏聖教及聖賢集傳並及失譯，總二千二百七十八部，合七千四十六卷。

分為二錄〔一〕：一曰《總括群經錄》。皆先列譯人名氏，次列所譯經名、卷數及或存或佚，末列小傳，各詳其人之始末，凡九卷。其第十卷則載《列代佛經目錄》。凡古目錄二十五家，僅存其名；新目錄十六家，具列其數。首為《古經錄》一卷，謂為秦始皇時釋利防等所齎，其說恍惚無徵。次為《舊經錄》一卷，稱為劉向校書天祿閣所見，蓋依據向《列仙傳》序稱七十二人已見佛經之文。至稱為孔壁所藏，則無庸置辨矣。余自漢時佛經目錄以後，則固皆有實徵者也。

一曰《別分乘藏錄》。凡為七類：一曰有譯有本，二曰有譯無本，三曰支派別行，四曰刪略繁重，五曰拾遺補，六曰疑惑再譯，七曰偽邪亂真。則各以經論類從，州列部分，與總錄一經一緯；凡八卷。其第十九卷則大乘經、律、論入藏目錄；第二十卷則小乘經、律、論、聖賢集傳入藏目錄也。佛氏舊文，茲為大備，亦茲為最古。所列諸傳，尤足為考證之資。

朱彝尊作《經義考》，號為善本，而覈其體例，多與此符。或為規仿，或為闇合，均未可定。〔二〕然足見其為緇流之中嫻於著作者矣。

考《隋書》載王儉《七志》，以道、佛附見，合為七門；阮孝緒《七錄》，則以《佛錄》第六、《道錄》第七，共為七門。《隋志》則於四部之末，附載道經、佛經之總數，而不列其目。《唐志》以下，頗載經目，而掛漏實多。今於二氏之書，皆擇體裁猶近儒書者，略存數家，以備參考。至經典敍目，則惟錄此書。及白雲霽《道藏目錄》，以存梗概，亦猶《隋志》但列總數之意云爾。

（《四庫全書總目》卷一百四十五）

【注釋】

〔一〕【二錄】總錄以譯者為主，別錄以經典為主。

〔二〕【史源】王士禛《居易錄》卷十二：「竹垞過邸舍，云近著一書曰《經義存亡考》，以鄭夾漈《經籍志》作骨而附益之，不傳者存其目，其傳者略論作者之意，辨其得失，蓋仿西亭《授經圖》，兼用晁公武《讀書志》之例也。竹垞篤

好經學，所錄多鄞范氏天一閣、禾中項氏及曹氏倦圃、溫陵黃氏千頃堂秘本。」
司馬按，朱彝尊後將《經義存亡考》改名為《經義考》。其書體例淵源已如王
漁洋所記，雖與《開元釋教錄》相符，疑闇合居多也。

251. 五燈會元〔一〕二十卷

宋釋普濟撰〔二〕。普濟字大川，靈隱寺僧也。

其書取釋道原《景德傳燈錄》〔三〕、駙馬都尉李遵勗《天聖廣燈錄》〔四〕、
釋維白《建中靖國續燈錄》〔五〕、釋道明《聯燈會要》〔六〕、釋正受《嘉泰普燈
錄》〔七〕，撮其要旨，匯為一書，故曰《五燈會元》。

以七佛為首〔八〕，次四祖〔九〕、五祖〔十〕、六祖〔十一〕。南嶽、青原〔十二〕
以下，各按傳法世數載入焉。蓋禪宗自慧能而後，分派滋多。有良價號洞下
宗〔十三〕，文偃號雲門宗〔十四〕，文益號法眼宗〔十五〕，靈祐、慧寂號為仰宗〔十
六〕，義玄號臨濟宗〔十七〕。學徒傳授，幾遍海內。宗門撰述，亦日以紛繁。名
為以不立語言文字為不二法門，實則輵轕紛紜，愈生障礙。**蓋唐以前，各尊
師說，儒與釋爭。宋以後機巧日增，儒自與儒爭，釋亦自與釋爭。人我分而勝
負起，議論所以多也。**

是書刪掇精英，去其冗雜，敘錄較為簡要。其考論宗系，分篇臚列。於
釋氏之源流本末，亦指掌了然。固可與僧寶諸傳，同資釋門之典故；非諸方
語錄、掉弄口舌者比也。〔十八〕（《四庫全書總目》卷一百四十五）

【注釋】

〔一〕【五燈會元】即五種傳燈錄之彙編。燈錄即傳燈錄，是禪宗歷代傳法機緣的
記載。以法傳人，譬如燈火相傳，展轉不絕，故名「傳燈錄」。

〔二〕【撰人】本書題宋釋普濟撰，向無異議。光緒二十八年，貴池劉氏刻本跋始
以為非普濟撰，而為慧明撰。但蘇淵雷認為，此說史料不備，不足徵信。

〔三〕【景德傳燈錄】三十卷，宋釋道原撰。成書於景德元年（1004）。本書記載青原
係諸家特別詳細。今按，今有《四部叢刊三編》本。張元濟《宋本景德傳燈錄
跋》云：「著此書者，名道原而實拱辰也。劉氏後序謂永樂梵夾本，《徑山藏》
本，雍正《釋藏》本，讎校未精，脫文訛字，所在多有。誇元刊為鴻寶，而是
本足以正其訛誤者，尤非少數。」（《張元濟古籍書目序跋彙編》第 957～958 頁）

〔四〕【天聖廣燈錄】三十卷，宋李遵勗撰。李氏為臨濟宗人，師從楊億。書成於
天聖七年（1029）。

〔五〕【建中靖國續燈錄】三十卷，宋釋惟白撰。書成於建中靖國元年（1101）。

〔六〕【聯燈會要】三十卷，宋釋道明撰。書成於淳熙十年（1183）。

〔七〕【嘉泰普燈錄】三十卷，宋釋正受撰。書成於嘉泰年間（1201～1204）。

〔八〕【以七佛為首】七佛指毗婆尸佛、尸棄佛、毗舍浮佛、拘留孫佛、拘那含牟尼佛、迦葉佛、釋迦牟尼佛。卷一又敘西天祖師（28人）、東土祖師（6人）。

〔九〕【四祖道信】（580～651），住黃梅雙峰山三十年，別開法門。主張戒與禪合一、楞伽與般若合一、念佛與成佛合一。

〔十〕【五祖弘忍】（602～675），在黃梅雙峰山以東十里的馮墓山建寺，開東山法門。主張不立文字、頓入法界、以心傳心。

〔十一〕【六祖慧能】（638～713），一作惠能。南海新州人。禪宗南宗創宗人，主張頓悟。與北方神秀（606～706）分庭抗禮，史稱南能北秀、南頓北漸。其語錄事蹟被弟子彙編為《六祖壇經》。弟子有神會、懷讓、行思等。洪修平等撰《惠能評傳》（南京大學出版社1998年版）。

〔十二〕【南嶽青原兩系】慧能門下有南嶽懷讓（677～744）與青原行思（？～740）兩系。唐末五代，青原係又分為曹洞、雲門、法眼三宗；南嶽系分為潙仰、臨濟兩宗。其臨濟宗下又形成黃龍、楊岐兩派，合稱五家七宗。他們的基本思想相同，但接引方式各異。

〔十三〕【良價】（807～869），曹洞宗創始人之一。與弟子本寂（840～901）在洞山（今江西宜豐）、曹山（今江西宜黃）弘傳一家宗風。著有《寶鏡三昧歌》。沈曾植云：「世之治唯識學者，不可不參曹洞。」

〔十四〕【文偃】（864～949），唐末五代之際嘉興人。後住韶州雲門山，為雲門宗創始人。以「雲門三句」（函蓋乾坤、截斷眾流、隨波逐浪）概括其宗旨。有《雲門語錄》行世。

〔十五〕【文益】（885～958），唐末五代之際餘杭人。為法眼宗創始人。深受華嚴宗教義影響，著《宗門十規論》。

〔十六〕【靈祐、慧寂號潙仰宗】靈祐（771～853），慧寂（807～883），曾從靈祐學禪十餘年。後住袁州仰山（今江西宜春），因稱仰山慧寂。與其師靈祐同為潙仰宗創始人。平時教人不重言詞，常以手勢啟悟學人。

〔十七〕【義玄號臨濟宗】義玄（？～867），唐曹州人。臨濟宗創始人。宣傳不假外求，自信成佛，以棒喝齊施為悟人手段。門人輯其語錄為《臨濟語錄》。

〔十八〕【整理與研究】1984 年中華書局出版蘇淵雷點校本。書後附錄《禪宗史略》《燈錄與五燈會元》二文。

　　　　今按，沈曾植云：「近世禪學不振，由不讀儒書之過。近三十年，緇徒隨世轉移，重科學，輕儒學。儒學疏，而佛學亦浸衰矣。有俗諦，而後有真諦。有世間法，而後有出世間法。」（《海日樓札叢》第 198 頁）此語甚精到，附志於此。

252. 佛祖通載二十二卷

　　元釋念常（1282～1341）撰。念常姓黃氏，號梅屋，華亭（今上海松江）人。延祐中居嘉興大中祥符禪寺。

　　是編前有至正元年（1341）虞集序。所敘釋氏故實，上起七佛，下迄元順帝元統元年（1333），皆編年紀載。念常於至治癸亥嘗驛召至京師，繕寫金字佛經。因受法於帝師帕克巴（原作癹合思巴，今改正），是以卷首七佛偈後，即繼以帕克巴所撰《彰所知論》。又所謂莊嚴劫、賢劫，不知當中國何年，不能編次。故盤古以至周康王，但略存帝王統系。自周昭王二十五年釋迦牟尼佛誕生以後，始據內典編年。每條之後，多附論斷。

　　大旨主於侈神異，陳罪福，起人敬畏之心，以自尊其教。然知儒者之禮、樂、刑、政必不可廢，故但援儒入墨，與闢佛者力爭，而仍尊孔子。又知道家清淨與佛同源，故但攻擊齋醮、章咒、服餌、修煉之術，而仍尊老子。其論唐憲宗〔一〕、懿宗〔二〕之迎佛為崇奉太過；論王縉、杜鴻漸〔三〕但言福業報應，故人事置而不修，為泥佛太過；亦時能自彌其罅漏，其立言頗巧。至韓愈為一代偉人，乃引西蜀龍氏之書，詆其言行悖戾。札木楊喇勒智（原作楊璉真伽），窮凶極惡，乃沒其事蹟，但詳其談禪之語，竟儼然古德宗風；尤不免顛倒是非，不足為據。

　　然念常頗涉儒書，在緇流之中較為賅洽。於佛教之廢興，禪宗之授受，言之頗悉；於唐以來碑、碣、誌、傳之類，採掇尤詳；亦足以資考訂。其黨同伐異，負氣囂爭，乃釋、道二氏之通例；心知其意，置而不論可也。（《四庫全書總目》卷一百四十五）

【注釋】

　〔一〕【唐憲宗】（778～820），即李純。公元 805～820 年在位。被宦官陳弘志等殺死。

〔二〕【唐懿宗】（833～873），公元859～873年在位。

〔三〕【杜鴻漸】（709～769），字之巽，濮州人。唐末宰相。懦弱無能。晚年酷好浮圖，喜侈談佛事。

253. 老子注二卷

舊本題河上公撰。晁公武《讀書志》曰：「太史公謂河上丈人通《老子》，再傳而至蓋公。蓋公，即齊相曹參師也。而葛洪謂河上公者，莫知其姓名，漢孝文時居河之濱，侍郎裴楷言其通《老子》，孝文詣問之，即授素書《道經》。兩說不同，當從太史公（云云）。」〔一〕案：晁氏所引乃《史記·樂毅列傳贊》之文，敘述源流甚悉。然《隋志》道家載：「老子《道德經》二卷，漢文帝時河上公注。」又載：「梁有戰國時河上丈人注《老子經》二卷，亡。」則兩河上公，各一人；兩《老子注》，各一書。戰國時河上公書，在隋已亡。今所傳者，實漢河上公書耳。明朱東光刻是書，題曰「秦人」，蓋未詳考。惟是文帝駕臨河上，親受其書，無不入秘府之理，何以劉向《七略》載注《老子》者三家，獨不列其名？且孔穎達《禮記正義》稱馬融為《周禮》注，欲省學者兩讀，故具載本文。後漢以來，始就經為注。何以是書作於西漢，注已散入各句下？《唐書·劉子玄傳》稱《老子》無河上公注，欲廢之而立王弼。前此陸德明作《經典釋文》，雖《敘錄》之中亦采葛洪《神仙傳》之說，頗失辨正。而所釋之本則不用此注而用王弼注。二人皆一代通儒，必非無據。詳其詞旨，不類漢人。殆道流之所依託歟？相傳已久，所言亦頗有發明。姑存以備一家可耳。〔二〕（《四庫全書總目》卷一百四十六）

【注釋】

〔一〕【史源】《郡齋讀書志》卷十一：「《河上公注老子》二卷。右河上公注。太史公稱河上丈人通《老子》，再傳而至蓋公。蓋公即齊相曹參師也。而晉葛洪曰：『河上公者，莫知其姓名。漢教文時居河之濱，侍郎裴楷言其通《老子》。孝文詣問之，即授《素書》《道德經章句》二卷。』兩說不同，當從太史公也。其書頗言吐故納新、按摩導引之術，近神仙家。劉子玄稱其非真，殆以此歟？傅奕謂『常善救人，故無棄人；常善救物，故無棄物』四句古本無有，獨得於公耳。」

今按，馮友蘭認為：「河上公注從養生和修煉的觀點注解《老子》。」（《中國哲學史史料學》第45頁）

〔二〕【整理與研究】王卡點校《老子道德經河上公章句》（中華書局1993年版）。

254. 道德指歸論六卷

舊本題漢嚴遵撰。

《隋志》著錄十一卷。晁公武《讀書志》曰：「《唐志》有嚴遵《指歸》四十卷，馮廓注《指歸》十三卷。」今考新、舊《唐書》均載嚴遵《老子指歸》十四卷，馮廓《老子指歸》十三卷，無嚴遵書四十卷之說。疑公武所記，為傳寫誤倒其文也。

此書為胡震亨《秘冊匯函》所刻，後以版歸毛晉，編入《津逮秘書》，止存六卷。錢曾《讀書敏求記》云：「曾得錢叔寶抄本，自七卷至十三卷。前有總序，後有『人之饑也』至『信言不實』四章，今皆失去。」又引《谷神子序》云：「《道德指歸論》，陳、隋之間已逸其半，今所存者止論德篇。近代嘉興刻本列卷一之卷六，與序文大相逕庭（云云）。」此本亦題卷一之卷六。然則震亨所刻，即據嘉興本也。曹佺作《元羽外編序》，稱近刻嚴君平《道德指歸論》乃吳中所偽作〔一〕。今案：《通考》引晁氏之言，案：此條《通考》所引，與今本《讀書志》不同。稱其章句頗與諸本不同。如以「曲則全」集末十七字為次章首之類，則是書原有經文。

《陸游集》有是書跋〔二〕，稱為《道德經指歸古文》，亦以經文為言。此本乃不載經文，體例互異。又《谷神子》注本，晁氏尚著錄十三卷，不云佚闕。此本載《谷神子序》，乃云：「陳、隋之間，已逸其半，今所存者止論德篇，因獵其訛舛，定為六卷。」與晁氏所錄亦顯相背觸。且既云佚其上經，何以《說目》一篇獨存？

至於所引《莊子》，今本無者十六七，不應遵之所取皆向、郭之所棄。此必遵書散佚，好事者摭吳澄《道德經》注跋中「莊君平所傳章七十有二」之語，造為上經四十、下經三十二之說。目又因《漢志》《莊子》五十二篇，今本惟三十三篇，遂多造《莊子》之語，以影附於逸篇。而偶未見晁公武說，故《谷神子》偽序之中，牴牾畢露也。以是推求，則學佺之說，不為無據。錢曾所辨，殊逐末而遺其本矣。以其言不悖於理，猶能文之士所贗託，故仍著於錄，備道家之一說焉。〔三〕（《四庫全書總目》卷一百四十六）

【注釋】

〔一〕【辨偽】唐鴻學據明抄本刻印（怡蘭堂校刊），作一跋，認為並非偽作。

〔二〕【史源】《渭南文集》卷二十六《跋老子道德古文》。

〔三〕【整理與研究】王德有點校《老子指歸》（中華書局 1994 年版）、《老子指歸
　　　譯注》（商務印書館 2015 年版）。

255. 老子注二卷

　　魏王弼（226～249）撰。案《隋書·經籍志》載《老子道德經》二卷，王弼
注。《舊唐書·經籍志》作《玄言新記道德》二卷，今稱弼注，名已不同。《新
唐書·藝文志》又以《玄言新記道德》為王肅撰，而弼所注者別名《新記玄言
道德》，益為舛互。疑一書而誤分為二，又顛錯其文也。惟《宋史·藝文志》
作王弼《老子注》，與此本同，今從之。

　　錢曾《讀書敏求記》謂弼注《老子》已不傳。然明萬曆中華亭張之象實
有刻本，證以《經典釋文》及《永樂大典》所載，一一相符。《列子·天瑞篇》
引「谷神不死」六句，張湛皆引弼注以釋之，雖增損數字，而文亦無異。知非
依託，曾蓋偶未見也。

　　此本即從張氏《三經晉注》中錄出，亦不免於脫訛，而大致尚可辨別。
後有政和乙未（1115）晁說之跋，稱文字多謬誤。又有乾道庚寅（1170）熊克
重刊跋，稱近世希有。蓋久而後得之。則書在宋時已希逢善本矣。然二跋
皆稱不分《道經》《德經》，而今本《經典釋文》，實上卷題《道經音義》，
下卷題《德經音義》，與此本及跋皆不合。豈傳刻《釋文》者反據俗本增入
歟？考陳振孫《書錄解題》尚稱不分《道經》《德經》。而《陸遊集》有此
書跋曰：「晁以道謂王輔嗣《老子》題曰《道德經》，不析乎道、德而上下
之，猶近乎古。」此本乃已析矣，安知其他無妄加竄定者乎？其跋作於慶
元戊午（1198），已非晁、熊所見本。則《經典釋文》之遭妄改，固已久矣。
〔一〕（《四庫全書總目》卷一百四十六）

【注釋】

〔一〕【整理與研究】唐成玄英撰《老子義疏》（蒙文通輯本），明焦竑撰《老子翼》。
　　　馬敘倫撰《老子校詁》（中華書局 1974 年版），朱謙之撰《老子校釋》（中華
　　　書局 1963 年版），高亨撰《老子正詁》（北京古籍出版社 1956 年版）。
　　　　今按，馮友蘭認為：「王弼是用唯心主義的觀點注注釋《老子》。在以後
　　　的哲學思想中，王弼注的影響很大，幾乎成為《老子》的標準注解。」（《中
　　　國哲學史史料學》第 45 頁）

256. 關尹子一卷

舊本題周尹喜撰。案《經典釋文》載:「喜,字公度。」未詳何本。然陸德明非杜撰者,當有所傳。李道謙《終南祖庭仙真內傳》,稱終南樓觀為尹喜故居。則秦人也。

考《漢志》有《關尹子》九篇,劉向《列仙傳》作《關令子》,而《隋志》《唐志》皆不著錄,則其佚久矣。南宋時徐蕆子禮始得本於永嘉孫定家。前有劉向校定序,後有葛洪序稱:「蓋公授曹參。參薨,書葬。孝武帝時,有方士來上,淮南王秘而不出。向父德,治淮南王事得之。」其說頗誕,與《漢書》所載得淮南鴻寶秘書、言作黃金事者不同,疑即假藉此事以附會之。〔一〕故宋濂《諸子辨》以為文既與向不類,事亦無據,疑即定之所為。然定為南宋人,而《墨莊漫錄》載黃庭堅詩「尋師訪道魚千里」句,已稱用《關尹子》語,則其書未必出於定,或唐、五代間方士解文章者所為也。至濂謂其書多法釋氏及神仙方技家,如變識為智、一息得道、嬰兒蕊女、金樓絳宮、青蛟白虎、寶鼎紅爐、誦咒土偶之類,老聃時皆無是言;又謂其文峻潔,而頗流於巧刻。〔二〕則所論皆當。

要之,其書雖出於依託,而覈其詞旨,固遠出《天隱》《無能》諸子上,不可廢也。此本分一宇、二柱、三極、四符、五鑒、六匕、七釜、八籌、九藥九篇,與濂所記合。俞琰《席上腐談》〔三〕稱:舊有陳抱一注,又元大德中有杜道聖注,名曰《闡元》,今皆未見云。〔四〕(《四庫全書總目》卷一百四十六)

【注釋】

〔一〕【辨偽】《漢志》:「《關尹子》九篇。名喜,為關吏,老子過關,喜去吏而從之。」

陳振孫曰:「周關令尹喜,蓋與老子同時,啟老子著書言道德者。按:《漢志》有《關尹子》九篇,而隋、唐及國史志皆不著錄,意其書亡久矣。徐蕆子禮得之於永嘉孫定,首載劉向校定序,末有葛洪後序,未知孫定從何傳授,殆皆依託也。序亦不類向文。」

元陳櫟《勤有堂隨錄》:「《關尹子》書乃三國、六朝以後人託為之,竊老、莊之近似,而雜之以術數之小巧者。」

《考工記解》卷上:「此一段文與《關尹子》相類,皆古文之妙者。」

《筆叢》卷十五:「《關尹子》九篇,以即老聃弟子而莊周稱之者。按《七略》道家有其目,自《隋志》絕不載,則是書之亡久矣。今所傳云徐蕆子禮

得於永嘉孫定者，陳振孫疑定所受不知何人，宋景濂以即定撰，皆有理。余則以藏、定二子尚非如阮逸、宋咸輩實有其人，或俱子虛烏有，未可知也。篇首劉向序稱渾質崖戾，汪洋大肆，然有式則，使人泠泠輕輕，不使人狂等語，蓋晚唐人學昌黎聲口，亡論西京，即東漢至開元無有也。至篇中字句體法全仿釋典成文，如若人有超生死心、厭生死心等語，亡論莊、列，即鶡冠至亢倉亡有也。且《隋志》既不載，新、舊《唐志》亦復無聞，而特顯於宋，又頗與齊邱《化書》有相似處。故吾嘗疑五代間方外士掇拾柱下之餘文，傅合竺乾之章旨，以成此書。雖中有絕到之談，似非淺近所辦，第以關尹，則萬無斯理。彼藏耶？定耶？真耶？贗耶？吾何暇辯之哉！」

《席上腐談》卷下：「《黃帝陰符經》《黃帝素問》，邵康節以為戰國時書，託黃帝之名而為之也。愚謂《金碧龍虎經》《黃庭經》恐是魏晉間文章，蓋託老氏之名而為之也。《陰符經》有李荃注、驪山老姥注、張果注、連高腳注、金陵唐淳李雲峰注、儲華谷注，朱晦庵亦有注。晦庵曰：『《陰符經》恐是唐李佺所為，是他著意做學他古文，何故只因他說起，便行於世，向以語呂伯恭，亦以為然，一如《麻衣易》，只是戴氏做自解文字，亦可認。』」

《通雅》卷首三：「《關尹子》，後起者也，其論道器頗平。《鶡冠》《亢倉》搜剔銛鋒，甚則為《陰符》，奇其事為《山海經》《穆天子傳》，守其業而浸廣之，《靈樞》《素問》也，皆週末筆。《陰符》《關尹》《鶡冠》《亢倉》則晉、唐筆也。」

《日知錄》卷二十三「假名甲乙」：「蜀漢費禕作《甲乙論》，設為二人之辭（《世說》云黃初中有《甲乙疑論》）。晉人文字每多祖此，虛設甲乙。中書令張華造《甲乙之問》云：『甲娶乙為妻，後又娶丙。』博士弟子徐叔中《服議》，以母為甲，先夫為乙，後夫為丙，先子為丁，繼子為戊。梁范縝《神滅論》有張甲、王乙、李丙、趙丁。而《關尹子》云：『甲言利，乙言害，丙言或利或害，丁言俱利俱害。』《關尹子》亦魏晉間人所造之書也。先秦以上即有以甲乙為彼此之辭者，《韓非子》：『罪生甲，禍歸乙，伏怨乃結。』」

《升菴集》卷四十六《關尹子》：「今世有《關尹子》，其文出於後人偽撰，不類春秋時文也。按《列子·仲尼篇》引《關尹子》曰：『在己無居，形物其箸。其動若水，其靜若鏡，其應若響。故其道若物者也。物自違道，道不違物。善若道者，亦不用耳，亦不用目，亦不用力，亦不用心。欲若道而用視聽形智以求之，弗當矣。瞻之在前，忽焉在後；用之，彌滿六虛，廢之，

莫知其所。亦非有心者所能得遠，亦非無心者所能得近。唯默而得之，而性成之者得之。知而亡情，能而不為，真知真能也。發無知，何能情？發不能，何能為？聚塊也，積塵也，雖無為而非理也。』又《說符篇》引關尹子謂列子曰：『言美則響美，言惡則響惡；身長則影長，身短則影短。名也者，響也；身也者，影也。故曰：「慎爾言，將有和之；慎爾行，將有隨之。」是故聖人見出以知入，觀往以知來，此其所以先知之理也。度在身，稽在人。人愛我，我必愛之。人惡我，我必惡之。湯、武愛天下，故王；桀、紂惡天下，故亡，此所稽也。稽度皆明而不道也，譬之出不由門，行不從徑也。以是求利，不亦難乎？嘗觀之神農有炎之德，稽之虞、夏、商、周之書，度諸法士賢人之言，所以存亡廢興而非由此道者，未之有也。』按：此二條皆精義格言，今之偽撰者曾無一語，類是可證矣。關尹子書雖亡，觀此二條，亦嘗鼎一臠矣乎？」

王世貞《弇州四部稿》卷一百十二《讀關尹子》：「《關尹子》九篇，劉向所進，云其人即老子所與留著五千言者。其持論抑塞支離，而小近實，非深於師老子者也。其辭《潛夫》《論衡》之流耳，不敢望西京，何論莊、列？至云人之厭生死者，超生死者，皆是大患也，譬如化人若有厭生死心，超生死心，止名為妖，不名為道，則昭然摩騰，入洛後語耳，豈向自有別本耶？抑向本遺錯後人妄益之耶？夫老子而不為關尹著五千言已耳，老子而為關尹著五千言，此其非關尹語也無疑。」

〔二〕【史源】宋濂《諸子辨》：「《關尹子》一卷，周關令尹喜所撰。喜與老聃同時，著書九篇，頗見之《漢志》。自後諸史無及之者，意其亡已久矣。今所傳者，以《一宇》《二柱》《三極》《四符》《五鑒》《六匕》《七釜》《八籌》《九藥》為名。蓋徐藏子禮得於永嘉孫定，未知定又果從何而得也。前有劉向序，稱蓋公授曹參，參薨，書葬；孝武帝時，有方士來上，淮南王安秘而不出，向父德治淮南王事，得之。文既與向不類，事亦無據，疑即定之所為也。間讀其書，多法釋氏及神仙方技家，而藉吾儒言文之。如『變識為智』，『一息得道』，『嬰兒蕊女，金樓絳宮，青蛟白虎，寶鼎紅爐』，『誦咒土偶』之類，聃之時無是言也。其為假託，蓋無疑者。或妄謂二家之說實祖於此，過矣。然其文雖峻潔，亦頗流於巧刻。而宋象先之徒乃復尊信如經，其亦妄人哉！」

〔三〕【席上腐談】宋俞琰撰。是書乃其札記雜說，惟上卷前數十條為考證名物之
語，詞意多膚淺無稽。（《四庫全書總目》卷一四六）

〔四〕【版本】今有《四部叢刊三編》本，張元濟《明本文始真經跋》詳記版本源
流，且撰有《校勘記》。（《張元濟古籍書目序跋彙編》第958～959頁）

257. 列子八卷

舊本題周列禦寇撰。前有劉向校上奏，以禦寇為鄭穆公時人。

唐柳宗元集有《辨列子》一篇，曰：「穆公在孔子前幾百歲，《列子》書言
鄭國，皆言子產、鄧析，不知向何以言之如此。《史記》：『鄭繻公二十四年、
楚悼王四年，圍鄭，殺其相駟子陽。』子陽正與列子同時。是歲魯穆公十年，
不知向言魯穆公時，遂誤為鄭耶？其後張湛徒知怪《列子》書言穆公後事，
每不能推知其時。然其書亦多增竄，非其實。其言魏牟、孔穿皆出《列子》
後，不可信（云云）。」〔一〕其後高似孫《緯略》遂疑列子為鴻蒙雲將之流，並
無其人〔二〕。今考第五卷《湯問》篇中，並有鄒衍吹律事，不止魏牟、孔穿。
其不出禦寇之手，更無疑義。

然考《爾雅疏》引《尸子·廣澤篇》曰：「墨子貴兼，孟子貴公，皇子貴
衷，田子貴均，列子貴虛，料子貴別囿，其學之相非也數世矣。而已皆异於私
也。天、帝、皇、后、辟、公、弘、廓、宏、溥、介、純、夏、幠、冢、晊、
昄，皆大也，十有餘名，而實一也。若使兼、公、虛、均、衷、平、易、別囿
一實也，則無相非也（云云）。」是當時實有列子，非莊周之寓名。又《穆天子
傳》出於晉太康中，為漢魏人之所未睹。而此書第三卷《周穆王篇》所敘駕八
駿、造父為御至巨搜、登崑崙、見西王母於瑤池事，一一與傳相合。此非劉向
之時所能偽造，**可信確為秦以前書**。〔三〕

考《公羊·傳隱公十一年》「子沈子曰」，何休注曰：「子沈子，後師。沈
子稱子冠氏上，著其為師也。」然則凡稱「子某子」者，乃弟子之稱師，非所
自稱。此皆稱「子列子」，則決為傳其學者所追記，非禦寇自著。其雜記列子
後事，正如《莊子》死，《管子》稱吳王、西施，《商子》稱秦孝公耳，不足為
怪。

晉光祿勳張湛作是書注，於《天瑞篇》首所稱子列子字，知為追記師言，
而他篇復以載及後事為疑，未免不充其類矣。

　　書凡八篇，與《漢志》所載相合。趙希弁《讀書附志》載：「政和中，宜春彭瑜為積石軍倅，聞高麗國《列子》十卷，得其第九篇曰《元瑞》於青唐卜者（云云）。」今所行本，皆無此卷，殆宋人知其妄而不傳歟？

　　其注，自張湛以外，又有唐當塗丞殷敬順《釋文》二卷〔四〕，此本亦散附各句下。然音注頗為淆亂，有灼然知為殷說者，亦有不辨孰張孰殷者。明人刊本往往如是，不足訝也。

　　據湛自序〔五〕，其母為王弼從姊妹。湛往來外家，故亦善談名理。其注亦弼注《老子》之亞。葉夢得《避暑錄話》乃議其雖知《列子》近佛經，而逐事為解，反多迷失。是以唐後五宗之禪繩晉人，失其旨矣。〔六〕（《四庫全書總目》卷一百四十六）

【注釋】

〔一〕【辨列子】劉向古稱博極群書，然其錄《列子》，獨曰鄭穆公時人。穆公在孔子前幾百歲，《列子》書言鄭國，皆云子產、鄧析，不知向何以言之如此？《史記》：鄭繻公二十四年，楚悼王四年，圍鄭，鄭殺其相駟子陽。子陽正與列子同時。是歲，周安王三年，秦惠王、韓烈侯、趙武侯二年，魏文侯二十七年，燕釐公五年，齊康公七年，宋悼公六年，魯穆公十年。不知向言魯穆公時遂誤為鄭耶？不然，何乖錯至如是？其後張湛徒知怪《列子》書言穆公後事，亦不能推知其時。然其書亦多增竄，非其實。要之，莊周為放依其辭。其稱夏棘、狙公、紀渻子、季咸等，皆出《列子》，不可盡紀。雖不概於孔子道，然其虛泊寥闊，居亂世，遠於利，禍不得逮乎身，而其心不窮。《易》之「遯世無悶」者，其近是歟？余故取焉。其文辭類莊子，而尤質厚，少為作，好文者可廢耶？其《楊朱》《力命》，疑其楊子書。其言魏牟、孔穿皆出列子後，不可信。然觀其辭，亦足通知古之多異術也，讀焉者慎取之而已矣。（《柳宗元集》卷四）

〔二〕【辨偽】見高似孫《子略》卷二。今按，對列子其人，高似孫首倡「列子虛構說」，日人穴澤辰雄認為列子是和子產同時代的人物。對《列子》其書，高似孫、姚際恒、梁啟超、顧實、馬敘倫、楊伯峻、季羨林、張永言等皆持「偽書說」，但日人武內義雄（《列子冤詞》）、柿村重松（《列子疏證後論》）等發表反對意見。馬達撰《列子真偽考辨》（北京出版社 2000 年版）一書，力主《列子》不偽，孫欽善先生深表贊同（見《中國古文獻學》第 194～196 頁），而程水金教授著文（載（《中國哲學史》2007 年第 2 期）駁之。曹道衡先生

認為，馬敘倫《列子偽書考》所舉許多例證還是可以成立的（《先秦兩漢文學史料學》第 242 頁）。

〔三〕【版本】潘景鄭《管耕禮校宋本列子》云：「宋槧《列子》以士禮居藏本為第一，後歸瞿氏鐵琴銅劍樓，今涵芬樓影印者是也。近世以世德堂《六子》本為最善，取校宋本，訛奪不可勝計，自宋刻行，而世德本可廢矣。」（《著硯樓讀書記》第 435 頁）

〔四〕【殷注似宋人偽託】錢大昕《竹汀先生日記鈔》卷一：「顧千里云，殷注似宋人偽託，當即出碧虛子陳景元之手。」

〔五〕【張湛自序】湛聞之先父曰：吾先君與劉正輿、傅穎根，皆王氏之甥也，並少游外家。舅始周，始周從兄正宗、輔嗣皆好集文籍，先得仲宣家書，幾將萬卷。傅氏亦世為學門。三君總角競錄奇書。及長，遭永嘉之亂，與穎根同避難南行，車重各稱力，並有所載。而寇虜彌盛，前途尚遠。張謂傅曰：「今將不能盡全所載，且共料簡世所希有者，各各保錄，令無遺棄。」穎根於是唯齎其祖玄、父咸子集。先君所錄書中有《列子》八篇。及至江南，僅有存者。《列子》唯餘楊朱、說符、目錄三卷。比亂，正輿為揚州刺州，先來過江，復在其家得四卷。尋從輔嗣女婿趙季子家得六卷。參校有無，始得全備。其書大略明群有以至虛為宗，萬品以終滅為驗；神惠以凝寂常全，想念以著物自喪；生覺與化夢等情，鉅細不限一域；窮達無假智力，治身貴於肆任；順性則所之皆適，水火可蹈；忘壞則無幽不照。此其旨也。然所明往往與佛經相參，大歸同於老、莊。屬辭引類，特與《莊子》相似。莊子、慎到、韓非、尸子、淮南子、玄示多稱其言，遂注之云爾。

〔六〕【整理與研究】楊伯峻撰《列子集釋》（中華書局 1979 年版）。日人穴澤辰雄整理《列子》（明德出版社 1969 年版）。

258. 莊子注十卷

晉郭象〔一〕（265～311）撰。象字子玄，河南（今洛陽）人。辟司徒掾，稍遷至黃門侍郎，東海王越引為太傅主簿。事蹟具《晉書》本傳。

劉義慶《世說新語》曰：「注《莊子》者數十家，莫能究其旨統。向秀於舊注外別為解義，妙演奇致，大暢玄風，惟《秋水》《至樂》二篇未竟，而秀卒。秀子幼，其義零落，然頗有別本遷流。象為人行薄，以秀義不傳於世，遂竊以為己注。乃自注《秋水》《至樂》二篇，又易《馬蹄》一篇，其餘眾篇，

或點定文句而已。其後秀義別本出，故今有向、郭二《莊》，其義一也。」〔二〕《晉書》象本傳亦採是書文，絕無異語。錢曾《讀書敏求記》獨謂：「世代遼遠，傳聞異詞。《晉書》云云，恐未必信。」

案：向秀〔三〕之注，陳振孫稱宋代已不傳，但詩見陸氏《釋文》。今以《釋文》所載校之，如《逍遙遊》「有蓬之心」句，《釋文》郭、向並引絕不相同；《胠篋》篇「聖人不死、大盜不止」句，《釋文》引向注二十八字，又「為之斗斛以量之」句，《釋文》引向注十六字，郭本皆無。然其餘皆互相出入。又張湛《列子》注中，凡文與《莊子》相同者，亦兼引向、郭二注。所載《達生》篇「痀僂丈人承蜩」一條，向注與郭一字不異。《應帝王》篇「神巫季咸」一章「皆棄而走」句，向、郭相同。「列子見之而心醉」句，向注曰「迷惑其道也」，「而又奚卵焉」句，向注六十二字，郭注皆無之。「故使人得而相汝」句，郭注多七字。「示之以地文」句，向注「塊然如土也」，郭注無之。「是殆見吾杜德機」句，「鄉吾示之以天壤」句，「名實不入」句，向、郭並同。「是殆見吾善者機也」句，向注多九字，「子之先生坐不齋」句，向注二十二字，郭注無之。「鄉吾示之以太沖莫勝」句，郭改其末句。「淵有九名、此處三焉」句，郭增其首十六字，尾五十一字。「鄉吾示之以未始出吾宗」句，「故逃也」句，「食豕如食人」句，向、郭並同。「於事無與親」以下，則並大同小異。是所謂竊據向書、點定文句者，殆非無證。又《秋水》篇「與道大蹇」句，《釋文》云：「蹇，向紀輦反。」則此篇向亦有注。並《世說》所云象自注《秋水》《至樂》二篇者，尚未必實錄矣。錢曾乃曲為之解何哉？〔四〕

考劉孝標《世說注》，引《逍遙遊》向、郭義各一條，今本無之。《讓王》篇，惟注三條；《漁父》篇，惟注一條；《盜跖》篇，惟注三十八字；《說劍》篇惟注七字。似不應簡略至此，疑有所脫佚。又《列子》「生物者不生」、「化物者不化」二句，張湛注曰：「《莊子》亦有此文。」並引向秀注一條。而今本《莊子》皆無之，是並正文亦有所遺漏。蓋其亡已久，今不可復考矣。〔五〕（《四庫全書總目》卷一百四十六）

【注釋】

〔一〕【作者研究】王曉毅撰《郭象評傳》（南京大學出版社 2006 年版），末附錄向秀、郭象年譜二種。

〔二〕【史源】《世說新語》「文學第四」：「注《莊子》者數十家，莫能究其旨要。向秀於舊注外別為解義，妙析奇致，大暢玄風，惟《秋水》《至樂》二篇未竟，

而秀卒。秀子幼，其義零落，然猶有別本。郭象者，有俊才，為人行薄，見秀義不傳於世，遂竊以為己注。乃自注《秋水》《至樂》二篇，又易《馬蹄》一篇，其餘眾篇，或點定文句而已。後秀義別本出，故今有向、郭二《莊》，其義一也。」

今按，《總目》所引與此頗有不同。余嘉錫云：「向秀《莊子注》今已不傳，無以考見向、郭異同。《四庫總目》一百四十六《莊子提要》嘗就《列子》張湛《注》、陸氏《釋文》所引秀義，以校郭《注》。有向有郭無者，有絕不相同者，有互相出入者，有郭與向全同者，有郭增減字句大同小異者。知郭點定文句，殆非無證。」（《世說新語箋疏》第 207 頁）

〔三〕【向秀】（約 223～約 275），竹林七賢之一。王曉毅撰《向秀評傳》（附於《郭象評傳》之前，南京大學出版社 2006 年版）。

〔四〕【公案】關於向秀、郭象《莊子注》公案，詳見王曉毅《郭象評傳》第 140～147 頁。侯外廬主剽竊說，而馮友蘭則持反對意見，詳見氏著《中國哲學史史料學》第 94～97 頁。

〔五〕【整理與研究】明焦竑撰《莊子翼》（《金陵叢書》本），清郭慶藩撰《莊子集釋》（中華書局 1987 年版），王先謙撰《莊子集解》（中華書局 1987 年版），馬敘倫撰《莊子義證》（上海書店 1996 年《民國叢書》本），劉文典撰《莊子補正》（安徽大學出版社 1999 年版），王叔岷撰《莊子校釋》（臺北「中央研究院」歷史語言研究所 1988 年版）。今按，諸家注本以郭慶藩、王叔岷為優。王叔岷又撰《郭象莊子注校記》（商務印書館本）。又按，南宋刊本《南華真經注疏》殘本五卷，現藏於靜嘉堂文庫，被確認為「日本重要文化財」（《日本藏漢籍珍本追蹤紀實》第 301～304 頁）。

259. 莊子口義十卷

宋林希逸〔一〕撰。希逸有《考工記解》，已著錄。

是編為其《三子口義》〔二〕之一。前有自序，大意謂讀《莊子》有五難，必精於《語》《孟》《學》《庸》等書，見理素定，又必知文字血脈，知禪宗解數，而後知其言意。少嘗聞於樂軒，因樂軒而聞艾軒之說，文字血脈，頗知梗概。又嘗涉獵佛書，而後悟其縱橫變化之機，於此書稍有所得，實前人所未盡究者云云。蓋希逸之學本於陳藻，藻之學得於林光朝。所謂樂軒者，藻之別號，艾軒者，光朝之別號。凡書中所稱先師，皆指藻也。序又謂：「郭象之

注，未能分章析句；王雱、呂惠卿之說，大旨不明。愈使人有疑於《莊子》（云云）。」今按郭象之注，標意旨於町畦之外，希逸乃以章句求之，所見頗陋，即王、呂二注，亦非希逸之所及，遽相詆斥，殊不自量。以其循文衍義，不務為艱深之語，剖析尚為明暢，差勝後來林雲銘輩以八比法詁《莊子》者，故姑錄存之，備一解焉。〔三〕（《四庫全書總目》卷一百四十六）

【注釋】

〔一〕**【作者研究】**王晚霞撰《林希逸文獻學研究》（中國社會科學出版社 2018 年版）。今按，第一章為「林希逸生平考」，第二章為「林希逸交遊考」，第三章為「林希逸思想研究」，第四章為「林希逸著述考」，附錄「林希逸學術年表」。

〔二〕**【三子口義】**即《老子口義》二卷、《莊子口義》十卷、《列子口義》二卷。

〔三〕**【整理與研究】**周啟成撰《莊子鬳齋口義校注》（中華書局 2016 年版）。今按，林希逸是南宋理學家，他熔佛、儒、莊於一爐，先從考訂概念入手，把《莊子》前後的論述加以對照，說明其中的相通之處，以佛學解釋《莊子》，並且注重賞析《莊子》一書的文學特色，釋文通俗易懂，較為口語化。校注者對《口義》所引用的典故、詩文，特別是佛學名詞、概念都作了注釋。

260. 文子十二卷

案：《漢志》道家，《文子》九篇，注曰：「老子弟子，與孔子並時。而稱周平王問，似依託者也。」案：此班固之原注，《讀書志》以為顏師古注，誤也。《隋志》載《文子》十二篇，注曰：「老子弟子。《七略》有九篇，梁十卷亡。」二《志》所載，不過篇數有多寡耳，無異說也。因《史記・貨殖傳》有「范蠡師計然」語，又裴駰《集解》有「計然姓辛，字文子，其先晉國公子」語，北魏李暹作《文子》注，遂以計然、文子合為一人。文子乃有姓、有名，謂之辛鈃。案：暹注今已不傳，此據《讀書志》所引。案：馬總《意林》列《文子》十二卷，注曰：「周平王時人，師老君。」又列《范子》十三卷，注曰：「並是陰陽、曆數也。」又曰：「計然者，葵邱濮上人。姓辛，名文子。其先晉國公子也。其書皆范蠡問而計然答。」是截然兩人、兩書，更無疑義。暹移甲為乙，謬之甚矣！

《柳宗元集》有《辨文子》一篇，稱：「其旨意皆本《老子》。然考其書，蓋駁書也。其渾而類者少，竊取他書以合之者多。凡《孟子》輩數家，皆見剽

竊，嶢然而出其類。其意緒文詞，又互相抵而不合。不知人之增益之歟？或者眾為聚斂以成其書歟？今刊去謬惡濫雜者，取其似是者，又頗為發其意，藏於家。」〔一〕是其書不出一手，唐人固已言之。

　　然宗元所刊之本，高似孫《子略》已稱不可見〔二〕。今所行者，仍十二篇之本〔三〕。別本或題曰《通玄真經》，蓋唐天寶中嘗加是號，事見《唐・藝文志》云。〔四〕（《四庫全書總目》卷一百四十六）

【注釋】

〔一〕【史源】《柳宗元集》卷四《辯文子》。

〔二〕【史源】《子略》卷二「文子」條。

〔三〕【版本】今有《四部叢刊三編》本。張元濟《宋本通玄真經跋》云：「《文子》舊注，北魏以來有李暹、徐靈府、朱元、杜道堅四家。《四庫》所見，惟杜注而已。此為徐靈府注。」（《張元濟古籍書目序跋彙編》第 959～960頁）

〔四〕【整理與研究】王利器撰《文子疏義》（中華書局 2000 年版），何志華撰《竹簡文子研究之回顧與反思》（中華書局 2019 年版）。

261. 周易參同契考異一卷

　　宋朱子（1130～1100）撰。

　　考陳振孫《書錄解題》稱：「朱子以《參同契》詞韻皆古，奧雅難通，讀者淺聞，妄輒更改，比他書尤多舛誤，因合諸本更相讎正。」朱子自跋亦稱：「凡諸同異悉存之，以備考證，故以考異為名。」今按書中注明同異者，惟「天下然後治」之「治」字，云或作「理」，「威光鼎乃熺」之「熺」字，云本作「喜」，一作熺，參證他本者不過二處。又如修字疑作循，六五疑作廿六，鉛字疑作飴，與字疑作為之類，朱子所自校者亦只六七處，其餘每節之下隨文詮釋，實皆箋注之體，不盡訂正文字，乃以「考異」為名，未喻其旨。跋末自署「空同道士鄒訢」。蓋以鄒本邾國，其後去邑而為朱，故以寓姓。《禮記》鄭氏注謂「訴」當作「熹」，又《集韻》：「熹，虛其切。」欣亦虛其切，故以寓名。殆以究心丹訣非儒者之本務，故託諸廋詞歟？考《朱子語錄》論《參同契》諸條，頗為詳盡，《年譜》亦載有慶元三年（1197）蔡元定將編管道州，與朱子會宿寒泉精舍，夜論《參同契》事，文集又有《與蔡

季通書》曰：「《參同契》更無縫隙，辦無心思量，但望他日為劉安之雞犬耳（云云）。」蓋遭逢世難，不得已而託諸神仙，殆與韓愈謫潮州時邀大顛同遊之意相類。故黃瑞節附錄謂其師弟子有脫屣世外之意，深得其情。黃震《日鈔》乃曰：「《參同契》者，上虞人魏伯陽作，其說出神仙，不足憑。近世蔡季通學博而不免於雜，嘗留意此書，而晦庵與之遊，因為校正其書，頗行於世，而求其義，則絕無之（云云）。」其持論固正，然未喻有託而跡之意也。〔一〕（《四庫全書總目》卷一百四十六）

【注釋】

〔一〕朱一新《無邪堂答問》云：「朱子注《參同契》，與注《楚辭》意同，《楚辭注》為趙忠定而作，《參同契》為蔡季通而作，皆寓身世之感，非徒注其書也。」

262. 抱朴子內外篇八卷

晉葛洪（約 281～341）撰。洪有《肘後急備方》，已著錄。

是編乃其乞為句漏令後退居羅浮山時所作。抱朴子者，洪所自號，因以名書也。自序謂內篇二十卷，外篇五十卷。《隋志》載內篇二十一卷，音一卷，入道家；外篇三十卷，入雜家。外篇下注曰：「梁有五十一卷。」《舊唐志》亦載內篇二十卷，入道家；外篇五十一卷，入雜家。卷數已小不同。《新唐志》道家載內篇十卷；雜家載外篇二十卷。仍多寡迥殊。《宋志》則均入雜家，內篇作二十卷，與《舊唐書》同；外篇作五十卷，較《舊唐書》又少一卷。晁公武《讀書志》作內篇二十卷，外篇十卷，內、外篇之卷數與《新唐書》互異。陳振孫《書錄解題》但載內篇二十卷，而云《館閣書目》有引篇五十卷，未見〔一〕。其紛紜錯互，有若亂絲。

此本為明烏程盧舜治以宋本及王府《道藏》二本參校，視他本較為完整。所列篇數，與洪自序卷數符。知洪當時蓋以一篇為一卷，以《永樂大典》所載互校，尚多丹砂法以下八篇，知為足本矣。

其書內篇論神仙、吐納、符籙、克治之術，純為道家之言〔二〕；外篇則論時政得失、人事臧否，詞旨辨博，饒有名理。而究其大旨，亦以黃、老為宗〔三〕。故今併入之道家〔四〕，不復區分焉。〔五〕（《四庫全書總目》卷一百四十六）

【注釋】

〔一〕【史源】見《直齋書錄解題》卷九。

〔二〕【抱朴子內篇】是晉代神仙道教的代表著作，是在魏晉之際民間道教被官方抑制以後，上層社會門閥士族崇信神仙道教的理論和方術集大成的專著。

〔三〕【史源】《子略》卷四「抱朴子」：「自陰符一鑿，而天地之幾盡泄。玄經一吐，而陰陽之妙益空。所謂道者非他，只天地之奧，陰陽之神而已。神而明之，可以贊化育，經範圍，可以治國平天下，可以修身養性，而致長年，可以清淨輕虛，而與之俱化。予自少惑於方外之說，凡丹經卦義，秘笈幽篇，以至吐納之旨，餐煉之粹，沉潛啟策幾數百家，靡不竭其精而賾其隱，破其鋌而造乎中，猶未以為得也。於是棄去，日攻《易》，日讀《繫辭》，所謂天地之幾，陰陽之妙，相與橐籥之甄治之，而吾之道盡在是矣。所謂吾之道者，非他道也，吾自得之道矣。及間觀稚川、弘景諸人所錄及內外篇，則往往皆糟粕而荃蹄矣。今輒書此，以斷內外篇，則吾之道亦幾於鑿且吐矣。」

〔四〕【分類】孫德謙舉《抱朴子外篇·百家篇》謂：「內篇論黃白、符籙之事，乃神仙家言，非古之所謂道家也。《外篇》則《隋志》而下，入之雜家。雜家者，宏括眾流。今以『百家』標目，豈非雜家之術，固無所不該哉？」劉咸炘云：「至是書當與內篇別行，則孫星衍言之詳矣。宜從《舊唐志》入雜家也。」（《劉咸炘學術論集·子學編》第456頁）

〔五〕【整理與研究】楊明照撰《抱朴子外篇校釋》（中華書局1997年版）。王明撰《抱朴子內篇校釋》（中華書局1985年版），胡孚琛撰《魏晉神仙道教：抱朴子內篇研究》（人民出版社1989年版），武鋒撰《葛洪抱朴子外篇研究》（光明日報出版社2010年版），高原樂撰《抱朴子版本研究》（東亞文化出版社2006年版），曲豐撰《抱朴子外篇思想建構研究》（宗教文化出版社2015年版），孫向中撰《抱朴子外篇政治思想研究》（河南大學出版社2017年版），金毅撰《抱朴子內外篇校注》（上海古籍出版社2018年版）。

263. 雲笈七籤一百二十二卷

宋張君房撰。君房，岳州安陸（今屬湖北孝感市）人。景德中進士及第。官尚書度支員外郎，充集賢校理。祥符中，自御史臺謫官寧海，適真宗尚道教，盡以秘閣道書付杭州，俾戚綸、陳堯臣校正，綸等同王欽若薦君房主其事。君房乃編次得四千五百六十五卷進之，復撮其精要，總萬餘條，以成是書。

其稱《雲笈七籤》者，蓋道家之言，以天寶君說洞真為上乘，靈寶君說洞玄為中乘，神寶君說洞神為下乘；又太玄、太平、太清三部為輔經；又正一法文遍陳三乘，別為一部，統稱《三洞真文》，總為七部。故君房取以為名也。

其詮敘之例，自一卷至二十八卷，總論經教宗旨及仙真位籍之事；二十九卷至八十六卷，則以道家服食〔一〕、煉氣〔二〕、內丹〔三〕、外丹〔四〕、方藥〔五〕、符圖〔六〕、守庚申〔七〕、尸解〔八〕諸術，分類縷載；八十七至一百二十二卷，則前人文字及詩歌傳記之屬，凡有涉於道家者，悉編入焉。大都摘錄原文，不加論說。其引用《集仙錄》《靈驗記》等，亦多有所刪削。然類例既明，指歸略備，綱條科格，無不兼該。《道藏》菁華，亦大略具於是矣。

《文獻通考》作一百二十卷，此本為明中書舍人張萱〔九〕所刊。中多二卷，蓋《通考》脫誤也。（《四庫全書總目》卷一百四十六）

【注釋】

〔一〕【服食】服用丹藥。道家養生術之一。

〔二〕【煉氣】道家指通過吐納導引等以求長生的一種方法。

〔三〕【內丹】道家謂以自身的精氣煉成的丹為「內丹」，以燒煉金石成丹為「外丹」。

〔四〕【外丹】道家燒煉金石而成的丹藥，俗稱「金丹」。與「內丹」相對。

〔五〕【方藥】醫方和藥物。亦借指醫道，醫術。

〔六〕【符圖】符籙和圖讖的合稱。

〔七〕【守庚申】信奉道教者每於庚申日通宵靜坐不眠，謂之守庚申。據陶弘景《真誥》卷十載，凡庚申之日，屍鬼競亂，精神躁穢，夫妻不可同席及言語面會，當清齋不寢，屏除欲念，故云。

〔八〕【尸解】謂道徒遺其形骸而仙去。

〔九〕【張萱】字孟奇，博羅人。萬曆壬午（1582）舉人。由中書舍人官至戶部郎中。

264. 道藏目錄詳注四卷

明道士白雲霽撰。雲霽字明之，號在虛子，上元（今南京市）人。

是書成於天啟丙寅（1626）。以《道藏》之文分門編次。大綱分三洞、四輔、十二類。三洞者：一洞真部，元始天尊所流演，是為大乘上法；二洞玄部，太上老君所流演，是為中乘中法；三洞神部，亦出太上老君，是為小乘初法。四

輔者：其一太玄部，洞真子輔也；二太平部，洞玄之輔也；三太清部，洞神之輔也；四正一部、三洞、三輔所會歸也。所分七部，與《雲笈七籤》一一相合，蓋歷代道家之舊目。其七部子目，則各分本文、神符、玉訣、靈圖、譜錄、戒律、威儀、方法、眾術、記傳、讚頌、表奏十二類。

其書則以《千字文》為次，以一字當一函，函各具其卷數。自天字至群字為舊藏之目，自英字至將字為明人新續之目。每條各有解題，如《崇文總目》《郡齋讀書志》之例。所列諸書，多捃拾以足卷帙。如劉牧《易數鉤隱圖》《遺論九事》，張理《易象圖說內外篇》，雷思齊《易外別傳》案：此本俞琰之書，雲霽誤以為思齊。《易筮通變》《易圖通變》舊皆入易類，《穆天子傳》舊入起居注類，《山海經》舊入地理類，揚雄《太玄經》、邵子《皇極經世》、鮑雲龍《天原發微》舊皆入儒家類，《墨子》舊入墨家類，《素問》《靈樞經》《八十一難》、孫思邈《千金方》、葛洪《肘後備急方》《急救仙方》《仙傳外科秘方》、冠宗奭《本草衍義》舊皆入醫家類，《公孫龍子》《尹文子》舊入名家類，《韓非子》舊入法家類。《孫子》舊入兵家類，《鬼谷子》舊入縱橫家類，《鶡子》《鶡冠子》《淮南子》《子華子》《劉子》《馬總意林》舊皆入雜家類，《錄異記》《江淮異人錄》舊皆入小說家類，《黃帝宅經》《龍首經》《金匱玉衡經》《玄女經》《通占大象曆》《星經》《靈棋經》舊皆入術數家類，陶弘景《華陽隱居集》、邵子《擊壤集》、吳筠〔一〕《宗玄集》舊皆入別集類。雖配隸或有未妥，門目或有改易，然總無以為道家言者。今一概收載，殊為牽強。蓋二氏之書，往往假借附會，以自尊其教，不足深詰。

雲霽所注，不能甚詳，而亦頗具崖略。**考道家之源委，茲編亦其總匯也。**群字號之末附以《道藏闕經目錄》二卷，則亦多所散佚，不盡完備矣。考《漢志》所錄道家三十七部，神仙家十部，本截然兩途。黃冠者流，惡清靜之不足聳聽，於是以丹方符籙炫耀其神怪。名為道家，實皆神仙家也。黃老之學，漢代並稱，然言道德者稱老子，言靈異者稱黃帝。名為述說老子，實皆依託黃帝也。其恍惚誕妄，為儒者不道，其書亦皆不足錄。顧其書名，則歷代史志皆著於錄，故今亦存其總目，見彼教之梗概焉。（《四庫全書總目》卷一百四十六）

【注釋】

〔一〕【吳筠】（？～778），字貞節，唐華州華陰人。入嵩山為道士，傳正一之法。有《宗玄集》傳世。

（四）集部

1. 楚辭章句十七卷

漢王逸（約89～158）撰。逸字叔師，南郡宜城（今湖北宜城）人。順帝時官至侍中。事蹟具《後漢書・文苑傳》。舊本題校書郎中，蓋據其注是書時居官也。

初，劉向哀集屈原〔一〕《離騷》《九歌》《天問》《九章》《遠遊》《卜居》《漁父》，宋玉《九辨》《招魂》，景差《大招》，而以賈誼《惜誓》、淮南小山《招隱士》、東方朔《七諫》、嚴忌《哀時命》、王褒《九懷》及向所作《九歎》，共為《楚辭》十六篇，是為總集之祖。逸又益以己作《九思》與班固二敘為十七卷，而各為之注。〔二〕其《九思》之注，洪興祖疑其子延壽所為。然《漢書》《地理志》《藝文志》即有自注，事在逸前。謝靈運作《山居賦》亦自注之，安知非用逸例耶？舊說無文，未可遽為延壽作也。

陳振孫《書錄解題》載有《古文楚辭釋文》一卷〔三〕，其篇第首《離騷》，次《九辨》《九歌》《天問》《九章》《遠遊》《卜居》《漁父》《招隱士》《招魂》《九懷》《七諫》《九歎》《哀時命》《惜誓》《大招》《九思》，迥與今本不同。興祖據逸《九章》注中稱皆解於《九辨》中，知古本《九辨》在前，《九章》在後。振孫又引朱子之言，據天聖十年（1032）陳說之序，謂舊本篇第混並，乃考其人之先後，重定其篇，第知今本為說之所改。〔四〕則自宋以來，已非逸之舊本。

又黃伯思《東觀餘論》謂逸注《楚辭》，序皆在後，如《法言》舊本之例，不知何人移於前，則不但篇第非舊，並其序亦非舊矣。然洪興祖《考異》於《離騷經》下注曰：「《釋文》第一，無經字。」而逸注明云：「離，別也；騷，愁也；經，徑也。」則逸所注本確有「經」字，與《釋文》本不同。必謂《釋文》為舊本，亦未可信，姑存其說可也〔五〕。

逸注雖不甚詳賅，而去古未遠，多傳先儒之訓詁，故李善注《文選》，全用其文。《抽思》以下諸篇，注中往往隔句用韻，如「哀憤結絹，慮煩冤也；哀悲太息，損肺肝也；心中詰屈，如連環也」之類，不一而足。蓋仿《周易象傳》之體，亦足以考證漢人之韻。而吳棫以來談古韻者，皆未徵引，是尤宜表而出之矣。（《四庫全書總目》卷一百四十八）

【注釋】

〔一〕【作者研究】任國瑞撰《屈原年譜》（中國文史出版社 1990 年版）、郭維森《屈原評傳》（南京大學出版社 2007 年版）。

〔二〕【史源】《楚辭》卷一：隋、唐書《志》有皇甫遵訓《參解楚辭》七卷、郭璞注十卷、宋處士諸葛《楚辭音》一卷、劉杳《草木蟲魚疏》二卷、孟奧音一卷、徐邈音一卷。始，漢武帝命淮南王安為《離騷傳》，其書今亡。按《屈原傳》云：「《國風》好色而不淫，《小雅》怨誹而不亂。若《離騷》者，可謂兼之矣。」又曰：「蟬蛻於濁穢，以浮遊塵埃之外，不獲世之滋垢，皭然泥而不滓。推此志，雖與日月爭光可也。」班孟堅、劉勰皆以為淮南王語，豈太史公取其語以作傳乎？漢宣帝時，九江被公能為《楚辭》。隋有僧道騫者善讀之，能為楚聲，音韻清切。至唐，傳楚辭者皆祖騫公之音。

〔三〕【考證】此說有訛誤。余嘉錫《四庫提要辯證》云：「《書錄解題》及《通考》並無『古文』二字，第言『古本無名氏』而已。《提要》點竄其語，而誤『古本』為『古文』，改『騷經』為『離騷』，不知《楚辭》自劉向纂集以來何嘗有今文、古文之別耶？」（中華書局本，第 1228 頁）

〔四〕【史源】《直齋書錄解題》卷十五《離騷釋文》引朱熹云：「天聖十年陳說之序以為舊本篇第混並，乃考其人之先後，重定其篇第，然則今本說之所定也。余按《楚辭》劉向所集，王逸所注，而《九歎》《九思》亦列其中，蓋後人所益也歟？」其語見《楚辭辯證》卷上。

〔五〕【考證】此說遭余嘉錫非議，其《四庫提要辯證》云：「《讀書志》『釋文』條下云：『其篇次不與世行本同，蓋以《離騷經》《九辯》《九歌》《天問》《九章》《遠遊》《卜居》《漁父》《招隱士》《招魂》《九懷》、『《七諫》《九歎》《哀時命》《惜誓》《大招》《九思》為次。』則晁公武所見之《釋文》，其『離騷』下固有『經』字，與洪氏本不同，洪本恐是傳抄之誤，不得以此疑《釋文》非舊本也。」《直齋書錄解題·離騷釋文》：「其篇次不與今本同。今本首《騷經》，次《九歌》《天問》《九章》《遠遊》《卜居》《漁父》《九辨》《招魂》《大招》《惜誓》《招隱》《七諫》《哀時命》《九懷》《九歎》《九思》。《釋文》亦首《騷經》，次《九辨》，而後《九歌》《天問》《九章》《遠遊》《卜居》《漁父》《招隱士》《招魂》《九懷》《七諫》《九歎》《哀時命》《惜誓》《大招》《九思》。」

2. 楚辭補注十七卷

宋洪興祖（1090～1155）撰。興祖字慶善。陸游《渭南集》有興祖手帖跋，稱為洪成季慶善，未之詳也〔一〕。丹陽（今屬江蘇鎮江）人。政和中（1118）登上舍第。南渡後召試，授秘書省正字，歷官提點江東刑獄，知真州（今四川茂縣）、饒州（今江西波陽），後忤秦檜，編管昭州（今廣西平樂），卒。事蹟具《宋史·儒林傳》。周麟之〔二〕《海陵集》有興祖贈直敷文閣制，極褒其編纂之功，蓋檜死乃昭雪也。

案：陳振孫《書錄解題》列《補注楚辭》十七卷、《考異》一卷，稱：「興祖少時，從柳展如得東坡手校十卷，凡諸本異同，皆兩出之；後又得洪玉父而下本十四五家參校，遂為定本，始補王逸《章句》之未備者，成書又得姚廷輝本，作《考異》附《古本釋文》之後，又得歐陽永叔、孫莘老、蘇子容本於關子東、葉少協，校正以補《考異》之遺（云云）。」〔三〕則舊本兼載《釋文》，而《考異》一卷附之，在《補注》十七卷之外。

此本每卷之末有「汲古後人毛表字奏叔依古本是正」印記，而《考異》已散入各句下，未知誰所竄亂也。又目錄後有興祖附記，稱鮑欽止云：「《辨騷》非楚辭本書，不當錄。班固二《序》舊在《九歎》之後，今附於第一通之末（云云）。」此本《離騷》之末有班固二序，與所記合。而劉勰《辨騷》一篇，仍列序後，亦不詳其何故。豈但言其不當錄而未敢遽刪歟？

漢人注書，大抵簡質，又往往舉其訓詁，而不備列其考據。興祖是編，列逸注於前，而一一疏通證明，補注於後，於逸注多所闡發，又皆以「補曰」二字別之，使與原文不亂，亦異乎明代諸人妄改古書，恣情損益。於《楚辭》諸注之中，特為善本。故陳振孫稱其用力之勤，而朱子作《集注》，亦多取其說云。（《四庫全書總目》卷一百四十八）

【注釋】

〔一〕【考證】陸游《跋洪慶善帖》：「某兒童時，以先少師之命，獲給掃灑丹陽先生之門，退與子威講學，則兄弟如也。每見子威言洪成季、慶善學行，然皆不及識，今獲觀慶善遺墨，亦足少慰。衰病廢學，負師友之訓，如愧何。嘉泰二年五月丁卯，陸某謹題。」（《渭南文集》卷二十九）原文明指二人，而館臣誤為一人，故云「未之詳」。成季為洪擬之字，一字逸叟，亦丹陽人。興祖叔父也。傳見《宋史》卷三百八十一。（此處參考王培軍《四庫提要箋注稿》第 7 頁）

〔二〕【周麟之】（1118～1164），字茂振。海陵（今江蘇泰州）人。著有《海陵集》。

〔三〕【史源】《直齋書錄解題》卷十五《楚辭考異》：「興祖少時從柳展如得東坡手
校《楚辭》十卷，凡諸本異同，皆兩出之。後又得洪玉父而下本十四五家參
校，遂為定本。始補王逸《章句》之未備者；書成，又得姚廷輝本，作《考
異》，附《古本釋文》之後；其末，又得歐陽永叔、孫莘老、蘇子容本於關子
東、葉少協，校正以補《考異》之遺。洪於是書用力亦以勤矣。」《郡齋讀書
志‧補注楚辭考異》：「右未詳撰人。凡王逸《章句》有未盡者補之。自序云：
『以歐陽永叔、蘇子瞻：晁又元、宋景文家本參校之，遂為定，本。又得姚
廷輝本作《考鼻》。』且言《辯騷》非《楚辭》本書，不當錄。」據此，知振
孫語亦本洪興祖自序。

3. 楚辭集注八卷辯證二卷後語六卷

宋朱子（1130～1200）撰。

以後漢王逸《章句》及洪興祖《補注》二書詳於訓詁，未得意旨，乃隳
括舊編，定為此本〔一〕。以屈原所著二十五篇為《離騷》，宋玉以下十六篇為
《續離騷》，隨文詮釋，每章各繫以興、比、賦字，如《毛詩傳》例。其訂正
舊注之謬誤者，別為《辯證》二卷附焉，自為之序。又刊定晁補之《續楚辭》
《變離騷》二書，錄荀卿至呂大臨凡五十二篇為《楚辭後語》，亦自為之序。

《楚辭》舊本有東方朔《七諫》、王褒《九懷》、劉向《九歎》、王逸《九
思》。晁本刪《九思》一篇，是編並削《七諫》《九懷》《九歎》三篇，益以賈
誼二賦。陳振孫《書錄解題》謂：「以《七諫》以下詞意平緩，意不深切，如
無病而呻吟者也。」〔二〕晁氏《續離騷》凡二十卷，《變楚辭》亦二十卷，《後
語》刪為六卷，去取特嚴，而揚雄《反騷》為舊錄所不取者，乃反收入。自序
謂欲因《反騷》而著蘇氏、洪氏之貶詞，有明天下之大戒也。〔三〕

周密《齊東野語》記紹熙內禪事曰：「趙汝愚，永州安置，至衡州而卒，
朱熹為之注《離騷》，以寄意焉。」〔四〕然則是書大旨在以靈均放逐，寓宗臣
之貶，以宋玉招魂，抒故舊之悲耳。固不必於箋釋音叶之間，規規爭其得失
矣。（《四庫全書總目》卷一百四十八）

【注釋】

〔一〕朱熹《楚辭集注目錄後序》：「獨東京王逸《章句》與近世洪興祖《補注》並
行於世，其於訓詁名物之間，則已詳矣，隨王書之所取捨，與其題號離合之

間，多可議者，而洪皆不能有所是正。至其大義，則又皆未嘗沉潛反覆，嗟
歎詠歌，以尋其文詞指意之所出，而遽欲取喻立說，旁引曲證，以強附於其
事之已然，是以或以迂滯而遠於性情，或以迫切而害於義理，使原之所為，
壹鬱而不得申於當年者，又晦昧而不見白於後世。予於是益有感焉，疾病呻
吟之暇，聊據舊編，粗加隱括，定為《集注》八卷，庶幾讀者得以見古人於
千載之上，而死者可作，又足以知千載之下有知我者，而不恨於來者之不聞
也。」

〔二〕【史源】《直齋書錄解題》卷十五。

〔三〕【史源】《楚辭後語目錄序》。《楚辭辯證》卷上：「若揚雄，則尤刻意於楚學
者，然其《反騷》，實乃屈子之罪人也。洪氏譏之，當矣。舊錄既不之取，今
亦不欲特收，姑別定為一篇，使居八卷之外，而並著洪說於其後。蓋古今同
異之說，皆聚於此，亦得因以明之，庶幾紛紛或小定云。」

〔四〕【史源】《齊東野語》卷三「紹熙內禪」條：「右正言李沐首疏其事劾汝愚以
同姓居相位，非祖宗典故，方太上聖體不康之時，欲行周公故事，倚虛聲，
植私黨，以定策自居、專功自恣等事，遂罷汝愚相位，出知福州……遂責汝
愚永州安置，至衡州而卒。朱熹為之注《離騷》，以寄意焉。敖陶孫題詩於闕
門，有『一死固知公所欠，孤忠賴有史長存』之句。其後葉翥、汪義端交論
偽學，而劉三傑以偽黨為逆黨，凡得罪者五十九人，省部籍，記姓名，降詔
禁偽學。」

4. 曹子建集十卷

魏曹植（192～232）撰。〔一〕

案《魏志》植本傳，景初中撰錄植所著賦、頌、詩、銘、雜論凡百餘篇，
副藏內外。《隋書·經籍志》載《陳思王集》三十卷。《唐書·藝文志》作二十
卷，然復曰又三十卷，蓋三十卷者隋時舊本，二十卷者為後來合併重編，實
無兩集〔二〕。鄭樵作《通志略》亦並載二本，焦竑作《國史經籍志》，遂合二
本卷數為一，稱植集為五十卷，謬之甚矣。陳振孫《書錄解題》亦作二十卷，
然振孫謂其間頗有採取《御覽》《書抄》《類聚》中所有者，則掇摭而成，已非
唐時二十卷之舊〔三〕。《文獻通考》作十卷，又並非陳氏著錄之舊〔四〕。

此本目錄後有「嘉定六年癸酉」字，從宋寧宗時本翻雕，蓋即《通考》所
載也。凡賦四十四篇，詩七十四篇，雜文九十二篇，合計之得二百十篇，較

《魏志》所稱百餘篇者，其數轉溢。然殘篇斷句錯出其間，如《鷂雀》《蝙蝠》二賦，均採自《藝文類聚》。《藝文類聚》之例，皆標某人某文曰云云，編是集者遂以「曰」字為正文，連於賦之首句，殊為失考。又《七哀詩》晉人採以入樂，增減其詞，以就音律，見《宋書·樂志》中。此不載其本詞，而載其入樂之本，亦為舛謬。《棄婦》篇見《玉臺新詠》，亦見《太平御覽》，《鏡銘》八字，反覆顛倒，皆叶韻成文，實為迴文之祖，見《藝文類聚》，皆棄不載。而《善哉行》一篇，諸本皆作古辭，乃誤為植作，不知其下所載《當來日大難》即當此篇也。使此為植作，將自作之而自擬之乎？至於王宋妻詩，《藝文類聚》作魏文帝，邢凱《坦齋通編》據舊本《玉臺新詠》稱為植作，今本《玉臺新詠》又作王宋自賦之詩，則眾說異同，亦宜附載以備參考，乃竟遺漏，亦為疏略，不得謂之善本。然唐以前舊本既佚，後來刻植集者率以是編為祖，別無更古於斯者，錄而存之，亦不得已而思其次也。〔五〕（《四庫全書總目》卷一百四十八）

【注釋】

〔一〕【作者研究】劉維崇撰（曹植評傳）（黎明文化事業公司 1977 年版），河北師範學院中文系編（三曹資料彙編）（中華書局 1980 年版），張作耀《曹操評傳》附《曹丕曹植評傳》（南京大學出版社 2001 年版、上海書店出版社 2018 年版）。

〔二〕【考證】此處以二十卷本為合併重編者，其說無據，為余嘉錫所駁，詳見《四庫提要辯證》（中華書局本）第 1239～1242 頁。

〔三〕【史源】陳振孫《直齋書錄解題》卷十六《陳思王集》：「卷數與前志合，其間亦有採取《御覽》《書鈔》《類聚》諸書中所有者，意皆後人附益，然則亦非當時全書其間或引摯虞《流別集》。此書國初已亡，猶是唐人舊傳也。」

〔四〕【史源】《文獻通考·經籍考五十七》：「按《魏志》：景初中，撰錄植所著賦頌，詩銘雜論凡百餘篇。《隋志》植集三十卷，《唐志》植集二十卷，今集十卷，比隋、唐本有亡逸者，而詩文近二百篇，反溢於本傳所載，不曉其故。」（卷二百三十）今按，《郡齋讀書志》亦作「十卷」，此節本是晁文，《四庫提要》不引原書，往往轉引《通考》，實為一大弊端。

〔五〕【版本與校注】潘景鄭《明抄本曹子建文集》云：「《曹子建文集》傳世者，以明嘉靖郭萬程仿宋本及明活字本兩刻為最勝。宋嘉定六年本不可見矣。此明抄本《曹集》二冊，卷端有翁同書跋語，稱是本從宋本錄出者。」（《著硯樓

讀書記》第 440 頁）王欣夫先生云：「大抵曹集輯本以嚴（可均）本為備，《年譜》以丁（晏）本為精。」（《蛾術軒篋存善本書錄》第 216～217 頁）趙幼文先生撰《曹植集校注》（人民文學出版社 1984 年版）。

5. 陶淵明集八卷

晉陶潛〔一〕（365～427）撰。

案：北齊陽休之序，錄潛集行世凡三本：八卷，無序；一本六卷，有序目，而編比顛亂，兼復闕少；一本為蕭統所撰，案：古人編錄之書，亦謂之撰，故《文選》舊本皆題梁昭明太子撰，而徐陵《玉臺新詠》序亦稱撰豔歌凡為十卷，休之稱潛集為統撰，蓋沿當日之稱，今亦仍其舊文。亦八卷，而少《五孝傳》及《四八目》。《四八目》即《聖賢群輔錄》也。休之參合三本，定為十卷，已非昭明之舊。〔二〕又宋庠《私記》稱《隋·經籍志》潛集九卷，又云「梁有五卷，《錄》一卷」。《唐志》作五卷。庠時所行，一為蕭統八卷本，以文列詩前；一為陽休之十卷本，其他又數十本，終不知何者為是。晚乃得江左舊本，次第最若倫貫。〔三〕

今世所行，即庠稱江左本也。然昭明太子去潛世近，已不見《五孝傳》《四八目》，不以入集，陽休之何由續得？且《五孝傳》及《四八目》所引《尚書》自相矛盾，決不出於一手，當必依託之文，休之誤信而增之。以後諸本，雖卷帙多少、次第先後各有不同，其竄入偽作，則同一轍，實自休之所編始。庠《私記》但疑「八儒」、「三墨」二條之誤，亦考之不審矣。

今《四八目》已經睿鑒指示，灼知其贗，別著錄於子部類書而詳辨之。其《五孝傳》文義庸淺，決非潛作。〔四〕既與《四八目》一時同出，其贗亦不待言，今並刪除，惟編潛詩文仍從昭明太子為八卷。雖梁時舊第今不可考，而黜偽存真，庶幾猶為近古焉。〔五〕（《四庫全書總目》卷一百四十八）

【注釋】

〔一〕【作者研究】北京大學、北京師範大學師生合編《陶淵明資料彙編》（中華書局 1962 年版），王質撰《陶淵明年譜》（中華書局 1986 年版），鄧安生撰《陶淵明年譜》（天津古籍出版社 1991 年版），李錦全撰《陶潛評傳》（南京大學出版社 1998 年版），魏正申撰《陶淵明評傳》（文津出版社 1996 年版），江西省九江縣陶淵明研究會編《陶淵明研究專輯》（1985 年版），江九思撰《陶淵明研究》（九思出版社 1977 年版），袁行霈撰《陶淵明研究》（北京大學出

版社 1997 年版)、《陶淵明影像》(山東人民出版社 2020 年版),劉躍進、范子曄合編《六朝作家年譜輯要》(黑龍扛教育出版社 1999 年版)收入陶譜三種:袁行霈撰《陶淵明年譜匯考》、王孟白撰《陶淵明年譜簡證》、楊勇撰《陶淵明年譜匯訂》,鍾書林編《陶淵明研究學術檔案》(武漢大學出版社 2014 年版)。

〔二〕【史源】陽休之《陶集序錄》:「余覽陶潛之文,辭采雖未優,而往往有奇絕異語,放逸之致,棲託仍高。其集先有兩本行於世,一本八卷無序;一本六卷並序目,編比顛亂,兼復闕少。蕭統所撰八卷,合序目傳誄,而少《五孝傳》及《四八目》,然編次有體,次第可尋。余頗賞潛文,以為三本不‧同,恐終致忘失,今錄統所闕並序目等,合為一帙十卷,以遺好事君子。」見明梅鼎祚《北齊文紀》卷三。今按,《五孝傳》《四八目》皆託名於陶淵明也。

〔三〕【版本】潘景鄭《明本陶淵明集》云:「陶集刻本,無慮數十百種。余所藏亦不下十餘種,以天祿琳琅舊藏元本為最古,宋本則僅有影印重刻之本,然互有短長,未可偏重也。」(《著硯樓讀書記》第 441 頁)

〔四〕【辨偽】《四庫全書總目》卷一百三十七《聖賢群輔錄》提要:「集中《與子儼等疏》稱子夏為孔子四友,而此錄四友乃為顏回、子貢、子路、子張。又《五孝傳》引『孝乎惟孝,友于兄弟』之文,句讀尚從包咸注,知未見《古文尚書》。而此錄『四嶽』一條,乃引孔安國傳,其出兩手,尤自顯然。至書以《聖賢群輔》為名,而魯三桓、鄭七穆、晉六卿、魏四友以及仕莽之唐林、唐遵,叛晉之王敦,並列簡編,名實相连,理乖風教,亦決非潛之所為。」但此一公案,近人有不以為然者,見潘重規《聖賢群輔錄真偽辨》(《大陸雜誌》第二九卷第十一、十二期合刊)。又潘氏撰《聖賢群輔新箋》,在《新亞書院學術年刊》第七期。龔斌《陶淵明集校箋》初版以陶澍十卷本為底本,信從陶澍之說,以為卷八《五孝傳》、卷九《聖賢群輔錄》(一名《四八目》)上、卷十《聖賢群輔錄》下是偽作。2019 年典藏版作了系統性的增訂,恢復陶澍注《靖節先生集》十卷本的原貌。

〔五〕【整理與研究】逯欽立校注《陶淵明集》(1979 年版),王瑤注《陶淵明集》(人民文學出版社 957 年版、河北教育出版社 2000 年《王瑤全集》版),郭維森等撰《陶淵明集全譯》(貴州人民出版社 1992 年版),龔斌撰《陶淵明集校箋》(上海古籍出版社 1996 年版、2019 年典藏版),袁行霈撰《陶淵明集箋注》(中華書局 2003 年版,山東人民出版社 2020 年版)。

6. 鮑參軍集十卷

宋鮑照〔一〕（416～466）撰。照字明遠，東海（郡治今山東蒼山）人。晁公武《讀書志》作上黨人，蓋誤讀虞炎序〔二〕中「本上黨人」之語。照或作昭，蓋唐人避武后諱所改。韋莊詩有「欲將張翰松江雨，畫作屏風寄鮑昭」句，押入平聲，殊失其實。案：宋禮部貢舉條式，齊桓避諱作齊威，可用於句中，不可押入微韻。沈約《宋書》、李延壽《南北史》作於武后稱制前者，實皆作照，不作昭也。照為臨川王子頊參軍，沒於亂兵。

遺文零落，齊散騎侍郎虞炎始編次成集。《隋書·經籍志》著錄十卷，而注曰梁六卷，然則後人又續增矣。此本為明正德庚午（1510）朱應登所刊，云得自都穆家，卷數與《隋志》合，而冠以炎序，未審即《隋志》舊本否？考其編次，既以樂府別為一卷，而《採桑》《梅花落》《行路難》亦皆樂府，乃列入詩中，唐以前人皆解聲律，不應舛互若此。又《行路難》第七首「蹲蹲」字下注曰「《集》作樽樽」，「啄」字下注曰「《集》作逐」，使果原集，何得又稱「《集》作」？此為後人重輯之明驗矣。然文章皆有首尾，詩賦亦往往有自序、自注，與六朝他集從類書採出者不同，殆因相傳舊本而稍竄亂歟？〔三〕

鍾嶸《詩品》云：「學鮑照才能『日中市朝滿』，學謝朓劣得『黃鳥度青枝』。」今集中無此一句，益知非梁時本也。（《四庫全書總目》卷一百四十八）

【注釋】

〔一〕【作者研究】丁福林撰《鮑照年譜》（上海古籍出版社 2005 年版）。

〔二〕【虞炎序】鮑照字明遠。本上黨人，家世貧賤。少有文思，宋臨川王愛其才，以為國侍郎……江陵人宋景因亂掠城，為景所殺，時年五十餘。身既遇難，篇章無遺。流遷人間者，往往見在。儲皇博採群言，遊好文藝，片辭隻韻，罔不收集。照所賦述，雖乏精典，而有超麗。

〔三〕【整理與研究】明朱應登刻本、二十名家集本、嘉道間揚州刻本、《四部叢刊》影印毛斧季校宋本。明張天如箋注、今人錢仲聯增補《鮑參軍集注》（中華書局 1959 年版、上海古籍出版社 1990 年版）。清盧文弨《群書拾補》內有條校。近人黃節撰《鮑參軍集校注》（人民文學出版社 1957 年版）。

7. 謝宣城集五卷

齊謝朓（464～499）撰。朓字玄暉，陳郡陽夏（今河南太康）人。事蹟具《南

齊書》本傳。案：朓以中書郎出為宣城太守，以選復為中書郎，又出為晉安王鎮北諮議、南東海太守，行南徐州事，遷尚書吏部郎，被誅。其官實不止於宣城太守，然詩家皆稱謝宣城，殆以北樓吟詠為世盛傳耶？〔一〕

　　據陳振孫《書錄解題》稱：「朓集本十卷，樓昭知宣州，止以上五卷賦與詩刊之，下五卷皆當時應用之文，衰世之事，可採者已見本傳及《文選》，餘視詩劣焉，無傳可也。」〔二〕考鍾嶸《詩品》稱：「朓極與予論詩，感激頓挫過其文。」則振孫之言審矣。

　　張溥刻《百三家集》，合朓五卷為一卷。此本五卷，即紹興二十八年（1158）樓昭所刻，前有昭序，猶南宋佳本也〔三〕。本傳稱朓長於五言詩，沈約嘗云二百年來無此詩。鍾嶸《詩品》乃稱其微傷細密，頗在不倫。一章之中，自有玉石。又稱其善自發端，而末篇多躓〔四〕。過毀過譽，皆失其真。趙紫芝詩曰：「輔嗣《易》行無漢學，玄暉詩變有唐風。」〔五〕斯於文質升降之間為得其平矣。（《四庫全書總目》卷一百四十八）

【注釋】

〔一〕【洪亻及識語】謝公詩名重天下，在宣城所賦為多，故杜少陵以謝宣城稱之。在宣城宜有公之集矣。

〔二〕【史源】《直齋書錄解題》卷十六「謝宣城集」條。《天祿琳琅書目》卷三：「陳振孫《書錄解題》云云，所言皆本於炤序。」

〔三〕今按：此說有誤。紹興二十八年，為 1158 年；樓序作於丁丑七月，則紹興二十七年（1157）也。樓序云：「余至郡視事之暇，裒取郡舍石刻並《宣城集》所載謝詩，才得二十餘首。繼得蔣公之奇所集小謝詩，以昭亭廟、疊嶂樓、綺霞閣所刻，及《文選》《玉臺新詠》、本集所有，合成一編，共五十八篇，自謂備矣。然小謝自有全集十卷，但世所罕傳。如《宋海陵王墓誌》（按，宋應作齊，《謝宣城集校注》426 頁已指出），集中有之，而《筆談》乃曰『此銘集中不載』，蓋雖存中之博，亦未之見也。而余家舊藏偶有之。考其上五卷賦與樂章之外，詩乃百有二首，而唱和聯句、他人所附見者不與焉，以是知蔣公所謂本集者非全集矣。於是屬之僚士，參校謬誤，雖是正已多，而有無他本可證者，故猶有闕文。鋟版傳之，目曰《謝宣城詩集》。其下五卷，則皆當時應用之文，衰世之事，其可採者已載於本傳、《文選》，餘視詩劣焉，無傳可也，遂置之。紹興丁丑秋七月朔，東陽樓炤題。」洪亻及《識語》：「謝公詩名重天下……在宣城宜有公之集矣。後公六百五十餘年，

樞密樓公始克鋟之木，距今又六十四年，字畫漫毀，幾不可讀，是用再刻
於郡齋，以永其傳。嘉定庚辰冬十二月望，鄱陽洪伋識。」嘉定庚辰，為寧
宗嘉定十三年（1220），其上距紹興二十七年（1157），正六十四年。若如館
臣云在紹興二十八年（1158），乃相距六十三年，年數不合矣。（此處參考王
培軍說）

〔四〕【史源】鍾嶸《詩品》卷中：「並吏部謝朓詩，其源出於謝泓微傷細密，頗在
不倫。一章之中，自有玉石，然奇章秀句，往往警遒，足使叔源失步，明遠
變色。善自發詩端，而末篇多躓，此意銳而才弱也。至為後進士子之所嗟慕。
朓極與余論詩，感激頓挫過其文。」

〔五〕【史源】趙紫芝詩見《清苑齋詩集》之《秋夜偶成》。「玄暉詩變有唐風」，
原本唐庚語。今按，唐庚（1069～1120 或 1071～1121），字子西。四川眉山
人。人稱「小東坡」。有《唐庚集》《唐子西集》《唐子西文錄》。郭紹虞先生
對於《唐子西集提要》多所辯證，詳參《宋詩話考》第 45～48 頁。《四部
叢刊三編》本有《眉山唐先生文集》，見《張元濟古籍書目序跋彙編》第 967
～968 頁。

8. 東皋子集三卷

唐王績〔一〕（585 或約 590～644）撰。績字無功，太原祁人。隋大業中授秘
書省正字，出為六合丞，歸隱北山東皋，自號東皋子。唐初以前官待詔門下，
復求為太樂丞，後乃解官歸里。是身事兩朝，皆以仕途不達，乃退而放浪於
山林。《新唐書》列之《隱逸傳》，所未喻也。

然績為王通之弟，而志趣高雅，不隨通聚徒講學，獻策干進，其人品亦
不可及矣。史稱其簡放嗜酒，嘗作《醉鄉記》《五斗先生傳》《無心子傳》。其
《醉鄉記》為蘇軾所稱，然他文亦疏野有致。其詩惟《野望》一首為世傳誦，
然如《石竹詠》，意境高古；《薛記室收過莊見尋詩》二十四韻，氣格遒健，皆
能滌初唐俳偶板滯之習，置之開元、天寶間，弗能別也。

《唐書·藝文志》載績集五卷，陳振孫《書錄解題》亦云：「其友呂才〔二〕
鳩訪遺文，編成五卷，為之序。」而今本實止三卷。又晁公武《讀書志》引呂
才序稱：「績年十五，謁楊素，占對英辨。薛道衡見其《登龍門憶禹賦》，歎為
今之庾信。」且載其卜筮之驗者數事。今本呂才序尚存，而晁公武所引之文
則無之。又序稱鳩訪未畢，編為三卷，與《書錄解題》不合。其《登龍門》一

賦，亦不載集中，或宋末本集已佚，後人從《文苑英華》《文粹》諸書中採綴詩文，匯為此編，而偽託才序以冠之，未可知也〔三〕。此本為明崇禎中刊本〔四〕。卷首尚有陸淳序一首，晁、陳二家目中皆未言及〔五〕，其真偽亦在兩可間矣。〔六〕（《四庫全書總目》卷一百四十九）

【注釋】

〔一〕【作者研究】張錫厚撰《王績研究》（臺北新文豐出版公司 1998 年版）。今按：王績既為王通之弟，應與王通同為絳州龍門（今山西河津）人。

〔二〕【呂才】（約 600～665），唐博州青平（今屬山東）人。長於聲樂，奉命修訂《白雪》等曲。有《敘宅經》《敘命錄》《敘葬書》傳世。

〔三〕【考證】王重民《敦煌古籍敘錄》證明五卷本之外，別有陸淳刪本三卷，同時並證明四庫館臣以為三卷本係後人從《文苑英華》《文粹》等書採輯彙編的》說法為疏於考證。萬曼先生認為王重民先生也一樣沒有注意到陸淳刪的《東皋子集略》原為二卷，三卷本係明人所編。（《唐集敘錄》河南大學出版社，2008 年版，第 5 頁）

〔四〕【版本】今有《四部叢刊續編》本，張元濟《明抄本東皋子集跋》云：「嘉慶初，孫淵如刻《岱南閣叢書》，中有是集，亦三卷……孫氏學術淹貫，刻書校讎尤精，然以所刻與是本校，異同近百許字，其足以糾正是本者不過數字，餘則皆誤。於此益知古書校勘之難，而古本之可貴矣。」（《張元濟古籍書目序跋彙編》第 907～908 頁）潘景鄭《東皋子集校本》云：「《東皋子集》世通行只孫氏岱南閣仿宋本，孫氏所據自余蕭客影抄宋槧所出，然校正誤字，亦殊未盡……近涵芬樓影印明清常道人手抄本，校正孫氏誤字至百許。清常道人本，即《讀書敏求記》所據為善本者，取校羅氏刊本亦殊未合。」（《著硯樓讀書記》第 443 頁）

〔五〕【考證】陳振孫《直齋書錄解題》明確指出：「其友呂才，鳩訪遺文，編成五卷，為之序。其後陸淳又為後序。」所謂「晁、陳二家目中皆未言及」二語，被余嘉錫批評為「心不在焉、視面不見」。（《四庫提要辯證》第 1249～1250 頁）

〔六〕【整理與研究】1987 年上海古籍出版社出版校點本《王無功文集五卷本會校》。金榮華撰《王績詩文集校注》（臺北新文豐出版公司 1998 年版）。

9. 寒山子詩集二卷附豐干拾得詩一卷

案：寒山子〔一〕，貞觀中天台廣興縣僧。居於寒岩（今浙江天台），時還往國清寺。豐干、拾得，則皆國清寺僧也。世傳台州刺史閭邱允遇三僧事，蹤跡甚怪，蓋莫得而考證也。

其詩相傳即允令寺僧道翹，尋寒山平日於竹木石壁上及人家廳壁所書，得三百餘首，又取拾得土地堂壁上所書偈言，並纂集成卷。豐干則僅存房中壁上詩二首。允自為之序。宋時又名《三隱集》，見淳熙十六年（1189）沙門道南所作記中。〔二〕《唐書‧藝文志》載寒山詩入釋家類，作七卷。今本並為一卷，以拾得豐干詩別為一卷附之，則明新安吳明春所校刻也〔三〕。

王士禎《居易錄》云：「寒山詩，詩家每稱其『鸚鵡花間弄，琵琶月下彈。長歌三月響，短舞萬人看』，謂其有唐調。」案：此明江盈科雪濤評語，士禎引之。寒山子即唐人，盈科以為有唐調，蓋偶未考其時代，謹附訂於此。其詩有工語有率語，有莊語，有諧語，至云「不煩鄭氏箋，豈待毛公解」，又似儒生語。大抵佛語、菩薩語也。

今觀所作，皆信手拈弄，全作禪門偈語，不可復以詩格繩之。而機趣橫溢，多足以資勸誡。且專集自唐時，行世已久，今仍著之於錄，以備釋氏文字之一種焉。

又案：《太平廣記》引《仙傳拾遺》曰：「寒山子者，不知其名氏，大曆中，隱居天台翠屏山。其山深邃，當暑有雪，亦名寒岩，因自號寒山子。好為詩，每得一篇一句，輒題於樹間石上。有好事者隨而錄之，凡三百餘首。多述山林幽隱之興，或譏諷時態，能警勵流俗，桐柏徵君。徐靈府序而集之，分為三卷，行於人間（云云）。」則寒山子又為中唐仙人，與閭邱允事又異，無從深考，姑就文論文可矣。〔四〕（《四庫全書總目》卷一百四十九）

【注釋】

〔一〕【作者研究】關於寒山子生活年代問題，歷來有「貞觀說」（公元 627～649）、「先天說」（公元 712～713）以及「大曆說」（公元 766～799）三種說法。貞觀說以唐代貞觀年間台州刺史閭邱胤所作《寒山子詩集序》為始，後經宋釋志南《天台山國清禪寺三隱集記》肯定，後人如宋釋志磐《佛祖統紀》、宋釋本覺《釋氏通鑒》、元釋熙仲《釋氏資鑒》、1979 年版的《辭海》等均以此說為準，近年來學者中亦有贊同此說者，其中以嚴振非《寒山子身世考》、李敬

一《寒山子和他的詩》為代表。前者以詩為證,通過歷史與寒山詩的相互印證,指出寒山「約生於隋開皇三年(584),卒於唐長安四年(704)(也許是個概數,難以肯定)」。後者通過對寒山詩中所反映社會狀況的詳盡分析同樣支持貞觀說。先天說以宋釋贊寧所作《宋高僧傳》為濫觴。此說僅有元釋曇噩,撰於至正二年(公元1366)的《科分六學僧傳》和譚正璧所撰,1934年版的《中國文學家大辭典》表示贊同。

〔二〕【考證】余嘉錫云:「《提要》於贊寧之書,略不一考,故雖疑閭邱胤遇三僧事為甚怪,第以為莫得而考,不知其為偽作也。」(《四庫提要辯證》第1250~1257頁)

〔三〕【版本】日本宮廳書陵部今藏南宋刊本《寒山子詩集》二卷、《豐干拾得詩》一卷共一帖。中國國家圖書館收藏有宋刊本《寒山子詩集》一卷、《豐干拾得詩》一卷,天一閣藏本為明刻本。(詳見《日本藏漢籍珍本追蹤紀實》第17~20頁)

〔四〕【整理與研究】錢學烈撰《寒山詩校注》(廣東高等教育出版社1991年版)、《寒山拾得詩校評》(天津古籍出版社1998年版),項楚先生撰《寒山詩校注》(中華書局2000年版、2019年年版)。後者重在詞語的箋釋和詩意的詮解,可謂後出轉精。

10. 王子安集十六卷

唐王勃(649或650~676)撰。

《唐書·文苑傳》稱其文集三十卷,而楊炯集序則謂分為二十卷,具諸篇目。洪邁《容齋隨筆》亦稱今存者二十卷,蓋猶舊本〔一〕。明以來其集已佚,原目遂不可考。世所傳《初唐十二家集》,僅載勃詩賦二卷,闕略殊甚。故皇甫汸作《楊炯集序》,稱王詩賦之餘,未睹他製。此本乃明崇禎中閩人張燮搜輯《文苑英華》諸書,編為一十六卷,雖非唐宋之舊,而以視別本,則較為完善矣。〔一〕

勃文為四傑之冠,儒者頗病其浮豔。案段成式《西陽雜俎》曰:「張燕公嘗讀勃《夫子學堂碑頌》『帝車南指,遁七曜於中階;華蓋西臨,高五雲於太甲』四句,悉不解,訪之一公,案:一公謂僧一行也。一公言北斗建午,七曜在南,方有是之祥,無位聖人當出。華蓋以下,卒不可悉。」〔二〕洪邁《容齋隨筆》亦曰:「王勃等四子之文,皆精切有本原。其用駢儷作記序碑碣,蓋一時

體格如此，而後來頗議之。杜詩云：『王楊盧駱當時體，輕薄為文哂未休。爾曹身與名俱滅，不廢江河萬古流。』正謂此耳。身名俱滅以責輕薄子，江河萬古指四子也。韓公《滕王閣記》云：『江南多遊觀之美，而滕王閣獨為第一。及得三王為序、記、賦等，壯其文詞。』注謂王勃作《遊閣序》，又云中丞命為記，竊喜載名其上，詞列三王之次，有榮耀焉。則韓之所以推勃，亦為不淺矣。」〔三〕夫一行、段成式，博洽冠絕古今，杜甫、韓愈，詩文亦冠絕古今，而其推勃如是。枵腹白戰之徒，掇拾語錄之糟粕，乃沾沾焉而動其喙，殆所謂蚍蜉撼樹者歟？〔四〕今錄勃集，並錄成式及邁之所記，庶耳食者無輕詆焉。〔五〕（《四庫全書總目》卷一百四十九）

【注釋】

〔一〕【版本】日本收藏王勃作品有唐人寫本三種：正倉院藏《王勃詩序》一卷、東京國立博物館藏《王勃集》殘本二卷和《王勃集》殘本一卷。均為絕無僅有之珍品。（《日本藏漢籍珍本追蹤紀實》第 81 頁，158～160 頁）今按：此處說法有誤。《容齋四筆》卷五「王勃文章」條云：「勃之文，今存者二十七卷雲。」稱「二十卷」者，見《文獻通考，經籍考五十八》（卷二百三十二）所引《容齋隨筆》，或偶而脫文，未可知也，而館臣所據殆為張燮《識語》（見注四引），不復檢《隨筆》，殊為粗疏。（此處採用王培軍之說）

〔二〕【史源】《酉陽雜俎》卷十二：「王勃每為碑頌，先墨磨數升，引被覆面而臥。忽起一筆書之，初不竄點，時人謂之腹稿。武少夢人遺以丸墨盈袖。燕公常、讀其《夫子學堂碑頌》，頭自『帝車』至『太甲』四句，悉不解。訪之一公，一公言北斗建午，七曜在南方，有是之祥，無位聖人當出。『華蓋』已下，卒不可悉。」

〔三〕【史源】《容齋四筆》卷五「王勃文章」條。

〔四〕【史源】韓愈《東雅堂昌黎集注》卷五《調張籍》：「李杜文章在，光焰萬丈長。不知群兒愚，那用故謗傷。蚍蜉撼大樹，可笑不自量。」

〔五〕【整理與研究】清蔣清翊撰《王子安集注》（上海古籍出版社 1995 年版），羅振玉輯《王子安佚文》一卷，1980 年青海人民出版社出版《王勃詩解》。

11. **盈川集**〔一〕**十卷附錄一卷**

唐楊炯（650～693 後）撰。

　　《唐書·文苑傳》稱其文集本三十卷，晁公武《讀書志》僅著錄二十卷，云「今多亡逸」，是宋代已非完本，然其本亦不傳。此乃明萬曆中龍游童佩從諸書裒集〔二〕，詮次成編，並以本傳及贈答之文、評論之語別為附錄一卷。皇甫汸為之序〔三〕。凡賦八首、詩三十四首、雜文三十九首。《文苑英華》載其《彭城公夫人尒朱氏墓誌銘》一首、《伯母東平郡夫人李氏墓誌銘》一首，列庾信文後，明人因誤編入信集中。此本收尒朱氏誌一篇，而李氏誌仍不載，則搜羅尚有所遺也。

　　《舊唐書》本傳最稱其《盂蘭盆賦》〔四〕。然炯之麗製，不止此篇，劉昫殆以為奏御之作，故特加紀錄歟？傳又載其《駁太常博士蘇知幾冕服議》一篇，引援經義，排斥遊談，炯文之最有根柢者。知其詞章瓌麗，由於貫穿典籍，不止涉獵浮華。而《新唐書》本傳刪之不載，蓋猶本紀不載詔令之意，是宋祁之偏見，非定評也。

　　又新、舊《唐書》並稱，炯為政嚴酷，則非循吏可概見。童佩序稱：「盈川廢縣在濲水北，其地隸龍邱，去郡四十餘里，今址巋然獨存。炯令盈川，無何卒。縣尋罷，民尸祝其地，至今春秋不輟。」〔五〕是則因其文藝而更粉飾其治績，亦非公論矣。（《四庫全書總目》卷一百四十九）

【注釋】

〔一〕【書名】楊炯官盈川令，故以名其集。

〔二〕【版本】《四部叢刊》影印明童佩輯本。明末張燮重輯本為十三卷。1980 年中華書局本出版《盧照鄰集楊炯集》合刊本。

〔三〕【考證】皇甫汸集中無此序。

〔四〕【史源】《舊唐書》卷一百九十上：「元年七月望日，宮中出盂蘭盆，分送佛寺，則天御洛南門，與百僚觀之，炯獻《盂蘭盆賦》，詞甚雅麗。炯至官為政殘酷，人吏動不如意，輒搒殺之。又所居府舍多進士亭臺，皆書牓額為之美名，大為遠近所笑。」今按，釋氏《盂蘭盆經》云：「目連比邱見其亡母在餓鬼中，目連白佛，言七月望日，當為七代父母及父母在厄難中者，具百味五果以著盆中，供養十方佛，然後受食。」《夢華錄》曰：「中元，買冥器彩衣，以竹牀三腳如燈窩狀，謂之盂蘭盆，掛冥財、衣服在上焚之。」《釋氏要覽》曰：「梵云盂蘭，此云救倒懸盆。」陸游曰：「俗以七月望日具素饌享先，織竹作盆，盎貯紙錢，盛以一竹焚之，謂之盂蘭盆。」

〔五〕【考證】四庫本無此序。

12. 盧昇之集七卷

　　唐盧照鄰〔一〕（630～689，或約636～約695）撰。《唐書·文苑傳》稱，照鄰初為鄧王府典籤，調新都尉，以病去官。後手足攣廢，竟自沉潁水而死。考集中《相里夫人檀龕序》稱「乾封紀歲」，當為乾封元年丙寅（666）。《對蜀父老問》稱「龍集荒落」，當為總章二年己巳（669），皆在益州（今屬四川）時所作。《病梨樹賦序》稱「癸酉之歲，臥病長安」，則其罷官當在咸亨四年（673）以前。計其羈棲一尉，僅五六年。又《窮魚賦序》稱：「曾以橫事被拘，將致之深議。」則中間又遭非罪。其病廢以後，與洛陽名流朝士乞藥借書，至每人求乞錢二千，其貧亦可想見，蓋文士之極坎坷者。

　　故平生所作，大抵歡寡愁殷，有騷人遺響，亦遭遇使之然也。史又稱王、楊、盧、駱以文章齊名。楊炯嘗謂：「愧在盧前，恥居王後。」〔二〕張說則曰：「盈川文如懸河，酌之不竭，優於盧而不減王。恥居後，信然。愧在前，謙也。」〔三〕今觀照鄰之文，似不及王、楊、駱三家之宏放，疑說之論為然。然所傳篇什獨少，未可以一斑概全豹。杜甫均以「江河萬古」許之，似難執殘編斷簡以強定低昂。況張鷟〔四〕《朝野僉載》亦記是語，而作「照鄰謂喜居王後，恥在駱前」，文有品目，多一時興到之言，尤未可據為定論也。

　　其集晁氏、陳氏書目俱作十卷，此本僅七卷，則其散佚者已多。又《窮魚賦序》稱嘗思報德，故冠之篇首。則照鄰自編之集，當以是賦為第一，而此本列《秋霖》《馴鳶》二賦後。其《與在朝諸賢書》亦非完本，知由後人掇拾而成，非其舊帙矣。〔五〕（《四庫全書總目》卷一百四十九）

【注釋】

〔一〕【盧照鄰】字昇之，號幽憂子。其集又名《幽憂子集》。

〔二〕【史源】《盈川集》附錄《唐書》本傳：「（楊）炯與王勃、盧照鄰、駱賓王以文詞齊名，海內稱為王楊盧駱，亦號為四傑。炯聞之，謂人曰：『吾愧在盧前，恥居王後。』當時議者亦以為然。」

〔三〕【史源】崔融與張說評勃等曰：「勃文章宏放，非常人所及，炯、照鄰可以企之。」說曰：「不然，盈川文如懸河，酌之不竭，優於盧而不減王，恥居後，信然；愧在前，謙也。」開元中，說與徐堅論近世文章，說曰：「李嶠、崔融、薛稷、宋之問之文，如良金美玉，無施不可。富嘉謨，如孤峰絕岸，壁立萬仞，濃雲鬱興，震雷俱發，誠可畏也。若施於廊廟，駁矣。閻朝隱，如麗服靚粧，燕歌趙舞，觀者忘疲，若類之風雅，則罪人矣。」（《新唐書》卷二百一）

今按，薛稷（649～713），字嗣通，唐汾陰人。以辭章書畫知名。畫鶴尤
為生動，時稱一絕。

〔四〕【張鷟】（約658～約730），字文成，自號浮休子，時號青錢學士，唐深州陸
澤（今屬河北）人。屬文敏捷，才名遠播。著有《朝野僉載》《遊仙窟》等。

〔五〕【版本】今有《四部叢刊》影印本。1980年中華書局出版《盧照鄰楊炯集》
合刊本。【整理與研究】祝尚書撰《盧照鄰集箋注》（上海古籍出版社1994年
版），李雲逸撰《盧照鄰集校注》（中華書局1998年版）。

13. 駱丞集四卷

唐駱賓王（約626或640～約684）撰。

《唐書·文苑傳》稱，中宗時詔求其文，得百餘篇，命郗雲卿編次之。
《書錄解題》引雲卿舊序稱：「光宅中，廣陵亂，伏誅。」蓋據李孝逸〔一〕奏
捷之語。孟棨《本事詩》則云：「賓王落髮，遍遊名山。宋之問《遊靈隱寺作》
詩，嘗為續『樓觀滄海日，門對浙江潮』之句。」今觀集中與之問蹤跡甚密，
在江南則有投贈之作，在兗州則有餞別之章，宜非不相識者，何至覿面失之？
封演為天寶中人，去賓王時甚近，所作《聞見記》中載之問此詩，證月中桂子
之事〔二〕，並不云出賓王，知當時尚無是說。又朱國楨《湧幢小品》載：「正
德九年（1514），有曹某者鑿靛池於海門城東黃泥口，得古冢，題石曰駱賓王之
墓（云云）。」亦足證亡命為僧之說不確。蓋武后改唐為周，人心共憤，敬業、
賓王之敗，世頗憐之，故造是語，孟棨不考而誤載也。

其集新、舊《唐書》皆作十卷，《宋·藝文志》載有《百道判》三卷，今
並散佚。此本四卷，蓋後人所裒輯。〔三〕其注則明給事中顏文選所作，援引疏
舛，殆無可取。以《文選》之外別無注本，而其中亦尚有一二可採者，故姑並
錄之，以備參考焉。（《四庫全書總目》卷一百四十九）

【注釋】

〔一〕【李孝逸】唐宗室。頗受武則天親遇。光宅元年（684），率師攻克揚州，平徐
敬業之亂。後遭誣告，流竄而死。

〔二〕【史源】《封氏聞見記》卷七。

〔三〕【整理與研究】《四部叢刊》影印明刻十卷本。清陳熙晉撰《駱臨海集箋注》
（上海古籍出版社1985年版）。

14. 陳拾遺集十卷

唐陳子昂（659～700，或 661～702）撰。子昂事蹟具《唐書》本傳及盧藏用所為《別傳》〔一〕。

唐初文章，不脫陳、隋舊習。子昂始奮發自為，追古作者。韓愈詩云：「國朝盛文章，子昂始高蹈。」〔二〕柳宗元亦謂：「張說工著述，張九齡善比興，兼備者子昂而已。」馬端臨《文獻通考》乃謂「子昂惟詩語高妙，其他文則不脫偶儷卑弱之體。韓、柳之論，不專稱其詩，皆所未喻。」〔三〕

今觀其集，惟諸表序猶沿排儷之習，若論事書疏之類，實疏樸近古。韓、柳之論，未為非也。子昂嘗上書武后，請興明堂、太學，宋祁《新唐書》傳贊以為「薦圭璧於房闥，以脂澤污漫之」，其文今載集中。王士禎《香祖筆記》又譽其《大周受命頌》四章、《進表》一篇、《請追上太原王帝號表》一篇，以為視《劇秦美新》，殆又過之，其下筆時不復知世有節義廉恥事〔四〕，今亦載集中。然則是集之傳，特以詞采見珍。譬諸蕩姬佚女，以色藝冠一世，而不可以禮法繩之者也。

此本傳寫多訛脫，第七卷闕兩葉，據目錄尋之，《禡牙文》《禜海文》在《文苑英華》九百九十五卷，《弔塞上翁文》在九百九十九卷，《祭孫府君文》在九百七十九卷。又送崔融〔五〕等序之後，據目錄尚有《餞陳少府序》一篇，此本亦佚，《英華》七百十九卷有此文，今並葺補，俾成完本〔六〕。《英華》八百二十二卷收子昂《大崇福觀記》一篇，稱武士彠為太祖孝明皇帝，此集不載其目，殆偶佚脫，今並補入。俾操觚揮翰之士，知立身一敗，遺詬萬年，有求其不傳而不能者焉。〔七〕（《四庫全書總目》卷一百四十九）

【注釋】

〔一〕【史源】四庫本卷末附錄宋祁《唐書列傳》、盧藏用《陳氏別傳》。今按，盧藏用，字子潛。以辭學著稱。開元初卒，年五十餘。盧藏用為陳子昂同時知交。子昂死後，盧氏為之編纂文集，且序其集曰：「崛起江漢，虎視函夏。卓立千古，橫制頹波。天下翕然，文質一變。」

〔二〕【史源】《別本韓文考異》卷二《薦士》。其詩略云：「齊梁及陳隋，眾作等蟬噪。搜春摘花卉，沿襲傷剽盜。國朝盛文章，子昂始高蹈。勃興得李杜，萬類困陵暴。後來相繼生，亦各臻閫奧。」韓愈《送孟東野序》云：「唐之有天下，陳子昂、蘇源明、元結、李白、杜甫、李觀皆以其所能鳴。」

〔三〕【史源】《文獻通考》卷二百三十一《經籍考五十八》：「陳拾遺詩語高妙，絕出齊梁，誠如先儒之論。至其他文，則不脫偶儷卑弱之體，未見其有以異於王、楊、沈、宋也。然韓吏部、柳儀曹盛有推許，韓言『國朝盛文章，子昂始高蹈』，柳言『備比興著述，二者而不怍』，則不特稱其詩而已。二公非輕以文許人者，此論所未諭。本傳載其興明堂、建太學等疏，其言雖美，而陳之於牝朝，則非所宜。史贊所謂『薦珪璧於房闈，以脂澤污漫之』，信矣。」

〔四〕【史源】《香祖筆記》卷三：「子昂五言詩力變齊梁，不須言；其表序碑記等作，沿襲頹波，無可觀者。第七卷《上大周受命頌表》一篇，《大周受命頌》四章，曰《神鳳》，曰《赤雀》《慶雲》《虳頌》，其辭諂誕不經……集中又有請追上太原王帝號表，太原王者，士彟也。此與揚雄《劇秦美新》無異，殆又過之，其下筆時，不知世有節義廉恥事矣。子昂真無忌憚之小人哉！詩雖美，吾不欲觀之矣。」

〔五〕【崔融】（653～706），字安成，唐齊州人。監修國史，預修《武則天實錄》。

〔六〕【考證】胡珽《陳伯玉文集跋》：「余得此書於文義堂錢步瀛，雖為明刻，而傳本絕少。伏讀《四庫總目·陳拾遺集提要》云：『此本傳寫多訛脫，第七卷闕兩葉，據目錄尋之，《禡牙文》《禜海文》在《文苑英華》九百九十五卷，《弔塞上翁文》在九百九十九卷，《祭孫府君文》在九百七十九卷。又送崔融等序之後，據目錄尚有《餞陳少府序》一篇，此本亦佚，《英華》七百十九卷有此文，今並葺補，俾成完本。《英華》八百二十二卷收子昂《大崇福觀記》一篇，稱武士彟為太祖孝明皇帝，此集不載其目，殆偶佚脫。』云云。據此則《四庫》未見刻本，張氏《愛日精廬藏書志》亦無此書名目，洵絕無僅有之秘冊矣。其傳寫本所缺之文，此本中雖未能全備，而較為少缺，異日翻刻时，亦援《英華》補足可也。咸豐四年二月，琳琅主人胡珽識。」

〔七〕【整理與研究】彭慶生撰《陳子昂集校注》（中華書局 1960 年版）。子昂名伯玉，故又名《陳伯玉集》。

15. 張燕公集〔一〕二十五卷

唐張說〔二〕（667～731）撰。說事蹟具《唐書》本傳。

其文章典麗宏贍，當時與蘇頲並稱，朝廷大述作多出其手，號曰「燕許」。

《唐書·藝文志》載其集三十卷，今所傳本止二十五卷。然自宋以後，諸家著錄並同，則其五卷之佚久矣。集中《元處士碣銘》稱，序為處士子、

將作少監行沖撰。而《唐書》行沖傳乃不載其為此官。《為留守奏慶山醴泉表》稱：「萬年縣令鄭國忠狀，六月十四日，縣界霸陵鄉有慶山，見醴泉出。」而《唐書・武后傳》載此事乃作新豐縣，皆與史傳頗有異同。然說在當時，必無訛誤，知《唐書》之疏舛多矣。此書所以貴舊本也。集首永樂七年（1409）伍德記一篇〔三〕，稱兵燹之後，散佚僅存，錄而藏之，至嘉靖間其子孫始為梓行，而訛舛特甚。又參考本傳及《文粹》《文苑英華》諸書，其文不載於集者尚多。

今旁加搜輯，於集外得頌一首、箴一首、表十八首、疏二首、狀六首、策三首、批答一首、序十一首、啟一首、書二首、露布一首、碑四首、墓誌九首、行狀一首、凡六十一首，皆依類補入。而原集目次錯互者，亦詮次更定，仍釐為二十五卷，庶幾復成完本焉。〔四〕（《四庫全書總目》卷一百四十九）

【注釋】

〔一〕【書名】一稱《張說之文集》。張說字道濟，又字說之，故以其字名其集。

〔二〕【作者研究】陳祖言撰《張說年譜》（原為復旦大學碩士論文）。

〔三〕【考證】四庫本未見此記。按伍德序云：「唐燕國公集二十五卷，蓋吳元年手自抄錄，以備一覽者也。初以勝國兵燹之變，遺書散逸，僅存其集於敝簏中，猶多魚魯，復輟耕力以正之，遂為完物。亟欲梓之，而力不果。吾後世子孫，有能新之以續有唐之文獻者乎？唐去今千餘年，其相業隨世消長，而文獨存，然則世之所恃以為不朽計者文焉爾，雖與天壤俱敝可也。燕公之文，豈曰雕龍如劉勰者為哉？若夫公之淳德茂烈，曲江公誌文盡之矣，予何言哉！特書此以識歲月云爾。時永樂七年夏六月廿又四日，濠上貞隱老人伍德記。」（《四部叢刊》本）題記：「嘉靖丁酉冬十月朔旦椒郡伍氏龍池草堂家藏本校刊。」（《張說之文集》卷首）永樂七年，為 1409 年。又光緒乙巳朱氏刊本，此序文字有異。

〔四〕【版本與研究】聚珍版輯補本、福本、仁和朱氏結一廬叢書本、《四部叢刊》影印明嘉靖刻本，附注小米校記、《叢書集成初編》本、文物出版社 1982 年影印嘉業堂叢書本。

16. 李北海集六卷附錄一卷

唐李邕（678～747）撰。邕事蹟具《唐書》本傳。

　　邕文集本七十卷，《宋志》已不著錄。此本為明無錫曹荃所刊。前有荃序〔一〕，稱紹和徵君刻唐人集，初得《北海集》而餘論之，不言為何人所編。大抵皆採摭《文苑英華》諸書，裒而成帙，非原本矣。史稱邕長於碑頌，前後所製凡數百首。今惟賦五首，詩四首，表十四首，疏、狀各一首，碑文八首，銘、記各一首，神道碑五首，墓誌銘一首，蓋已十不存一。《舊唐書》稱其《韓公行狀》《洪州放生池碑》《批韋巨源諡議》為當時文士所重。李白《東海勇婦》一篇稱：「北海李使君，飛章奏天庭。」杜甫《八哀詩》〔二〕稱：「朗詠《六公篇》，憂來豁蒙蔽。」趙明誠《金石錄》亦稱：「唐《六公詠》文詞高古。」今皆不見此集中，殊可惜也。

　　劉克莊《後村詩話》譏其為葉法善祖作碑，貽千載之笑〔三〕。然唐時名儒碩士為緇黃秉筆，不以為嫌，不似兩宋諸儒視二教如敵國。此當尚論其世，固不容執後而議前。且克莊與真德秀遊，德秀《西山集》中，琳宮梵剎之文，不可枚舉，克莊曾無一詞，而獨刻責於邕，是尤門戶之見，不足服邕之心矣。

　　卷末《附錄》，載新、舊《唐書》邕本傳及贈送諸人，而別載《文苑英華》所錄邕賀赦表六篇，題曰「糾繆」，謂考其事在代宗、德宗、憲宗時，邕不及見，其論次頗為精審。

　　然考彭叔夏《文苑英華辯證》曰：「賀赦表六首，《類表》以為李吉甫作，而《文苑》以為李邕。案：邕天寶初卒，而六表乃在代宗、德宗、憲宗時，況《文苑》於三百五十九卷重出一表，題曰李吉甫，又第二表末云：『謹衙前虞候王國清奉表陳賀以聞。』正與吉甫《郴州謝上表》末語同，則非邕作也（云云）。」是宋人已經考證，編是集者用其說而諱所自來，亦可謂攘人之善矣。

（《四庫全書總目》卷一百四十九）

【注釋】

〔一〕【曹荃序】紹和徵君刻唐人集未竟，而余就其家索其遺書，尚存數十種，將並梓以傳，力亦未之逮也。初得《李北海集》，而余論定之，為之嚆矢。北海豪於文者也。終始見嫉於時相，卒以讒死，世論惜之。然遇崔湜而不竄，遇林甫而不死，亦豈得為北海哉！而余獨惜姚、張猶稱才相，乃亦不能容北海，豈非子美所稱獨步四十年，階之為厲，然則北海非死於讒，蓋死於文也。然北海自以直節見重當世，屢貶竄而名益彰，故當世重其文若此，不獨以文也。傳稱邕有集七十卷，而今所存僅六卷，曩時所為炤四裔暌九

皋者，其為湮沒可勝道哉！大略邕負氣似長沙，好客似信陵，豪侈放縱，不拘細行似寇萊公，而其志大才疏，實與文舉相類，卒之一死於操，一死於林甫，先後兩北海，若合符節，豈不異哉！讀孔璋二善之書、妻溫戍邊之請，吾猶為之流涕。

今按，李邕，字太和。天寶初出任北海太守，世稱李北海。李善之子。有文名，亦善書。天資豪放，不謹細行，為李林甫害死。

〔二〕【八哀詩】組詩名。首創以詩歌為史傳的體式。

〔三〕【史源】《後村詩話》卷三：「蔡中郎自謂平生作碑，惟於郭有道無愧詞，則他碑有愧者多矣。李北海為諫官時，面折廷諍，是甚氣魄！其詞翰俱妙，碑板滿天下，外國至持金帛購求。及為葉有道碑，稱美其孫景龍觀道士鴻臚卿、越國公法善。為帝傲吏，作人宗師，以臺閣名士，而為一黃冠秉顯揚之筆，讀之可發千載一笑。史謂自古粥文獲財，未有如邕之盛，豈非法善輩潤筆耶？使皆為郭泰作碑，昌黎安得數斤之金？北海安得珊瑚鉤、騕褭廄與紫騮劍幾之瓶乎？」

17. 曲江集二十卷

唐張九齡〔一〕（673或678～740）撰。九齡事蹟具《唐書》本傳。

徐浩作九齡墓碑，稱其學究精義，文參微旨，而不及其文集卷數。唐、宋二史《藝文志》俱載有九齡文集二十卷，其後流播稍稀，惟明《文淵閣書目》有《曲江文集》一部四冊，又一部五冊，而外間多未之睹。成化間，邱濬始從內閣錄出，韶州（今廣東韶關）知府蘇韡為刊行之，其卷目與《唐志》相合，蓋猶宋以來之舊本也。〔二〕

九齡守正嫉邪，以道匡弼，稱開元賢相，而文章高雅，亦不在燕、許〔三〕諸人下。《新唐書·文藝傳》載徐堅之言，謂其文如輕縑素練，實濟時用而窘邊幅〔四〕。今觀其《感遇》諸作〔五〕，神味超軼，可與陳子昂方駕。文筆宏博典實，有垂紳正笏氣象，亦具大雅之遺。堅局於當時風氣，以富豔求之，不足以為定論。至所撰制草，明白切當，多得王言之體。

本傳稱為秘書少監時，會賜渤海詔，而書命無足為者，乃命九齡為之，被詔輒成，因遷工部侍郎、知制誥。今檢集中有《渤海王大武藝書》，當即其時所作。而其他詔命亦多可與史傳相參考。如集中有《敕奚都督右金吾衛大將軍歸誠王李歸國書》，而核之《唐書·外國傳》所載奚事，自開元以後僅有

李大酺〔六〕、魯蘇〔七〕、李詩延、寵婆固諸酋長名，而不及歸國，知記載有所脫漏，是尤可以補史之闕矣。〔八〕（《四庫全書總目》卷一百四十九）

【注釋】

〔一〕【作者研究】顧建國撰《張九齡年譜》（中國社會科學出版社 2005 年版）、《張九齡研究》（中華書局 2007 年版）。

〔二〕【版本】潘景鄭《明成化本張曲江集》云：「《曲江集》以明成化九年邱濬刊二十卷本為最古，成化以前未見傳本……清雍正中張氏裔孫世偉等重刊十二卷本，後附《千秋金鑒錄》五卷。《金鑒錄》一書，前人已灼知其偽，張氏後人不加省察，貿付重雕，則其本之不足重抑可見矣。近年涵芬樓影印《四部叢刊》，所據亦成化之本。」（《著硯樓讀書記》第 444 頁）

〔三〕【燕許】燕指張說，許指蘇頲。張說（667～731），字道濟，一字說之。唐洛陽人。官至左丞相，封燕國公。其文章典麗宏贍，當時與蘇頲並稱，朝廷大述作，多出其手，號曰「燕許」。蘇頲（670～727），字廷碩。唐京兆武功人。襲封許國公。有《蘇許公文集》行世。

〔四〕【史源】《新唐書》卷二百一：「（徐）堅問：『今世奈何？』（張）說曰：『韓休之文如大羹玄酒，有典則，薄滋味；許景先如豐肌膩理，雖穠華可愛，而乏風骨；張九齡如輕縑素練，實濟時用而窘邊幅；王翰如瓊杯玉斝，雖爛然可珍，而多玷缺。』堅謂篤論云。」

〔五〕【感遇詩】凡十二首，抒懷感事，以格調剛健著稱。

〔六〕【李大酺】（？～720），唐時奚酋長。景雲元年（710）遣使朝唐。後為契丹所殺。

〔七〕【魯蘇】唐時奚酋長。李大酺弟。開元八年（720），兄死繼位。

〔八〕【整理與研究】1986 年廣東人民出版社出版校注本《曲江集》。

18. 李太白集三十卷

　　唐李白〔一〕（701～762）撰。《舊唐書》白傳稱山東人，《新唐書》則作隴西成紀（今甘肅省秦安縣）人。考杜甫作《崔端薛復筵醉歌》有「近來海內為長句，汝與山東李白好」句，楊慎《丹鉛錄》據魏顥《李翰林集序》〔二〕有「世號為李東山」之文，謂杜集傳寫誤倒其字，似乎有理。然元稹作杜甫墓誌，亦稱「與山東人李白」，其文鑿然，如倒之作東山人，則語不成文，又不得以魏序

為解。檢白集《寄東魯二子詩》有「我家寄東魯」句，顯序亦稱「合於魯一婦人，生子曰頗黎。」蓋居山東頗久，故人亦以是稱之，實則非其本籍，劉昫等誤也。至於隴西成紀，乃唐時李氏以郡望通稱，故劉知幾《史通・因習篇》自注曰：「近代史為王氏傳云琅琊臨沂人，為李氏傳云隴西成紀人，非惟王、李二族久離本郡，亦自當時無此郡縣，皆是魏晉以前舊名。」今勘驗《唐書・地理志》，果如所說，則宋祁等因襲舊文，亦不足據。惟李陽冰序稱：「涼武昭王暠之後，謫居條支。神龍之始，逃歸於蜀，復指李樹而生伯陽。驚姜之夕，長庚入夢。顯序稱白本隴西，乃因家於綿，身既生蜀（云云）。」〔三〕則白為蜀人，具有確證。二史所書，皆非其實也。

陽冰序不言卷數，《新唐書・藝文志》則曰《草堂集》二十卷，李陽冰編。案宋敏求後序曰：「唐李陽冰序李白《草堂集》十卷，咸平中樂史別得白歌詩十卷，合為《李翰林集》二十卷。史又云雜著為別集十卷。」然則《草堂集》原本十卷，《唐志》以陽冰所編為二十卷者，殊失之不考。今《草堂集》不傳，樂史所編亦罕見。

此本乃宋敏求得王溥及唐魏顥本，又裒集唐類詩諸編，泊石刻所傳，編為一集。曾鞏又考其先後而次第之，為三十卷〔四〕。首卷惟載諸序碑記，二卷以下乃為歌詩，為二十三卷，雜著六卷，流傳頗少。

國朝康熙中，吳縣繆曰芑〔五〕始重刊之，後有曰芑跋云：「得臨川晏氏宋本，重加校正，較坊刻頗為近古。」然陳氏《書錄解題》、晁氏《讀書志》並題《李翰林集》，而此乃云《太白全集》，未審為宋本所改，曰芑所改，是則稍稍可疑耳。據王琦注本，是刻尚有《考異》一卷，而坊間印本皆削去曰芑序，目以贗宋本，遂並《考異》而削之，以其文已全載王琦本中〔六〕，今亦不更補錄焉。〔七〕（《四庫全書總目》卷一百四十九）

【注釋】

〔一〕【作者研究】黃錫珪撰《李太白年譜》（作家出版社 1958 年版），日人大野實之助撰《李太白研究》（早稻田大學出版部 1958 年版），周勛初撰《李白研究》（湖北教育出版社 2003 年版）、《李白評傳》（南京大學出版社 2005 年版）。

〔二〕【魏顥《李翰林集序》】自盤古劃天地，天地之氣艮於西南劍門，上斷橫江，下絕岷峨之曲，別為錦川，蜀之人無聞則已，聞則傑出，是生相如、君平、王褒、揚雄，降有陳子昂、李白，皆五百年矣。白本隴西，乃放形因家於綿，

身既生蜀,則江山英秀。伏羲造書契後,文章濫觴者「六經」,「六經」糟粕《離騷》,《離騷》糠粃建安七子。七子至白,中有蘭芳,情理宛約,詞句妍麗,白與古人爭長,三字九言,鬼出神入,瞠若乎後耳……奇白風骨,呼為謫仙子。

今按,李白籍貫,據殷孟倫先生考證為碎葉(今吉爾吉斯斯坦托克馬克附近),詳見氏著《子雲鄉人類稿·試論唐代碎葉城的地理位置》(齊魯書社1985年版)。又按,李白曾供奉翰林,故以名集。

〔三〕【史源】《李太白文集》卷三十附錄。李陽冰《草堂集序》:「李白字太白,隴西成紀人,涼武昭王暠九世孫小。蟬聯珪組,世為顯著。中葉非罪,謫居條支,易姓與名。然自窮蟬至舜,『五世為庶,累世不大曜,亦可歎焉。神龍之始,逃歸於蜀,復指李樹而生伯陽。驚姜之夕,長庚入夢,故生而名白,以太白字之。世稱太白之精,得之矣。」王琦注:「唐世隴西郡,渭州也』,無成紀縣,而秦州天水郡乃有成紀。此云隴西成紀人,蓋推其先世郡邑而云耳。」

〔四〕【史源】曾鞏《元豐類稿》卷十二《李白詩集後序》云:「李白詩集二十卷,舊七百若干篇,今九百若干篇者,知制誥常山宋敏求(字次道)之所廣也。次道既以類廣白詩,自為序,而未考次其作之先後。余得其書,乃考其先後而次第之。」今按,靜嘉堂文庫藏北宋蜀刻本三十卷,為絕代珍品,被確認為「日本重要文化財」。(《日本藏漢籍珍本追蹤紀實》第251～255頁)

〔五〕【繆曰芑】(1684～1756),字武子。吳縣(今屬江蘇)人。雍正癸卯(1723)進士,官翰林院編修。康熙五十二年(1713),繆得崑山徐氏所藏晏處善本,於五十六年(1717)重刊,即所謂繆本。其兄繆曰藻(1682～1761),字文子。

〔六〕【評論】王琦云:「世之論太白者,毀譽多過其實。譽之者以其脫子儀之刑,責俾得奮起,而遂以成中興之功,辱高力士於上前,而稱其氣蓋天下,作清平調宮中行樂詞,得國風諷諫之體。毀之者謂十章之詩,言婦人與酒者有九,而議其人品污下。又謂其當王室多難,海宇橫潰之日,作為歌詩,不過豪俠任氣,狂醉花月之間,視杜少陵之憂國憂民,不可同年而語……讀者當盡去一切偏曲泛駁之說,惟深溯其源流,熟參其指趣,反覆玩味於二體六義之間,而明夫敷陳情理,託物比興之各有攸當,即事感時,是非美刺之不可淆混,更考其時代之治亂,合其生平之通塞,不以無稽之毀譽,入而為主於中,庶幾於太白之歌詩,有以得其情性之真,太白之人品,亦可以得其是非之實矣。」

〔七〕【整理與研究】瞿蛻園、朱金城撰《李白集校注》（上海古籍出版社 1981 年版），安旗主編《新版李白全集編年注釋》（巴蜀書社 2000 年版），詹鍈撰《李白全集校注匯釋集評》（百花文藝出版社 1994 年版）。

19. 九家集注杜詩三十六卷

宋郭知達編。知達，蜀人。前有自序〔一〕，作於淳熙八年（1181）。又有曾噩重刻序〔二〕，作於寶慶元年（1225）。噩，據《書錄解題》作字子肅，閩清人。凌迪知《萬姓統譜》則作字噩甫，閩縣人，慶元中尉上高，復遷廣東漕使，與陳振孫所記小異。振孫與噩同時，迪知所敘又與序中結銜合，未詳孰是。

宋人喜言杜詩，而注杜詩者無善本。此書集王洙、宋祁、王安石、黃庭堅、薛夢符、杜田、鮑彪、師尹、趙彥材之注，頗為簡要。知達序稱：「屬二三士友隨是非而去取之，如假託名氏，撰造事實，皆刪削不載。」陳振孫《書錄解題》亦曰：「世有稱《東坡事實》者，案：當作《老杜事實》。隨事造文，一一牽合，而皆不言其所自出，且其詞氣首末出一口，蓋妄人偽注，以欺亂流俗者。書坊輒抄入集注中，殊敗人意。此本獨削去之（云云）。」〔三〕與序相合，知其別裁有法矣。振孫稱噩刊版五羊漕司字大宜老，案：「宜老」謂宜乎老眼，刻本或作「可考」，非。最為善本〔四〕。此本即噩家所初印，字畫端勁而清楷，宋版中之絕佳者，振孫所言固不為虛雲。（《四庫全書總目》卷一百四十九）

【注釋】

〔一〕【考證】四庫本未見自序。

〔二〕【考證】四庫本未見此序。

〔三〕【史源】《直齋書錄解題》卷十九。

〔四〕【版本】1957 年商務印書館據上海圖書館藏毛斧季抄配宋刻本，以影宋抄本配全，影印《宋本杜工部集》。

20. 杜詩詳注二十五卷附編二卷

國朝仇兆鰲（1638～1717）撰。兆鰲字滄柱，鄞縣（今屬浙江寧波市）人。康熙乙丑（1685）進士。官至吏部侍郎。

是書乃康熙三十二年（1693）兆鰲為編修時所奏進〔一〕。凡詩注二十三卷，雜文注二卷，後以逸杜〔一〕、詠杜、補杜、論杜為附編上、下二卷。其總目自二十八卷以下，尚有仿杜、集杜諸卷，皆有錄無書，疑欲續為而未成也。每詩

各分段落，先詮釋文義於前，而徵引典故列於詩末。其中撫拾類書，小有舛誤者，如注「忘機對芳草」句，引《高士傳》「葉幹忘機」，今《高士傳》無此文，即《太平御覽》所載嵇康〔三〕《高士傳》幾盈二卷，亦無此文。又注「宵旰憂虞軫」句，不知二字本徐陵文，乃引《左傳》注旰食，引《儀禮》注宵衣。考之鄭《注》，「宵」乃同「綃」，非宵旦之宵也〔四〕。至《吟杜》卷中載徐增一詩，本出其《說唐詩》中所謂「佛讓王維作，才憐李白狂」者，蓋以維詩雜禪趣，白詩多逸氣，以互形甫之謹嚴。兆鰲乃改上句為「賦似相如逸」，乖其本旨〔五〕。如此之類，往往有之，皆不可據為典要〔六〕。然援據繁富，而無千家諸注偽撰故實之陋習〔七〕。覈其大局，可資考證者為多，亦未可竟廢也。

（《四庫全書總目》卷一百四十九）

【注釋】

〔一〕【考證】見中華書局本《杜詩詳注》附《進書表》，所進為繕寫本。康熙三十二年，為公元 1693 年。康熙四十二年（1703），《詳注》刻成於杭州，次年聖祖南巡，又於杭州進刊本二部，得御書「餐霞引年」四字綾區。參見方南生《海內罕見的仇兆鰲自訂〈尚友堂年譜〉》（《文獻》1988 年第 2 期）。

〔二〕【仇兆鰲《少陵逸詩小序》】杜詩零落人間，宋時後先繼出諸家，所採贗本頗多，附餘四十五章，蔡氏登諸正集，至傳疑未決者，亦名姓兩存焉。

〔二〕【嵇康】（223～263），字叔夜。三國魏人。明人編有《嵇中散集》，魯迅重輯《嵇康集》。

〔四〕【宵】通「綃」。一種生絲織品。《儀禮·特性饋食禮》：「主婦纚笄宵衣。」鄭玄注：「宵，綺屬也，此衣染之以黑，其繒本名曰宵，《詩》有素衣朱宵，《記》有玄宵衣。」唐文《鄭玄辭典》第 139 頁「宵衣」條云：「宵繒之衣，染之以黑。」

〔五〕【考證】徐增《讀杜少陵詩》：「詩史春秋筆，大名垂草堂。二毛猶在蜀，一字不忘唐。賦羨相如逸，才憐太白狂，晚年律更細，獨立自蒼蒼。」（《杜詩詳注·補注》卷上）「賦似」應作「賦羨」。徐詩見金聖歎《敘第四才子書》（《杜詩解》卷首）引，除第五句外，「猶在蜀」作「反在蜀」。

〔六〕【考證】陳僅《竹林答問》：「曾憶先府君見予案頭有《杜詩詳注》，曰：『此書可焚。』當時幼稚，不知問也。今偶閱之，見其分段輯注，多不合詩意。且尊杜太過，凡律詩失調之句，必改易平仄以遷就之，有一句改至三四字，不復可讀者。穿鑿之病，殆所不免。」

〔七〕【評論】宋陸游《跋柳書蘇夫人墓誌》云：「近世注杜詩者數十家，無一字一義可取。蓋欲注杜詩，須去少陵地位不大遠，乃可下語。不然，則勿注可也。今諸家徒欲以口耳之學，揣摩得之，可乎？書家以鍾、王為宗，亦須升鍾、王之堂，乃可置論耳。爾來書法中絕，求柳誠懸輩，尚不可得，書其可遽論哉？然予為此言，非獨觸人，亦不善自為地矣。覽者當粲然一笑也。嘉定元年四月己酉，陸某書。」劉辰翁之子劉將孫《養吾集·新刊杜詩序》云：「有杜詩來五百年，注者以二三百數，然無善本，至或偽蘇注，謬妄鉗劫可笑，自或者謂少陵詩史，謂少陵一飯不忘君，於是注者深求而僵附，句句字字必傅會時事曲折，不知其所謂史所謂不忘者。公之於天下，寓意深婉，初不在此。詩有風有隱，工部大雅與《三百篇》相望，詎有此心胸哉？此豈所以為少陵。第知膚引以為忠愛，而不知陷於險薄，凡注詩尚意者，又蹈此弊，而杜集為甚諸。後來忌詩，妒詩，疑詩，開詩禍皆起此。而莫之悟此，不得不為少陵辨者也。先光君於須溪先生，每浩歎學詩者各自為宗，無能讀杜詩者，類尊邱垤而惡睹崑崙。平生婁看杜集既選為興觀，他評泊尚多，批點皆各有意，非但謂其佳而已。高楚芳類粹刻之，復刪舊注無稽者，泛濫者，特存精確必不可無者，求為序以傳。坡公謂杜詩似《史記》，今聞者特以坡語大不敢異，竟無知其所以似《史記》者。予欲著之，此又似評杜詩為僭，獨為注本言之。注杜詩如注《莊子》，蓋謂眾人事、眼前語，一出盡變事外意、意外事，一語而破無盡之書，一字而含無涯之味。或可評不可注，或不必注，或不當注，舉之不可偏，執之不可著，常辭不極於情，故事不給於弗也。然詎能爾！」明胡震亨《唐音癸籤》卷三十二亦云：「宋人注杜詩者，王原叔、宋次道、崔德符、鮑欽止、王茸玉、王深父、薛夢符、薛蒼舒、蔡天啟、蔡致遠、蔡伯世、王彥輔、蘇東坡、徐居仁、謝任伯、呂祖謙、高元之、趙於櫟、趙次翁、杜修可、杜立之、師古、師民瞻、蔡夢弼、郭知達，非一家，皆無可觀，以諸注半出學究手，其託名人以行者皆偽也。杜集雖編自王原叔，而原叔實未嘗注。東坡《杜詩故事》乃閩人鄭印所為，造偽古人名、偽古人事，增減杜詩見句附合之，而不能言所自出之書。朱晦庵、洪容齋、嚴滄浪諸公皆詳辨之。今行世千家注中，尚淘汰未盡。祝和父、陳晦伯類書中亦誤引一二，流傳亂真，蓋最可恨者。陸務觀云：『近世注杜詩者數十家，無一字一義可取。欲注杜詩，須去少陵地位不大遠，乃可下語。今諸家徒欲以口耳之學，揣摩得之，不如勿注可也。』

此言誠然。但吾觀諸家,並口耳之學尚未敢言耳。注杜律單行有元虞集注,
實豫章張性所撰也,學究氣正同宋人。」

21. 王右丞集箋注〔一〕二十八卷附錄二卷

唐王維〔二〕(699 或 701~761)撰,國朝趙殿成注。殿成字松谷〔三〕,仁和
(今屬浙江杭州市)人。

王維集舊有顧起經分類注本〔四〕,但注詩而不及文,詩注亦間有舛漏。
殿成是本,初定稿於雍正戊申(1728),成書於乾隆丙辰(1736)〔五〕。鉤稽考
訂,定為古體詩六卷,近體詩八卷,皆以元劉辰翁評本所載為斷〔六〕。其別
本所增及他書互見者,則為外編一卷〔七〕。其雜文則釐為十三卷,並為箋注。
又以王縉進表、代宗批答、《唐書》本傳、世系、遺事及同時唱和、後人題
詠為一卷,弁之於首。以詩評、畫錄、年譜為一卷,綴之於末。其年譜亦本
傳、世系之類,後人題詠亦詩評、畫錄之類,而一置於後,一置於前,編次
殊為未協。又集外之詩,既為外編,其論畫諸篇,亦集外之文,疑以傳疑者,
而混於文集,不復分別,體例亦未畫一〔八〕。然排比有緒,終較他本為精審。

其箋注往往捃拾類書,不能深究出典。即以開卷而論,「閶闔」字見《楚
辭》,而引《三輔黃圖》;「八荒」字見《淮南子》,而引章懷太子《後漢書注》;
「胡笳」字見《世說新語》桓伊戴淵事,而引張端義《貴耳集》;「朱門」字亦
見《世說新語》支遁語,而引程大昌《演繁露》;「雙鵠」字自用古詩「願為雙
黃鵠」語,而引謝維新《合璧事類》;「絕跡」字見《莊子》,而引曹植《與楊
脩書》,皆未免舉末遺本。然於顧注多所訂正,又維本精於佛典,顧注多未及
詳,殿成以王琦熟於三藏,屬其助成〔九〕,亦頗補所未備。覈其品第,固猶在
顧注上也。〔十〕(《四庫全書總目》卷一百四十九)

【注釋】

〔一〕【版本】靜嘉堂藏宋刊本《王右丞文集》十卷,曾經徐乾學、季振宜、黃丕
烈、顧千里等名家之說,有顧、黃題跋五則,被確認為「日本重要文化財」。
(《日本藏漢籍珍本追蹤紀實》第 255~258 頁)王維官至尚書右丞,故以
名其集。按,宋刻王維詩文集見於著錄者有《王摩詰文集》《王右丞集》或
《王右丞文集》等,均為十卷本。宋刻本《王摩詰文集》後有清顧千里長
跋,謂:「予讀《文獻通考》引《書錄解題》云:『建昌本與蜀本次序皆不
同,大抵蜀刻《唐六十家集》多異於他處本,而此集編次猶無倫。』乃悟題

『摩詰』者，蜀本也；題『右丞集』者，建昌本也……《直齋》所稱『蜀本六十家唐集』，世無完書，大興朱氏椒花吟舫有如干家，《權載之》五十卷，嘉慶某年刊行；《張說之》三十卷，江都汪夢慈為予寫其副；其餘聞尚有《王子安》等，而未審。他則《李太白》三十卷，康熙中繆氏刊之；《駱賓王》十卷，曾在小讀書堆，後刊於揚州。」李致忠《昌平集》認為：「顧氏這段跋文，先是自己搞混了，其後也誤導了很多人。混就混在將兩個系統的蜀刻唐人文集混為一談，將《直齋書錄解題》談《王右丞集》的意見移來說《王摩詰文集》，因此越說越糊塗。權載之、張說之文集的蜀刻本，屬十二行本系統，約刻於南宋中葉，與此本《王摩詰文集》無涉。《中國版刻圖錄》謂：『傳世蜀本唐人集有兩個系統，一為十一行本，約刻於南北宋之際，今存駱賓王、李太白、王摩詰三集；一為十三行本，約刻於南宋中葉………』這兩個系統雖然都刻於四川眉山地區，但兩者並不相干。《唐六十家集》指的是南宋中葉所刻十二行本唐人文集，不能用它來套用、解釋十一行本系統唐人文集。《中國版刻圖錄》於此本《王摩詰文集》有如下描述：『顧廣圻據《直齋書錄解題》定為蜀本，觀版式刀法，與《李太白集》《駱賓主集》如出一轍。知為蜀本無疑。宋諱「構」字不缺筆，前人定為北宋本，大致可信。』這個意見十分精到，因定此本為『北宋末年四川眉山地區刻本』。」（第 522～523 頁）

〔二〕【作者研究】劉維崇撰《王維評傳》（臺北正中書局 1972 年版）。

〔三〕【趙殿成】（1683～1756），字武韓，號松谷。浙江仁和（今杭州）人。雍正初，舉孝廉方正，不就。著有《古今年譜》《群書索隱》《臨民金鏡錄》。事蹟詳見杭世駿《道古堂文集》卷四十四《松谷趙君墓誌銘》。

〔四〕【版本】顧起經《類箋王右丞集》，詩集十卷、文集四卷。《天祿琳琅書目》卷十《類箋王右丞集》提要：「前明顧起經序，次凡例，次開局氏里，次王集表敕，次王集列傳，次王氏世系並圖、目錄末載右丞詩畫評一卷，後唐諸家同詠集一卷，唐諸家贈題集一卷，右丞年譜一卷，外編一卷。外編後有起經識語。按此書凡例稱詩集舊本係六卷；今析為十卷，文四卷編置末冊。其開局氏里後，標『嘉靖三十四年十二月望授鋟，三十五年六月朔完局』。每卷末俱記刊書之月，並校閱諸姓氏，可謂鄭重經營者矣。版雖不能甚工，而字畫清朗，尚稱佳本。考《常州志》，顧起經字長濟，無錫人。以國子生謁選，授廣東鹽課副提舉兼署市舶。弟起綸，輯明諸家詩名《國雅》，為世所重。」按：

顧起經（1515～1569），字長濟，又字元緯，號九霞，別號羅浮外史，無錫人。可觀子，後嗣可學。其弟顧起綸亦以文學知名。

〔五〕【考證】此據趙殿成序及《箋注例略》言之，趙序末署「乾隆元年歲在丙辰正月望日」，《箋注例略》第十三條云「戊申初夏，爰命兒子秉恕淨寫一遍」。戊申，為雍正六年（1728）；丙辰，為乾隆元年（1736）。

〔六〕【版本】劉辰翁評點本為元刻，止詩集六卷，黃丕烈嘗購得一部，見《黃蕘圃藏書題識》卷七。此本即《四部叢刊》影印本。又明人有重刻本，題《唐王右丞詩劉須溪校本》六卷。弘治甲子（1504）呂夔重雕，前後有夔序跋，《天祿琳琅書目續編》卷十八著錄。

〔七〕【考證】萬曼先生《唐集敘錄》認為，趙本最值得研究的是第十五卷，《箋注例略》中說：「自十四卷以前之詩，皆須溪本所有者，其別本所增及他籍互見者，另為外編一卷。」這一卷共詩四十七首，除了蜀本系統所屬入的王涯、張仲素詩三十首外，其餘大抵都是根據顧元緯本編入的，止最後一首，係據《事文類聚》補。這些詩除應歸之王涯、張仲素外，還有王昌齡、張子容、孫逖、宋之問、孟浩然、鄭谷以及失名的作品，可以視為王維佚詩的不過二三首，這是應該斟別一下的。《全唐詩》全都刪去，甚是。（河南大學出版社2008年版第69～70頁）

〔八〕【評論】《四庫提要》評云：「集外之詩，既為外編，其論畫諸篇亦集外之文，疑以傳疑者，而混於文集，不復分別，體例亦未畫一。」萬曼先生《唐集敘錄》認為，第二十八卷也應該是一個外編。（河南大學出版社2008年版第70頁）

〔九〕【考證】萬曼先生《唐集敘錄》指出，趙本詩集敘次，已全失宋本面目，觀今通行王詩代表不同的兩個系統的，止有《全唐詩》和《四部叢刊》影元刊本，其間也還間雜著一些別人的作品。至於字句間的差謬，更是所在多有，趙本似乎更甚，所以盧文弨評趙本時云：「書梓成亦不得人復校，故其誤字當多。」（《抱經堂文集》十三《書王右丞集箋注後》）因此王集的編訂，還是需要搜集各本再下一番工夫的。（河南大學出版社2008年版第70頁）

〔十〕【整理與研究】陳鐵民撰《王維集校注》（中華書局1997年版），楊文生撰《王維詩集箋注》（四川人民出版社2018年版）。

22. 高常侍集十卷〔一〕

　　唐高適〔二〕（約 700 或 704～765）撰。適，《唐書》作渤海人，其集亦題曰「渤海」〔三〕。《河間府志》據其《封邱縣》詩「我本漁樵孟諸野」句，又《初至封邱》詩有「去家百里不得歸」句，定為梁、宋間人。然集中《別孫沂》詩題下又注「時俱客宋中」，則又非生於梁、宋者。《志》所辨似亦未確。考唐代士人多題郡望，史傳亦復因之，往往失其里籍。劉知幾作《史通》，極言其弊，而終不能更。適集既無定詞，則亦闕疑可也。

　　其集《唐志》作十卷，《通考》又有集外文一卷、詩一卷。此本從宋本影抄，內「廓」字闕筆，避寧宗嫌名，當為慶元以後之本。凡詩八卷，文二卷，其集外詩文則無之。考明人所刻適集，以《太平廣記》高鍇侍郎墓中之狐妖絕句「危冠高髻楚宮妝，閒步前庭趁夜涼。自把玉簪敲砌竹，清歌一曲月如霜」一首並載入之，蕪雜殊甚。又《九日》一詩見宋程俱《北山集》，毛奇齡選唐人七律亦誤題適作，此本不載，較他本特為精審。〔四〕

　　第十卷中有《賀安祿山死表》稱：「臣得河南道及諸州牒，皆言逆賊安祿山苦痛而死，手足俱落，眼鼻殘壞。」〔五〕則祿山竟以病死，與史載李豬兒事迥異。蓋兵戈雲擾，得諸傳聞之故也。〔六〕（《四庫全書總目》卷一百四十九）

【注釋】

〔一〕【書名】高適曾官散騎常侍，故以名集。

〔二〕【考證】傅璇琮先生《唐代詩人叢考》云：「從現在的材料出發，他的卒年是確定的，即永泰元年（765），他的生年則不易確定，但比較起來，以生於 700～702 年的可能性較大。」（第 146 頁）劉開揚《高適年譜》云：「唐武后長安四年（公元七〇四年），高適生。」（《高適詩集編年箋注》卷首）

〔三〕【考證】傅璇琮先生《唐代詩人叢考》云：「他的實際居住地則是梁宋一帶，並沒有固定地點。」（第 148 頁）劉開揚《高適年譜》也稱「高適生籍甚難確知」。今按，唐人習慣以郡望相稱，提要此處沿用唐人舊例。

〔四〕【整理與研究】常見版本有《四部叢刊》影印明活字本、《畿輔叢書》本、《叢書集成初編》本、同文書局十本本。劉開揚撰《高適詩集編年箋注》（中華書局 1981 年版）。1984 年上海古籍出版社出版《高適集校注》。

〔五〕【賀安祿山死表】臣聞負天者天誅，負神者神怒，其道甚著，今乃克彰。臣適誠歡誠喜，頓首頓首。逆賊孤負聖朝，造作氛祲，嘯聚吠堯之犬，倚賴射

天之矢，殘酷生靈，斯亦至矣！臣恨不得血賊於萬戟，肉賊於三軍，空隨率土之歡，遠奉九霄之慶。即當總統將士，憑恃威靈，驅末盡之犬羊，覆已亡之巢穴，無任踴躍慶快之至。(《高適詩集編年箋注》中華書局 1981 年版第 394 頁)

〔六〕【評論】中華書局本《高適詩集編年箋注》第 408〜423 頁載《諸家評論》，如嚴羽曰：「高、岑之詩悲壯，讀之使人感慨。」

23. 常建詩三卷

案：唐常建不知其字，其里貫亦無可考。據陳振孫《書錄解題》，知為開元十五年 (727) 進士，終於盱眙尉而已。詩家但稱曰常尉，從其官也。

《唐書‧藝文志》載《常建詩》一卷。此本三卷，乃毛晉汲古閣所刊，云不知何人類而析之。據《書錄解題》作於宋末，尚稱一卷，則元、明人所分矣。殷璠作《河嶽英靈集》〔一〕，去取至為精覈，肅、代之間所錄僅二十四人，以建為冠，載詩僅二百三十四首，而建詩居十五首。其序稱：「劉楨死於文學，左思終於記室，鮑照卒於參軍，常建亦淪於一尉。」深用悲惋。又稱其「松際露微月，清光猶為君」，「山光悅鳥性，潭影空人心」諸句，而尤推《弔王將軍墓》一篇，以為善敘悲怨，勝於潘岳。〔二〕

今觀其詩，凡五十七首，所與贈答者，率莫考其姓氏。其中最知名者惟王昌齡一人。而僅有宿其隱居一篇，為招與張賁共隱，則非惟宦途寂寞，守道無營，即倡和交遊，亦泊然於名場聲氣之外。不然，則李白與昌齡最契，高適、王之渙等亦與昌齡旗亭畫壁〔三〕，同作俊遊，建亦何難因緣牽附，以博一時之譽哉！其人品如是，則詩品之高固其所矣。其詩自殷璠所稱外，歐陽修《題青州山齋》又極賞其「曲徑通幽處，禪房花木深」之句，稱欲效其語，久不可得。〔四〕案：修集本作「竹徑遇幽處」，蓋一時誤記，姚寬《西溪叢話》已辨之〔五〕。今據建集改正，附識於此。然全集之中，卓然與王、孟抗行者，殆十六七，不但二人所稱也。

洪邁《萬首絕句》別載建《吳故宮》一首〔六〕，此集不載，語亦不類。邁所編舛誤至多，不盡足據〔七〕，今亦不復增入焉。(《四庫全書總目》卷一百四十九)

【注釋】

〔一〕【河嶽英靈集】唐殷璠編。璠，丹陽人。是集錄常建至閻防二十四人，詩二百三十四首。姓名之下各著品題，仿鍾嶸《詩品》之體。雖不顯分次第，然

篇數無多，而釐為上中下卷，其人又不甚敘時代，毋亦隱寓鍾嶸三品之意乎？
其序謂「爰因退跡，得遂宿心」，蓋不得志而著書者。故所錄皆偃蹇之士，所
論多感慨之言。而序稱：「名不副實，才不合道，雖權壓梁、竇，終無取焉。」
其旨可知也。凡所品題，類多精愜。（《四庫全書總目》卷一八六）今按，王
克讓撰《河嶽英靈集注》（巴蜀書社 2006 年版）。

〔二〕【河嶽英靈集序】常建高才無貴士，誠哉是言。曩劉楨死於文學，左思終於
記室，鮑昭卒於參軍，今常建亦淪於一尉。悲夫！建詩似初發通莊，卻尋野
徑，百里之外，方歸大道，所以其旨遠，其興僻，佳句輒來，唯論意表。至
如「松際露微月，清光猶為君」，又「山光悅鳥性，潭影空人心」，此例十數
句，並可稱警策。然一篇盡善者：「戰餘落日黃，軍敗鼓聲死。今與山鬼鄰，
殘兵哭遼水。」屬思既苦，詞亦警絕，潘岳雖云能敘悲怨，未見如此章。

〔三〕【旗亭畫壁】開元中，詩人王昌齡、高適、王之渙齊名。一日，天寒微雪，三
詩人共詣旗亭，貰酒小飲，忽有梨園伶官十數人登樓會宴，俄有妙妓四輩尋
續而至，旋則奏樂，皆當時之名部也。昌齡等私相約，曰：「我輩各擅詩名，
每不自定其甲乙，今可密觀諸伶所謳，若詩入歌詞之多者，則為優矣。」俄
而一伶拊節而唱，乃曰：「寒雨連江夜入吳，平明送客楚山孤。洛陽親友如相
問，一片冰心在玉壺。」昌齡則引手畫壁，曰：「一絕句。」尋又一伶謳曰：
「開篋淚沾臆，見君前日書。夜臺今寂寞，猶是子雲居。」適則引手畫壁曰：
「一絕句。」尋又一伶謳曰：「奉帚平明金殿開，強將團扇共徘徊。玉顏不及
寒鴉色，猶帶昭陽日影來。」昌齡則又引手畫壁曰：「二絕句。」之渙自以得
名已久，因謂諸人曰：「此輩皆潦倒樂官所唱，皆巴人下里之詞耳。」因指諸
妓之中最佳者曰：「待此子所唱，如非我詩，即終身不敢與子爭衡矣。」須臾
次至雙鬟發聲則曰：「黃河遠上白雲間，一片孤城萬仞山。羌笛何須怨楊柳，
春風不度玉門關。」之渙即揶揄二子曰：「田舍奴，我豈妄哉？」因大諧笑，
諸伶皆起，詣曰：「不知諸郎君何此歡噱？」昌齡等因話其事，諸伶競拜曰：
「俗眼不識神仙，乞降清重，俯就筵席。」三子從之，歡醉竟日。（唐薛用弱
《集異記》）

〔四〕【竹徑遇幽處】歐陽公臨行，題青州山齋曰：「吾常喜誦常建詩云：『竹徑遇
幽處，禪房花木深。』欲效其語作一聯，久不可得，乃知造意者難為工也。
晚來青州，始得山齋宴息，乃謂不意平生想見，而不能道以言者，乃為己有，
於是益欲希其彷彿，竟爾莫獲一言。夫前人為開其端，其物景又在其目，然

不得自稱其懷，豈人才有限，而不可彊，吾將老矣，文思之衰耶？茲為終身
之恨爾。」

〔五〕【竹徑通幽處】姚寬《西溪叢語》曰：「常建《題破山寺後院詩》云：『竹徑通
幽處，禪房花木深。』余觀《又玄集》《唐詩類選》皆作通。熙寧元年，歐陽
永叔守青州，題廨宇後山齋云：『竹徑遶幽處。』有以鄠杜石本往河內，以見
邢和叔始末，見時亦頗疑其誤，及見碑，反覆味之，亦以為佳，不知別有本
耶？抑永叔自改耶？古人用一字不苟也。」今按，《又玄集》，五代前蜀韋莊
編。此書在國內久佚，王士禛撰《十種唐詩選》時，所見者並非真本，今則
為影印日本版本，詳見夏承燾先生所寫後記。

〔六〕【吳故宮】越女歌長君且聽，芙蓉香滿水邊城。豈知一日終非主，猶自如今
有怨聲。

〔七〕【唐人五七言絕句序】野處洪公編唐人絕句，僅萬首，有一家數百首並取而
不遺者，亦有復出者，疑其但取唐人文集雜說，令人抄類而成書，非必有所
去取也。余家童子初入塾，始選五七各百首，口授之。切情詣理之作，匹士
寒女不棄也，否則巨人作家不錄也。惟李、杜當別論。童子請曰：「昔杜牧譏
元、白誨淫，今所取多邊情、春思、宮怨之什，然乎？」余曰：「《詩大序》
曰：『發乎情，止乎理義。』古今論詩，至是而止。夫發乎情者，天理不容泯，
止乎理義者，聖筆不能刪也。小子識之。」（《後村集》卷二十四）

今按，王士禛認為洪邁《萬首唐人絕句》「頗多訛舛總雜」，特刪簡而成
《萬首唐人絕句選》。

24. 孟浩然集四卷

唐孟浩然（689~740）撰。浩然事蹟具《新唐書·文藝傳》。

前有天寶四載（745）宜城王士源序〔一〕。案：士源即補《亢倉子》之王士元，其事
亦見序中，此作源字，蓋傳寫異文。又有天寶九載（750）韋滔序〔二〕。士源序稱：「浩
然卒於開元二十八年，年五十有二。凡所屬綴，就輒毀棄，無復編錄。鄉里購
採，不有其半。敷求四方，往往而獲。今集其詩二百一十（七）〔八〕首，分為
四卷。」此本四卷之數，雖與序合，而詩乃二百六十二首，較原本多四十五首。

洪邁《容齋隨筆》嘗疑其《示孟郊詩》時代不能相及〔三〕。今考《長安
早春》一首，《文苑英華》作張子容，而《同張將軍薊門看燈》一首，亦非
浩然遊跡之所及，則後人竄入者多矣。士源序又稱：「詩或闕逸未成，而製

思清美，及他人酬贈，咸次而不棄。」而此本無不完之篇，亦無唱和之作，其非原本尤有明徵。「排律」之名〔四〕，始於楊〔士〕弘《唐音》，古無此稱，此本乃標「排律「為一體。其中《田家元日》一首〔五〕、《晚泊潯陽望香爐峰》一首〔六〕、《萬山潭》一首〔七〕、《（渭）〔澗〕南園即事貽皎上人》一首〔八〕，皆五言近體，而編入古詩。《臨洞庭》詩，舊本題下有「獻張相公」四字，見方回《瀛奎律髓》，此本亦無之，顯然為明代重刻，有所移改。至序中「丞相范陽張九齡等與浩然為忘形之交」語，考《唐書》，張說嘗謫岳州（今湖南岳陽）司馬，集中稱張相公、張丞相者凡五首，皆為說作，若九齡則籍隸嶺南，以曲江著號，安得署曰范陽（今北京西南）？亦明人以意妄改也〔九〕。以今世所行別無他本〔十〕，姑仍其舊錄之，而附訂其舛互如右。（《四庫全書總目》卷一百四十九）

【注釋】

〔一〕【王士源序】孟浩然，字浩然。襄陽人也。骨貌淑清，風神散朗。救患釋紛，以立義表；灌蔬藝竹，以全高尚。交遊之中，通脫傾蓋，機警無匿。學不為儒，務掇菁藻；文不按古，匠心獨妙。五言詩天下稱其盡美矣……士源幼好名山，行年十八，首事陵山，踐止恒嶽，諮求通玄丈人。又過蘇門，問道隱者元知運。太行採藥，經王屋小有洞，太白窖隱訣，終南修《亢倉子》九篇。天寶四載徂夏，詔書徵謁京邑，與冢臣八座討論，山林之士麕至，始知浩然物故。嗟哉！未祿於代，史不必書，安可哲蹤妙韻從此而絕。故詳問文者，隨述所論，美行嘉聞，十不紀一。浩然凡所屬綴，就輒毀棄，無復編錄，常自歎為文不逮意也。流落既多，篇章散逸，鄉里購採，不有其半。敷求四方，往往而獲。既無他事，為之傳次，遂使海內衣冠縉紳，經襄陽，思睹其文，蓋有不備見而去，惜哉！

〔二〕【韋滔序】宜城王士源者，藻思清遠，深鑒文理，常遊山水，不在人間。著《亢倉子》數篇，傳之於代。余久在集賢，嘗與諸學業士命此子，不可得見。天寶中，忽獲《浩然文集》，乃士源為之序傳。詞理卓絕，吟諷忘疲，書寫不一，紙墨薄弱。昔虞阪之上，逸駕與駑駘俱疲；吳灶之中，孤桐與樵蘇共爨。遇伯樂與伯喈，遂騰聲於千古。此詩若不遇王君，乃十數張故紙耳。然則王君之清鑒，豈減孫蔡而已哉？余今繕寫，增其條目，復貴士源之清才，敢重述於卷首。謹將此本送上秘府，庶久而不泯，傳芳無窮。

今按，所謂「較原本多四十五首」，疑為韋滔所增。

〔三〕【考證】《示孟郊》云：「蔓草蔽極野，蘭芝神孤根。眾音何其繁，伯牙獨不喧。當時高深意，舉世無能分。鍾期一見知，山水千秋聞。爾其保靜節，薄俗徒云云。」載《孟浩然集》卷一。按疑此詩者，實為陸游，非出於《容齋隨筆》也。《渭南文集》卷三十一《跋孟浩然詩集》云：「此集《示孟郊》詩，浩然開元、天寶間人：無與郊相從之理，豈其人偶與東野同姓名邪？」《容齋隨筆》中無此類語。考《示孟郊》不見宋蜀刻本《孟浩然集》，最早見於《唐文粹》卷十六上（《四部叢刊》本）。嚴羽《滄浪詩話‧考證》亦云：「孟浩然有《贈孟郊》一首。按東野乃貞元、元和間人；而浩然終於開元二十八年，時代懸遠，其詩亦不似浩然，必誤人。」當本陸跋來。又《全唐詩》卷一百五十九亦錄此詩，題下注云：「按浩然與郊，年代邈不相及，詩題疑有謬誤。」是必須注明者，可以理解。至宋長白《柳亭詩話》卷十九「高深」條云：「襄陽集有《示孟郊》詩一首曰：『當時高深意，舉世無能分。鍾期下見知，山水千秋聞。』處士終於開元二十八年，東野生值永、元之世，相去已百餘歲，有云誤編人者，是已。」又孟郊生於 751 年，孟浩然卒於 740 年，是浩然死後十年郊始生，故二人不相及也。（此處採用王培軍之說）

〔四〕【排律】亦稱長律，律詩之一種。除首尾兩聯外，一律對仗。明徐師曾《文體明辨‧排律詩》：「唐初五言排律雖多，然往往不純，至中唐始盛。」「排律」之名，館臣斥為杜撰，《提要》之中，屢見不一見，《四庫全書總目》卷一百七十四《精華錄》提要：「排律之名，唐、宋、元人皆無之，舊集具存，可以復按。至元末楊士弘所選《唐音》，始以排律標目，明初高棅選《唐詩品匯》，仍之不改，乃沿用至今。」《四庫全書總目》卷一百八十八《唐音》提要：「馮舒兄弟，評韋縠《才調集》，深斥棅杜撰排律之非，實則排律之名，亦因此書，非棅創始也。」

〔五〕【史源】《田家元日》：「昨夜斗回北，今朝歲起東。我年已雖仕，無祿尚優農。野老就耕去，荷鋤隨牧童。田家占氣候，共說此年豐。」

〔六〕【史源】《晚泊潯陽望香爐峰》：「掛席幾千里，名山都未逢。泊舟潯陽郭，始見香爐峰。嘗讀《遠公傳》，永懷塵外蹤。東林精舍近，日暮空聞鐘。」

〔七〕【史源】《萬山潭》：「垂釣坐磐石，水清心益閒。魚行潭樹下，猿掛島藤間。游女昔解佩，傳聞於此山。求之不可得，沿月棹歌還。」

〔八〕【史源】《澗南園即事貽皎上人》：「弊廬在郭外，素業唯田園。左右林野曠，不聞城市喧。釣竿垂北澗，樵唱入南軒。書取幽棲事，還尋靜者論。」

〔九〕【考證】李裕民先生指出，孟浩然詩，與張丞相有關者凡八首，《提要》誤數之；又其七首為張九齡作，亦非指張說。徐浩《唐尚書右丞相中書令張公神道碑》云：「公諱九齡，字子壽，一名博物，其先范陽方城人。」范陽為其郡望，故序稱之。《提要》又誤判之。詳見《四庫提要訂誤》（增訂本）357～358頁。

〔十〕【整理與研究】明末毛晉刻本三卷，得詩 266 首。《四部叢刊》本四卷，計詩263 首。1989 年人民文學出版社出版《孟浩然集校注》，2000 年上海古籍出版社出版《孟浩然集箋注》。

25. 次山集十二卷

唐元結（719～772）撰。結事蹟具《新唐書》本傳。

結所著有《元子》十卷，李商隱為作序；《文編》十卷，李紓為作序；又《猗玕子〔一〕》一卷。並見《唐志》，今皆不傳。所傳者惟此本，而書名卷數皆不合，蓋後人摭拾散佚而編之，非其舊本。〔二〕觀洪邁譏所記二十國事，如方國、圓國、言國、相乳國、無手國、無足國、惡國、忍國、無鼻國、觸國之類，見於《容齋隨筆》者〔三〕，此本皆無之，則其佚篇多矣。

結性不諧俗，亦往往跡涉詭激。初居商餘山，自稱季。及逃難猗玕洞，稱猗玕子。又或稱浪士，或稱聱叟，或稱漫叟。為官或稱漫郎，頗近於古之狂。然制行高潔，而深抱閔時憂國之心。文章戛戛自異，變排偶綺靡之習。杜甫嘗和其《舂陵行》，稱其可為天地萬物吐氣。晁公武謂其文如古鐘磬，不諧俗耳〔四〕。高似孫謂其文章奇古，不蹈襲〔五〕。蓋唐文在韓愈以前毅然自為者自結始，亦可謂耿介拔俗之姿矣。皇甫湜嘗題其《浯溪中興頌》曰：「次山有文章，可愜只在碎。然長於指敍，約結有餘態。心語適相應，出句多分外。於諸作者間，拔戟成一隊。」〔六〕其品題亦頗近實也。（《四庫全書總目》卷一百四十九）

【注釋】

〔一〕【書名】安史之亂時，元結避難猗玕洞，因號猗玕子，又以名其集。

〔二〕【考證】章氏《校讎通義》外篇中有是書跋，考其與陳振孫所見《次山集》江、蜀二本不合處甚詳，至謂自序《文編》十卷，凡二百三首，今正集十卷，實二百四首，當是傳誤……此本拾遺皆從《唐文粹》抄出者，時人安得復見《文編》原本乎？（《劉咸炘學術論集·子學編》第 471 頁）

〔三〕【史源】《容齋隨筆》卷十四「元次山元子」條：「元次山有《文編》十卷，李商隱作序，今九江所刻是也。又有《元子》十卷，李紓作序，予家有之，凡一百五篇，其十四篇已見於《文編》，餘者大抵澶漫矯亢。而第八卷中所載昬方國二十國事，最為譎誕……如此之類，皆悖悖理害教，於事無補。次山《中山頌》與日月爭光，若此書，不作可也，惜哉！」

〔四〕【史源】《郡齋讀書志》卷十七：「結性耿介，有憂道閔世之意……然其文詞亦如之，然其辭義幽約，譬古鐘磬，不諧於俚耳，而可尋玩。在當時名出蕭、李下，至韓愈稱數唐之文人，獨及結云。」

〔五〕【史料】《子略》卷四「元子」條：「元子曰：『人之毒於鄉，毒於國，毒於鳥獸草木，不如毒其形，毒其命；人之媚於時，媚於君，媚於朋友郡縣，不如媚於廄，媚於室；人之貪於權，貪於位，貪於取求聚積，不如貪於道，貪於閒靜；人之忍於毒，忍於媚，忍於詐惑貪溺，不如忍於貧苦，忍於棄廢。』英哉斯言！次山平生辭章奇古峻絕，不蹈襲古今。某觀柳柳州雄才英藻，唐代文人，惟二公而已。」

〔六〕【史源】《容齋隨筆》卷八「皇甫湜詩」條：「皇甫湜、李翱雖為韓門弟子，而皆不能詩。浯溪石間有湜一詩，為元結而作，其詞云：『次山有文章，可惋只在碎……』」今按，劉咸炘云：「自晉以降，文趨於華，子書多似文集；唐諸文人，抗志希古，矯之以質，文集多似子書。次山，矯質之魁也。故其文往往有諸子意，雖雜文亦然。」（《劉咸炘學術論集·子學編》第471頁）善哉斯言！

26. 顏魯公集十五卷補遺一卷年譜一卷附錄一卷

唐顏真卿〔一〕（708～784 或 709～785）撰。真卿事蹟具《唐書》本傳。

其集見於《藝文志》者，有《吳興集》十卷，又《廬州集》十卷，《臨川集》十卷，至北宋皆亡。有吳興沈氏者，採掇遺佚，編為十五卷。劉敞為之序〔二〕，但稱沈侯而不著名字。嘉祐中又有宋敏求編本，亦十五卷，見《館閣書目》。江休復《嘉祐雜志》極稱其採錄之博。至南宋時又多漫漶不完。嘉定間，留元剛守永嘉，得敏求殘本十二卷，失其三卷，乃以所見真卿文別為《補遺》，並撰次年譜附之，自為後序。後人復即元剛之本，分為十五卷，以符沈、宋二本之原數。沿及明代，留本亦不甚傳。今世所行乃萬曆中真卿裔孫胤祚所刊，脫漏舛錯，盡失其舊。獨此本為錫山安國所刻，雖已分十五卷，然猶元剛本也。〔三〕

真卿大節炳著史冊，而文章典博莊重，亦稱其為人。集中《廟享議》等篇，說禮尤為精審。特收拾於散佚之餘，即元剛所編亦不免闕略。今考其遺文之見於石刻者，往往為元剛所未收，謹詳加搜輯，得《殷府君夫人顏氏碑銘》一首，《尉遲迥廟碑銘》一首，《太尉宋文貞公神道碑側記》一首，《贈秘書少監顏君廟碑》《碑側記》《碑額陰記》各一首，《竹山連句詩》一首，《奉使蔡州詩》一首，皆有碑帖現存。又《政和公主碑》殘文、《顏元孫墓誌》殘文二篇〔四〕，見《江氏筆錄》，《陶公栗里詩》見《困學紀聞》。今俱採出，增入《補遺》卷內。至留元剛所錄《禘祫議》，其文既與《廟享議》復見，而篇末「時議者舉然」云云，乃《新唐書‧陳京傳》敘事之辭，亦非真卿本文。又《干祿字書序》乃顏元孫作，真卿特書之刻石，元剛遂以為真卿文，亦為舛誤〔五〕。今並從刊削焉。

後附《年譜》一卷，舊亦題元剛作。而譜中所列詩文諸目，多集中所無，疑亦元剛因舊本增輯也。元剛字茂潛，丞相留正之子，官終起居舍人。（《四庫全書總目》卷一百四十九）

【注釋】

〔一〕【作者研究】吳慧撰《顏真卿》（中華書局 1979 年版），朱關田撰《顏真卿傳》（上海書畫出版社 1990 年版），嚴傑撰《顏真卿評傳》（南京大學出版社 2005 年版），程仲霖撰《顏真卿》（山西教育出版社 2006 年版）。

〔二〕【劉敞序】魯公極忠不避難，臨難不違義，是其塵垢糠粃，猶祗飾而誦習之，將以勸事君，況其所自造之文乎！然魯公沒且三百年，未有祖述其書者。其在舊史，施之行事，蓋僅有存焉。而雜出傳記，流於簡牘，則百而一二。銘載功業，藏於山川，則十而一二。非好學不倦，周流天下，則不能遍知而盡見。彼簡牘者有盡，而山川者有壞，不幸而不傳，則又至於千萬而一二，未可知也……至其集魯公之文，使必傳於天下，必信於後世，可謂守之以約，而尚友者乎！

〔三〕【版本】此書有《四部叢刊》影印明嘉靖安國刻本。

〔四〕【考證】萬曼先生云：「『和政公主』《提要》誤作『政和』，《顏元孫墓誌碑》，《提要》誤作墓誌。」（《唐集敘錄》第 67 頁）

〔五〕【史源】《跋干祿字書》：「右顏魯公《干祿字書》，辨別字之正俗及通用，亦間有析其義者。云干祿者，蓋唐以書取士也。而公真書小字之傳於後者，亦獨見此耳。」（楊士奇《東里文集》卷十）

27. 劉隨州集十一卷

唐劉長卿（約725～約790）〔一〕撰。長卿字文房，河間（今屬河北）人。姚合《極玄集》作宣城（今屬安徽）人〔二〕，莫能詳也。開元二十一年（733）登進士第〔三〕，官終隨州（今屬湖北）刺史，故至今稱曰劉隨州。

是集凡詩十卷，文一卷。第二卷中《送河南元判官赴河南勾當苗稅充百官俸錢》詩不書「勾」字，但注曰「御曰」，蓋宋高宗名構，當時例避同音，故「勾」字稱御名，則猶從南宋舊本翻雕也。然編次叢脞頗甚，諸體皆以絕句為冠，中間古體、近體亦多淆亂。如「四月深澗底，桃花方欲然。寧知地勢下，遂使春風偏」四句，第四卷中作《晚桃》詩前半首，乃《幽居八詠·上李侍郎》之一，而第一卷又割此四句為絕句，題曰《入百丈澗見桃花晚開》是二者必有一訛也。舊原有《外集》一卷，所錄僅詩十首，而《重送》一首已見八卷中，又佚去題中「裴郎中貶吉州」六字，《次前溪館作》一首，已見二卷中，《贈袁贊府》一首，已見九卷中，而又誤以題下所注「時經劉展平後」句為題，並軼「時經」二字，《送裴二十七端公詩》亦見二卷中，《哭李宥》一首亦見九卷中，《秋雲嶺》《洞山陽》《橫龍渡》《赤沙湖》四首，即四卷中《湘中紀行》十首之四，又訛《秋雲嶺》為《雲秋嶺》，《洞山陽》為《山陽洞》，《寄李侍郎行營五十韻》一首，已見七卷，又佚其題首「至德三年」等二十四字，不知何以舛謬至此。蓋宋本亦有善不善，不能一一精覈也。今刊除《入百丈澗見桃花晚開》一首，其外集亦一併刊除，以省重複。〔四〕

長卿詩號「五言長城」〔五〕，大抵研煉深穩，而自有高秀之韻。其文工於造語，亦如其詩，故於盛唐、中唐之間，號為名手。但才地稍弱，是其一短。高仲武《中興間氣集》病其「十首以後，語意略同」〔六〕，可謂識微之論。王士禎《論詩絕句》乃云：「不解雌黃高仲武，長城何意貶文房。」〔七〕非篤論也〔八〕。〔九〕（《四庫全書總目》卷一百四十九）

【注釋】

〔一〕【考證】傅璇琮先生云：「我們可以斷定其卒年當在786～791年之間。」（《唐代詩人叢考》第258頁）今按，此處從《中國歷史大辭典》說法。《新唐書》卷六十：「《劉長卿集》十卷。字文房，至德監察御史，以檢校祠部員外郎為轉運使判官，知淮西鄂岳轉運，留後鄂岳觀察使，吳仲孺誣奏貶潘州南巴尉會有為辯之者，除睦州司馬，終隋州刺史。」

〔二〕【考證】傅璇琮先生云：「姚合《極玄集》卷下說劉長卿是宣城人。今查劉長卿詩，從未提及宣城的。疑作宣城非是。河間也只是指郡望而言。劉長卿在登第之前曾長期居住在洛陽以南的嵩陽。」（《唐代詩人叢考》第 261 頁）

〔三〕【考證】傅璇琮先生云：「其實開元二十一年登第之說是難以成立的。」（《唐代詩人叢考》第 259 頁）

〔四〕【考證】萬曼先生云：「總之外集十首在正集中都有，館臣認為是宋本之不善，不知此乃明人妄增也……館臣認為編次叢脞，古、近混亂，不知此正唐集本來面目也。」（《唐集敘錄》第 62～63 頁）

〔五〕【史源】宋祁《新唐書》卷一百九十六：「秦系，字公緒。越州會稽人。與劉長卿善，以詩相贈答。權德輿曰：『長卿自以為五言長城。』《唐才子傳》卷二：長卿清才冠世，頗凌浮俗，性剛，多忤權門，故兩逢遷斥人悉冤之。詩調雅暢，甚能煉飾，其自賦傷而不怨，足以發揮風雅。權德輿稱為『五言長城』。」

今按，二者說法不同，前者認為「五言長城」出自劉長卿自號，後者以為出自權德輿之口。

〔六〕【史源】《中興間氣集》卷下：「長卿有吏幹，剛而犯上，兩遭遷謫，皆自取之。詩體雖不新奇，甚能煉飾，大抵十首已上，語意稍同，於落句尤甚，思銳才窘也。如『草色加湖綠，松聲小雪寒』，又『沙鷗驚小吏，湖色上高枝』，又『細雨濕衣看，不見閒花落』，『地聽無聲截，長補短蓋絲』之類歟？其『得罪風霜苦，全生天地仁』，可謂傷而不怨，亦足以發揮風雅矣。」

〔七〕【史源】王士禛《精華錄》卷五。

〔八〕【評論】《中興間氣集》卷首提要云：「仲武持論頗矜慎，其謂『劉長卿十首以後，語意略同，落句尤甚』，鑒別特精，而王士禛《論詩絕句》獨非之。蓋士禛詩修詞之功多於練意，其模山范水，往往自歸窠臼，與長卿所短頗同，殆以中其所忌，故有此自護之論耶？」

〔九〕【整理與研究】楊世明撰《劉長卿集編年校注》（人民文學出版社 1999 年版），儲仲君撰《劉長卿詩集編年箋注》（中華書局 1996 年版）。關於此書的版本，有《四部叢刊》影印明正德刻本。

28. 韋蘇州集十卷

唐韋應物〔一〕（737～約791）撰。應物，京兆（今陝西西安）人。新、舊《唐書》俱無傳。宋姚寬《西溪叢話》載：吳興沈作喆為作《補傳》，稱應物少游太學，當開元、天寶間，充宿衛，扈從遊幸，頗任俠負氣。兵亂後，流落失職，乃更折節讀書，由京兆功曹累官至蘇州刺史、太僕少卿，兼御史中丞，為諸道鹽鐵轉運、江淮留後。年（九）〔五〕十餘，不知其所終。〔二〕先是，嘉祐中（1056）王欽臣校定其集，有序一首（即《宋嘉祐校定韋蘇州集序》）〔三〕，述應物事蹟，與《補傳》皆合。惟云以集中及時人所稱，推其仕宦本末，疑止於蘇州刺史〔四〕。考《劉禹錫集》有《蘇州舉韋中丞自代狀》〔五〕，則欽臣為疏略矣。

《李觀集》有《上應物書》，深言其褊躁〔六〕。而李肇《國史補》云：「應物性高潔，鮮食寡欲，所居焚香掃地而坐。」〔七〕二說頗異。蓋狷潔之過，每傷峭刻，亦事理所兼有也。

其詩七言不如五言，近體不如古體。五言、古體，源出於陶，而鎔化於三謝，故真而不樸，華而不綺，但以為步趨柴桑，未為得實。如「喬木生夏涼，流雲吐華月」，陶詩安有是格耶？〔八〕

此本為康熙中項絪以宋槧翻雕，即欽臣所校定。首賦，次雜擬，次燕集，次寄贈，次送別，次酬答，次逢遇，次懷思，次行旅，次感歎，次登眺，次遊覽，次雜興，次歌行，凡為類十四，為篇五百七十一。原序乃云分類十五，殊不可解。然字畫精好，遠勝毛氏所刻《四家刻》本〔九〕，故今據以著錄。其毛本所載拾遺數首，真偽莫決，亦不復補入焉。〔十〕（《四庫全書總目》卷一百四十九）

【注釋】

〔一〕【考證】傅璇琮先生指出，韋應物大約在貞元七、八年間（791～792）卒於蘇州。（《唐代詩人叢考》第 321 頁）按，唐邱丹《唐故尚書左司郎中蘇州刺史京兆韋君墓誌銘並序》：「君諱應物，字義博，京兆杜陵人也。其先高陽之孫，昌意之子，別封豕韋氏。漢初有韋孟者，孫賢為鄒魯大儒，累遷代蔡義為丞相。子玄成，學習父業，又代于定國為丞相。奕世繼位，家於杜陵。後十七代至逍遙公敻，枕跡邱園，周明帝屢降玄纁之禮，竟不能屈，以全黃綺之志。公弟郿公孝寬，名著周隋，爵位崇顯，備於國史。逍遙公有子六人，俱為尚書。五子世沖，民部尚書、義豐公，則君之五代祖。皇刑部

尚書兼御史大夫、黃門侍郎、扶陽公〔挺〕，君之高祖。皇尚書左僕射、同中書門下三品待價，〔君〕之曾祖。皇梁州都督令儀，君之烈祖。皇宣州司法參軍鑾，君之烈考。君司法之第三子也。門承臺鼎，天資貞粹。廿角之年，已有不易之操。以廕補右千牛，改左羽林倉曹，授高陵尉、廷評、洛陽丞、河南兵曹、京兆功曹。朝廷以京畿為四方政本，精選令長，除鄠縣、櫟陽二縣令，遷比部郎。詔以滁人凋殘，領滁州刺史。負戴如歸，加朝散大夫。尋遷江州刺史，如滁上之政。時廉使有從權之斂，君以調非明詔，悉無所供。因有是非之訟，有司詳按，聖上以州疏端切，優詔賜封扶風縣開國男，食邑三百戶。徵拜左司郎中，總轄六官，循舉戴魏之法，尋領蘇州刺史。下車周星，豪猾屏息，方欲陟明，遇疾終於官舍。池雁隨喪，州人罷市。素車一乘，旋於逍遙故園。茅宇竹亭，用設靈幾。歷官一十三政，三領大藩。儉德如此，豈不謂貴而能貧者矣。所著詩賦、議論、銘頌、記序，凡六百餘篇，行於當時。以貞元七年十一月八日窆於少陵原，禮也。夫人河南元氏，父挹，吏部員外郎。嘉姻柔則，君子是宜。先君即世，以龜筮不迭，未從合祔。以十二年十一月廿七日，嗣子慶復啟舉有時，方遂從夫人之禮。長女適大理評事楊凌。次女未笄，因父之喪，同月而逝。嗚呼，可謂孝矣！余，吳士也，嘗忝州牧之舊，又辱詩人之目，登臨酬和，動盈卷軸。公詩原於曹、劉，參於鮑、謝，加以變態，意凌丹霄，忽造佳境，別開戶牖。惜夫位未崇，年不永，而歿乎泉局，哀哉！堂弟端，河南府功曹，以□孝承家。堂弟武，絳州刺史，以文學從政。慶復克荷遺訓，詞賦已工，鄉舉秀才，策居甲乙。泣血請銘，式昭幽壤。銘曰：昌意本裔，豕韋別封。爰歷殷周，實建勳庸。漢曰孟賢，時致熙雍。泊乎逍遙，獨高其尚。六子八座，五宗四相。流慶左司，帝目貞亮。作牧江介，政惟龔黃。綱轄南宮，復舉舊章。文變大雅，節貫秋霜。嗚呼彼蒼，殲我良牧。禁掖方拜，寢門遄哭。見託篆銘，永誌陵谷。」（趙力光《西安碑林博物館新藏墓誌續編》下冊，陝西師範大學出版社 2014 年版第 420～421 頁）

〔二〕【史源】《西溪叢話》卷下。

〔三〕【王欽臣《宋嘉祐校定韋蘇州集序》】韋蘇州，《唐史》不載其行事。林寶《姓纂》云：「周逍遙公夐之後。左僕射扶陽公待價生司門郎中令儀，令儀生鑾，鑾生應物，應物生監察御史河東節度掌書記慶復。」李肇《國史補》云：「為性高潔，鮮食寡欲，所居焚香掃地而坐。其為詩馳驟建安已還，各得

風韻。」詳其集中詩，天寶時屢從遊幸，疑為三衛。永泰中任洛陽丞、京兆府功曹。大曆十四年，自鄠縣令制除櫟陽令，以疾辭，歸善福精舍。建中二年，由前資除比部員外郎，出為滁州刺史，改刺江州，追赴闕改左司郎中。貞元初，又歷蘇州，罷守，寓居永定精舍。其後事蹟究尋無所見。肇又云：「開元以後，位卑而著名者，李北海、王江寧、李館陶、鄭廣文、元魯山、蕭功曹、張長史、獨孤常州、崔比部、梁補闕、韋蘇州。」以集中事及時人所稱考其仕宦本末，得非遂止於蘇邪？案白居易蘇州《答劉禹錫詩》云：「敢有文章替左司。」「左司」蓋謂應物也。官稱亦止此。有集十卷，而綴敘猥並，非舊次矣。今取諸本校定，仍所部居，去其雜廁，分十五總類，合五百七十一篇，題曰《韋蘇州集》。可以繕寫。嘉祐元年十二月二十二日，太原王欽臣記。

〔四〕【考證】王欽臣之說頗確，《提要》反以為疏略，實不然也。詳見《四庫全書總目提要補正》1193～1195頁、《四庫提要辯證》1267～1270頁所考。

〔五〕【考證】《蘇州舉韋中丞自代狀》見劉禹錫《劉賓客文集》卷十七。按，此文中之韋中丞，當別是一人，詳見《四庫提要辯證》及瞿蛻園《劉禹錫集箋證》434～436頁所辨。郭紹虞輯《宋詩話輯佚》引《蔡寬夫詩話》云：「蘇州詩律深妙，白樂天輩固皆尊稱之，而行事略不見《唐史》為可恨。以其詩語觀之，其人物亦當高勝不凡。劉禹錫集有大和六年舉自代一狀，然應物《溫泉行》云：『北風慘慘投溫泉，忽憶先皇巡幸年。身騎廄馬引天仗；直至華清列御前。』則嘗逮仕天寶間矣，不應猶及大和，恐別是一人，或集之誤。」可見宋人早已疑及之。

〔六〕【史源】見《李元賓外編》卷一《代李圖南上蘇州韋使君論戴察書》。今按，陳沆《詩比興箋》卷三以為此韋使君，亦非詩人韋蘇州，《提要》亦誤也。

〔七〕【史源】唐李肇《唐國史補》卷下。

〔八〕【評論】王士禎《精華錄》卷五：「風懷澄澹推韋柳，佳處多從五字求。解識無聲弦指妙，柳州那得並蘇州。」

〔九〕【考證】按此說誤。據《汲古閣校刻書目》（《明代書目題跋叢刊》本），毛晉所刻《唐四名家集》，其目為：《竇氏聯珠集》一卷；《（李賀）歌詩編》四卷，集外詩一卷；《唐風集》三卷，杜荀鶴；《唐英歌詩》三卷，吳融。並無《韋蘇州集》。毛晉又嘗刊《唐六名家集》（崇禎中刊），其目為：《常建詩集》三卷，附錄一卷；《韋蘇州集》十卷，拾遺一卷；《王建詩》八卷；《鮑溶詩集》

六卷，集外詩一卷；《姚少監詩》十卷；《韓內翰別集》一卷，補遺一卷。中有《韋蘇州集》，則所謂「四家」，或「六家」之誤耶？又陶湘編《書目叢刊》中所收《明毛氏汲古閣刻書目錄》，有「唐人詩集四種十二卷」、「唐人詩，集六種三十七卷」，其下所列子目，與《汲古閣校刻書目》同。（此處採用王培軍之說）

〔十〕【整理與研究】陶敏、王友勝合撰《韋應物集校注》（上海古籍出版社 1998 年版、2011 年增訂本）。

29. 毘陵集二十卷

唐獨孤及（725～777）撰。及字至之，洛陽人。官至司封郎中，常州（今屬江蘇）刺史，卒諡曰憲。事蹟具《唐書》本傳。

權德輿〔一〕作及諡議，稱其「立言遣詞，有古風格。濬波瀾而去流宕，得菁華而無枝葉」。皇甫湜《諭業》亦稱及「文如危峰絕壁，穿倚霄漢；長松怪石，顛倒巖壑」。王士禛《香祖筆記》則謂其序記尚沿唐習，碑版敘事，稍見情實，《仙掌》《函谷》二銘，《琅邪溪述》《馬退山茅亭記》〔二〕《風后八陣圖記》是其傑作，《文粹》略已載之，頗不以湜言為然。考唐自貞觀以後，文士皆沿六朝之體。經開元、天寶，詩格大變，而文格猶襲舊規。元結與及始奮起滌除，蕭穎士、李華左右之。其後韓、柳繼起，唐之古文，遂蔚然極盛。斫雕為樸，數子實居首功。《唐實錄》稱韓愈學獨孤及之文，當必有據。案：此據晁氏《讀書志》所引。特風氣初開，明而未融耳。士禛於篳路藍縷之初，責以制禮作樂之事，是未尚論其世也。

集為其門人安定梁肅〔三〕所編，李舟為之序〔四〕。凡詩三卷，文十七卷。舊本久湮，明吳寬〔五〕自內閣抄出，始傳於世〔六〕。其中如《景皇帝配天議》，郭知運、呂諲等諡議，皆粹然儒者之言，非徒以詞采為勝，不止士禛所舉諸篇。至《馬退山茅亭記》乃柳宗元作，後人誤入及集，士禛一例稱之，尤疏於考證矣。又《文苑英華》載有及《賀赦》二表，《代獨孤將軍讓魏州刺史表》《為崔使郡讓潤州表》《代於京兆請停官侍親表》，《唐文粹》有《招北客文》，凡六篇，集內皆無之。案：《賀赦表》所云「誅夷大憝，清復闕廷」，及「歸過罪己，降去鴻名」，並德宗興元時事。及沒於大曆十二年（777），已不及見。《招北客文》，《文苑英華》又以為岑參〔七〕之作，彼此錯互，疑莫能詳〔八〕，今姑依舊本闕載焉。（《四庫全書總目》卷一百五十）

【注釋】

〔一〕【權德輿】（759～818），字載之。唐天水略（今甘肅秦安）人。以文章知名，時人尊為宗匠。有《權文公集》五十卷傳世。

〔二〕【辨偽】《毗陵集》卷十七《馬退山茅亭記》：「冬十二月，作新亭於馬退山之陽，因高邱之阻，以面勢無構櫨節梲之華，不斫椽，不剪茨，不列墉，白雲為藩籬，碧山為屏風，昭儉也。是山萃然起於莽蒼之中，虵奔雲矗，直數十百里，尾蟠荒阪，首注大溪，諸山來朝，勢若星拱，蒼翠萬狀，綺布繡錯，蓋天鍾秀於是，不限於遐裔也。然以壤接荒服，俗參夷徼，周王之馬跡不到，謝公之屐齒不及，巖徑蕭條，登採者以為歎。歲在辛卯，我仲兄以方牧之命試於是邦。夫其德及，故信孚；信孚，故人和；人和，故政多暇日。由是嘗徘徊此山，以寄勝概，迺構迺墍，作我攸宇，於是不崇朝而攻木之功告成，每風止雨收，煙霞澄鮮，輒角巾鹿裘，率昆弟友生冠者五六人，步山椒而登焉。於是手彈絲桐，目送還雲，西山爽氣，在我襟袖，八極萬類，攬不盈掌。夫美不自美，因人而彰。使蘭亭不遭右軍，則清湍脩竹蕪沒於空山矣。是亭也，僻介嶺閩，佳境罕到，不書所作，使盛跡鬱堙，是貽林澗之愧也，故誌之。」

《困學紀聞》卷十七：「柳文多有非子厚之文者。《馬退山茅亭記》見於獨孤及集。《百官請復尊號表》六首皆崔元翰作（貞元五年子厚方十七歲）。《為裴令公舉裴冕表》邵說作（冕大曆四年薨，八年子厚始生）。《請聽政第三表》，《文苑英華》乃林逢。第四表云：『兩河之寇盜雖除，百姓之瘡痍未合。』乃穆宗敬宗時事，《代裴行立謝移鎮表》，行立移鎮在後，亦他人之文。《柳州謝上表》，其一乃李吉甫郴州謝上表也。舜、禹之事謗譽咸宜三篇，晏元獻云恐是博士韋籌作。《愈膏肓疾賦》，晏公亦云膚淺，不類柳文。宋景文謂集外文一卷，其中多後人妄取他人之文冒柳州之名者，然非特外集也。劉夢得《答子厚書》曰：獲新文二篇，且戲余曰：將子為巨衡以揣其鈞石銖黍，此書不見於集。《食蛤蟆詩》，韓文公有答，今亦不傳，則遺文散軼多矣。」

今按，崔元翰（729～795）唐博陵人。建中二年（781）狀元。有文集三十卷，已佚。裴冕（？～769），字章甫。唐河東人。建議賣官、度僧道，以籌軍餉，平安史之亂。

　　查慎行《蘇詩補注》卷四十九「古今體詩四十七首」：「唐、宋名家詩文間有互見他集者，如《馬退山茅亭記》載獨孤及集，柳州謝表其一乃李吉甫郴州作，而皆入子厚集中。《大樂十二均圖》，楊次公作也，編於《嘉祐集》。《蠶對織婦文》，宋元憲作也，編於米襄陽集。《三先生論事錄序》，陳同甫作也，編於朱文公集，如此之類，往往有之，但未有舛繆混雜，幾及百篇，如東坡詩之甚者也。李端叔有言：先生自嶺外歸，所作字多他人詩文，蓋紹聖以後，嚴禁蘇氏之學，至淳熙初禁乃弛，後人得公手跡，便採入公集，承訛數百年，注者與讀者漫不加辨。凡慎所駁正，非敢一毫臆斷，悉從諸家文集、詩話，一一搜抉校對，其雷同者另編二卷，如單行之什，則注云：『此詩亦見某人集。』其或同時唱和，則依和詩例附載各卷本詩之後，此卷中但列題目云：『此詩附載第幾卷，覽者詳之。』」

〔三〕【梁肅】（753～793），字敬之，一字寬中，唐安定（今屬甘肅）人。善散文，得獨孤及傳授，為韓愈所師法。有《梁補闕集》傳世。

〔四〕【李舟序】傳曰：「物生而後有象，象而後有滋，滋而後有數，數成而文見矣。」始自天地，終於草木，不能無文也，而況於人乎？且夫日月星辰，天之文也。邱隴川瀆，地之文也。羽毛彪炳，鳥獸之文也。華葉彩錯，草木之文也。天無文，四時不行矣。地無文，九州不別矣。鳥獸草木之無文，則混然而無名，而人不能用之矣。人無文，則禮無以辨其數，樂無以成其章，有國者無以行其刑政，立言者無以存其勸誡。文之時用大矣哉！在人，賢者得其大者，禮樂刑政勸誡是也。不肖者得其細者，或附會小說以立異端，或彫斲成言以裨對句，或志近物以玩童心，或順庸聲以諧俚耳。其甚者則矯誣盛德，污蔑風教，為蠱為蠹，為妖為孽。噫！文之弊有至是者，可無痛乎！天后時，廣漢陳子昂獨泝隤波，以趨清源。自茲作者，稍稍而出。先大夫常因講文謂小子曰：「吾友蘭陵蕭茂挺、趙郡李遐叔、長樂賈幼幾，洎所知河南獨孤至之，皆憲章六藝，能探古人述作之旨。賈為玄宗巡蜀分命之詔，歷歷如西漢時文。若使三賢繼司王言，或載史筆，則典謨訓誥誓命之書可彷彿於將來矣！嗚呼！三公皆不處此地，而連蹇多故，唯獨孤至之常州刺史，享年亦促，豈天之未欲振斯文耶？小子所不能知也已矣。」常州諱及，有遺文三百篇，安定梁肅編為上下帙，凡二十卷，作為後序。常州愛士，而肅最為所重，討論居多，故其為文之意肅能言之。比葬博陵，崔貽孫又為神道碑，悉載事行，而

痛其不登論道之位。崔公剛而好直，其詞不黨，君子謂之知言者。昔班固美漢得人之盛，曰：「文章則司馬遷、相如。」又曰：「劉向、王褒，以文章顯。」是則四君子者有漢之文雄歟？而遷無鄉曲之譽，虧大雅明哲保身之義。相如薄於貞操，有滌器受金之累。向無威儀，遺文以謬，而身幾不免。褒多為歌頌，當時議者以為淫靡不急，其他無聞焉。大較詞人多陷輕躁，否則懦狹迂僻，於事放弛，其能蹈履中道，可為物主者寡矣。孰與常州發論措辭，皆王霸大略。孝悌之至，達於神明，善與人交，久而敬之。當官正色，不畏彊禦，加之以仁惠愛物，吏民敬鄉，而文又如是乎？

〔四〕【版本】《四部叢刊》據清乾隆時趙懷玉刻本影印。

〔五〕【吳寬】（1435～1504），字原博，江蘇長洲人。

〔六〕【版本源流】萬曼先生云：「宋人官私著錄亦皆相同，但宋、元舊槧一久絕天壤間。明代以來，有抄本自內府傳出。清初抄本愈出，乾隆五十六年（1791）趙懷玉氏亦有生齋校刊本出，《毘陵集》始大流佈……刻本淵源於傳抄本。最初的抄本，可稱為獨孤氏之功臣者，則吳寬（1435～1504）自東閣錄出之本也，此後一切抄本莫不淵源於此。」（《唐集敘錄》第186～187頁）

〔七〕【岑參】（約715～770）：唐江陵人。後出為嘉州刺史，世稱岑嘉州。有《岑嘉州詩集》傳世。陳鐵民等撰《岑參集校注》（上海古籍出版社1981年版），劉開揚撰《岑參詩集編年箋注》（巴蜀書社1995年版）。

〔八〕【考證】從此賦的內容來看，當為岑參作。聞一多先生有考證文章。

30. 李遐叔文集四卷

唐李華（約715～約774）撰。華字遐叔，趙州贊皇（今屬河北石家莊市）人。累中進士宏辭科。天寶中遷監察御史，徙右補闕。安祿山反，華為賊所得，偽署鳳閣舍人。賊平，貶杭州司戶參軍，李峴表置幕府，擢吏部員外郎，以風痺去官，卒。新、舊《唐書》俱載入《文苑傳》中。

《舊唐書》稱華有文集十卷，獨孤及序〔一〕則稱自監察以前十卷，號為前集，其後二十卷為中集，卷數頗不合。馬端臨《經籍考》不列其目，則南宋時原本已亡。此本不知何人所編，蓋取《唐文粹》《文苑英華》所載，裒集類次，而仍以及序冠之，有篇次而無卷目。今釐為四卷，著之於錄。

　　華遭逢危亂，污辱賊庭，晚而自傷，每託之文章以見意。如《權皋銘》云：「瀆而不滓，瑜而不瑕。」《元德秀銘》云：「貞玉白華，不緇不磷。」《四皓銘》云：「道不可屈，南山採芝。竦慕玄風，徘徊古祠。」其悔志可以想見。然大節一虧，萬事瓦裂，天下不獨與之論心也。至其文詞綿麗，精彩煥發，實可追配古之作者。蕭穎士見所著《含元殿賦》，以為在《景福》之上、《靈光》之下。雖友朋推挹之詞，亦庶幾乎近之矣。〔二〕

　　集中原有盧坦之、楊烈婦二傳，檢勘其文，皆見於《李翱集》中，當由誤採，今並從刊削焉。（《四庫全書總目》卷一百五十）

【注釋】

〔一〕【獨孤及序】志非言不形，言非文不彰，是三者相為用，亦猶涉川者假舟檝而後濟。自典謨缺，雅頌寢，王道陵夷，文教下衰，故作者往往先文字，後比興，其風流蕩而不返。乃至有飾其詞而遺其意者，則潤色愈工，其實愈喪。及其大壞也，儷偶章句，使枝對葉，比以八病。四聲為楷，拳拳守之，如奉法令。聞皋陶、史克之作，則呷然笑之。天下雷同，風馳雲趨。文不足言，言不足志，亦猶木蘭為舟，翠羽為檝，玩之於陸，而無涉川之用，痛乎流俗之惑人也久矣！帝唐以文德敷乂於下，民被王風，俗稍丕變。至天后時，陳子昂以雅易鄭，學者浸而向方。天寶中，公與蘭陵蕭茂挺、長樂賈幼幾勃焉復起，用三代文章，律度當世。公之作，本乎王道，大抵以「五經」為泉源，抒情性以託諷……

〔二〕【評論】潘景鄭《藝海樓抄本李遐叔文集》云：「集中《弔古戰場文》為世傳誦，實則《含元殿賦》最為綿麗，其他諸作，亦俱清新可誦，盛唐傑出之才耳。」（《著硯樓讀書記》第446頁）今按，所撰《魯山令元德秀碑》，時人稱絕。